JOURNAL

D'UN

VOYAGE EN FRANCE.

« Tout ce que le catholicisme produit d'œuvres et d'institutions moralisatrices, de phalanges saintes, de merveilles et de miracles, d'abnégation, de dévouement, de charité, de zèle pour la perfection, de sainteté angélique, de sacrifice héroïque, nos sœurs, nos missionnaires, nos frères hospitaliers ou instituteurs, nos ordres religieux, nos sociétés apostoliques et charitables de Saint-Vincent-de-Paul, de Saint-Régis, de Saint-François-Xavier, de la Sainte-Famille, de la Sainte-Enfance, de la Propagation de la foi ; toute cette floraison, toute cette fructification de moralité catholique, de combien ne dépassent-elles pas ce que présentent de plus éminent les sociétés protestantes ! Mesurez les deux sociétés par là et prononcez. Un ministre anglican, M. Allies, voyageant en France, fut frappé de cette supériorité des œuvres et des institutions de moralité catholique. Il consigna son admiration dans un ouvrage intitulé : JOURNAL IN FRANCE, dont nous ne saurions trop recommander la traduction dans notre langue. »

Auguste NICOLAS.

(Du protestantisme et de toutes les hérésies dans leur rapport avec le socialisme ; 2e édition. Paris, chez Vaton, tome II, page 427.)

Typ. de B. Casterman, libraire-éditeur, imprimeur de l'évêché.

JOURNAL

D'UN

VOYAGE EN FRANCE

ET LETTRES ÉCRITES D'ITALIE,

Par Thomas William Allies,

Recteur de Launton (Oxford).

TRADUIT DE L'ANGLAIS PAR M. I.

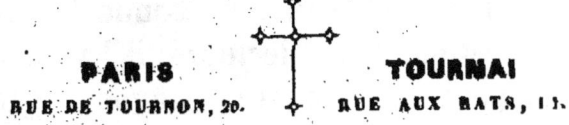

PARIS **TOURNAI**
RUE DE TOURNON, 20. RUE AUX RATS, 11.

H. CASTERMAN
ÉDITEUR.
1857

PRÉFACE.

Le livre dont nous offrons une traduction au public, parut en Angleterre sous le titre de : *Journal in France in 1845 and 1848, with Letters from Italy in 1847, or things and persons concerning the Church and education*, by Thomas William Allies, M. A., Rector or Launton (Oxford).

Il fut traduit pour la première fois en français pour le journal de Gand : *Le Bien Public*, où il parut en feuilletons, dans le courant de cette année. Nous le publions aujourd'hui sous une forme moins fugitive, qui le fera accueillir sans doute dans un grand nombre de bibliothèques.

L'auteur était ministre anglican de l'Université d'Oxford, lorsqu'il fit paraître son ouvrage. Protestant loyal et sincère, M. Allies s'était proposé d'étudier l'Église catholique, moins au point de vue des dogmes qu'au point de vue des institutions qu'elle a inspirées. Il l'a étudiée sans haine, sans parti pris, avec une pureté d'intention et une plénitude de bonne foi, qui doivent lui mériter l'estime de ses lecteurs; il l'a surtout étudiée en France, pays qu'il regarde comme la partie la plus intéressante du monde catholique. Rien de plus noble et de plus sensé que les paroles par lesquelles M. Allies indique dans une courte introduction le but de son voyage :

« Peu de voyageurs anglais, dit-il, parmi ceux qui parcourent le continent, croient digne de leur attention d'examiner l'action de l'Eglise dans les pays qu'ils parcourent... Je ne me demande pas si la doctrine romaine est vraie ou fausse, pure ou corrompue, je l'envisage simplement comme un *fait*. A ce point de vue, il n'y a pas de spectacle plus digne de remarque pour un esprit sérieux que l'Eglise romaine. Comme ecclésiastique anglais, je ne pense pas qu'il soit sincère, honnête, chrétien ni sûr, de fermer les yeux à un semblable fait lorsqu'il se produit dans le monde. Je crois que c'est un devoir de chercher à en acquérir l'intelligence... »

Le livre de M. Allies produisit une profonde sensation en Angleterre, et valut à son auteur des poursuites devant ses supérieurs ecclésiastiques. En France, son livre ne fut pas moins remarqué, quoique la différence de langue l'empêchât d'y recevoir une publicité très-étendue. Un écrivain distingué, M. Augustin Cochin, l'a parfaitement apprécié dans les lignes suivantes (1), qui font connaître le plan de l'ouvrage et les principaux sujets traités par l'auteur :

« M. Allies écrit comme il a vu. Son journal est une suite de notes de voyage sans autre ordre que la succession des jours; feuilles volantes écrites chaque soir, et où viennent se grouper les faits et les impressions à mesure qu'ils ont été recueillis, sans art, sans phrases, sans apparente liaison, avec tous les caractères du naturel et de la sincérité.

» Dans ce curieux album, les hommes, les choses, les institutions, les monuments, les idées passent tour

(1) *Ami de la Religion*, 12 avril 1850.

à tour ; nul titre donc ne convenait mieux au livre que le nom de *Journal.* Rien de plus curieux que les visites que nous fait faire l'auteur à des hommes que tous les catholiques aiment et connaissent. Plusieurs d'entre eux peut-être y figurent à leur insu, et ne pensent pas qu'une conversation d'un quart d'heure qu'ils ont eue, il y a un an, avec deux Anglais, édifie en ce moment quelques ministres d'Oxford ou de Londres. Mgr. de Paris, Mgr. de Rouen, Mgr. de Langres, M. Galais, du séminaire de Saint-Sulpice, M. l'abbé Carron, M. l'abbé Petetot, M. d'Alzon, M. Bonnetty, M. de Montalembert, le R. P. Guéranger, le P. de Ravignan, M. Martin de Noirlieu, le frère Philippe, le P. Lacordaire, et tant d'autres éminents personnages conversent tout à tour avec M. Allies et son compagnon de voyage. Ils sont devant leurs yeux non-seulement comme les hôtes les plus bienveillants, mais, qu'on me permette cette expression, ils sont à l'état d'*arguments.* C'est pour tout chrétien éminent un péril et un honneur inévitable de devenir ainsi un argument vivant pour confirmer l'incrédulité ou fortifier la foi. Une fleur prouve un Dieu créateur, une sœur de Charité prouve un Dieu sauveur; la démonstration logique est presque la même. M. Allies devait chercher dans les hommes un indice visible de la force ou de la faiblesse des doctrines. Ce premier indice, nous pouvons le dire avec orgueil, a dû le satisfaire.

» Le ministre anglican n'a pas été moins frappé des institutions que des hommes qui lui ont servi de guides. Avec ce même amour que met le laboureur à montrer les champs qu'il fertilise, tous les membres du clergé qu'a visités M. Allies se sont empressés de lui faire connaître les institutions antiques ou les nouveaux moyens par lesquels l'Église répand sur la France ses enseignements et ses bienfaits.

» Tout le développement de la hiérarchie ecclésiastique, depuis l'humble curé de campagne jusqu'à l'évêque; tous les ordres de femmes et d'hommes consacrés au service des misères de l'ame et du corps, par un dévouement libre comme ce qui dépend de la volonté et constant comme ce qui vient de la foi; tous les séminaires, noviciats et autres établissements où se forment de nouveaux combattants de la vérité et du bien pour de nouveaux combats; parmi les institutions accessoires, ces imprimeries même et ces librairies destinées à propager les anciens et modernes monuments de la science religieuse dans les rangs d'un clergé qu'on accuse d'ignorance, et qui seul pourtant compose, achète et lit des in-folio grecs et latins; toutes ces œuvres multiples de charité, qui chaque jour font perdre du terrain à la misère en en faisant gagner à la vertu, et résolvent à petit bruit plus d'une question dont la discussion seule enfante le désordre : voilà le tableau qui se présente aux regards de M. Allies, et dont, par ses patientes investigations, il réunit tous les traits épars. Rien ne lui paraît indifférent, ni la beauté et le sens caché des moindres cérémonies, ni les merveilles de l'art religieux et sa renaissance encore incomplète.

» A ce phénomène permanent de l'existence de l'Eglise se joignent des phénomènes exceptionnels, qui ne lui ont jamais manqué. Il y a toujours dans son sein des miracles et des martyrs. M. Allies a voulu voir les miracles et connaître les martyrs. Il a pu, dans les séminaires des Missions, contempler les ossements de chrétiens qui sortent encore des rangs de notre société matérialiste pour aller, à deux mille lieues de la patrie, gagner des hommes à la vérité et mourir pour elle. Il a pris, avec un soin minutieux, les renseignements les plus précis sur deux guérisons *miraculeuses* dont une sœur de Charité et une pauvre fille ont été l'objet, il y a peu d'années, guérisons attestées par les médecins et de nombreux témoins. Ce n'est pas tout. Le zélé ministre a fait, avec deux de ses amis, un voyage en Tyrol tout exprès pour voir *les deux célèbres stigmatisées* que l'Europe connaît; et les lettres annexées au journal contiennent un résumé exact des visites des trois anglais arrivés pleins de doute, et partant convaincus. Nous abrégeons: nous ne pouvons entrer dans les détails. On conçoit tout ce qu'a de frappant pour des ames de bonne foi ce spectacle si varié, et cependant si harmonieux, de la vie extérieure de l'Église. Mais ce n'est pas assez : lorsque la raison se heurte contre des faits incontestables, elle veut pénétrer la cause. Qui soutient tout cet édifice? quel esprit l'anime? *quæ mens agitat molem?* Derrière les phénomènes de la vie, il y a tout un organisme, et la cause elle-même de la vie. L'Église vit, dure, s'accroît ; elle opère un bien réel ; quelles sont les doctrines, les institutions, les forces et l'esprit caché, quel est le principe secret et puissant qui agit sur elle, comme le cœur sur la vie de l'homme, toujours invisible, mais toujours présent par son mouvement invariable et son inextinguible chaleur ?

» C'est à ces questions pressantes que M. Allies, dans sa conclusion, consacre plusieurs pages des plus remarquables; rarement un plus noble, plus intelligent, plus incontestable témoignage a été rendu à l'Eglise catholique. »

Nous croyons que le *Journal* de M. Allies sera lu avec intérêt en Belgique et qu'il est appelé à y faire quelque bien, en ce temps où nos institutions catholiques sont assaillies de tant d'insultes. Ce bel hommage rendu à l'Eglise par un protestant anglais, est de nature à détruire bien des préventions, à dissiper bien des doutes. Au moment où les *gens de main-morte* sont l'objet de tant de sarcasmes, de tant de jugements dictés par la passion et l'ignorance, il est au moins curieux de voir l'appréciation portée par un ministre anglican sur ces hommes, sur ces institutions que des adversaires aveugles et ingrats voudraient chasser du sol de la Belgique. Le témoignage impartial du protestant sera de nature à faire rougir plus d'un libre-penseur né catholique.

Nous n'avons pas besoin de prévenir nos lecteurs que les convictions protestantes de l'auteur ont déteint sur quelques pages de son livre. Il reste au fond de son ame certains préjugés involontaires dont il ne se débarrasse pas complétement. Toutes les fois, par exemple, qu'il rencontre la question de la suprématie du Pape, du culte des saints, des honneurs rendus à la sainte Vierge, il hésite, il interroge, il doute, il est même quelquefois choqué. Mais, à mesure qu'il avance, il se convainc, sur ces points si délicats, de la pureté de la doctrine catholique. Le progrès de sa conviction est manifeste dans tout l'ouvrage, et se sent plus vivement à chaque page. Aussi croyons-nous devoir reproduire, intégralement et sans aucune suppression, le livre qui nous occupe : nos lecteurs sauront faire justice des erreurs d'appréciation qui s'y rencontrent et qui ont le mérite de faire ressortir la sincérité de l'auteur, lorsqu'en d'autres endroits il rend justice aux croyances et aux institutions catholiques.

M. I.

GAND, 8 DÉCEMBRE 1856.

A

NOTRE MÈRE SPIRITUELLE

L'ÉGLISE D'ANGLETERRE,

DANS L'ESPOIR QUE TOUT SAINT EXEMPLE ENFLAMMERA EN NOUS
L'ESPRIT DE CHARITÉ ET LE ZÈLE DES BONNES OEUVRES.

INTRODUCTION.

Peu de voyageurs anglais, parmi ceux qui ont parcouru le continent dans ces dernières années, ont jugé digne de leur attention d'étudier l'action de l'Eglise dans les différents pays qu'ils ont visités. Tous ont assurément décrit les édifices consacrés au culte catholique, mais, en général, ils les ont envisagés comme des monuments publics plutôt que comme « la maison de prières de toutes les nations. » Et combien y en a-t-il, de ces voyageurs, qui ayant du loisir et de l'indépendance, ont pris à cœur d'étudier ces institutions si nombreuses et si variées établies pour l'éducation du clergé et des laïcs, pour la consolation de ceux qui souffrent, pour l'instruction des pauvres et des déshérités de ce monde, ou enfin pour l'avancement des ames dans la vie intérieure, toutes ces institutions, en un mot, par lesquelles l'Eglise parvient à christianiser le monde et à s'emparer du cœur de l'humanité ! Je n'examine pas en ce moment si la doctrine catholique romaine tout entière est vraie ou fausse, pure ou corrompue : je l'envisage simplement comme un *fait*. A ce point de vue, il n'y a peut-être pas de spectacle si digne d'attention pour un esprit sérieux que l'Eglise romaine. Comme ecclésiastique anglais, je ne pense pas qu'il soit sincère, honnête, chrétien, ni même prudent, de fermer les yeux sur un *fait* de cette nature, lorsqu'il se produit dans le monde. Je crois que c'est un devoir de chercher à en acquérir l'intelligence. Ceux qui s'évertuent à réveiller d'anciennes animosités, ceux qui ne se donnent pas la peine de comprendre les doctrines telles qu'elles sont enseignées par ceux qui les professent, mais qui adoptent volontairement une interprétation erronée ; ceux-mêmes qui se reposent satisfaits dans cet état de séparation et de lutte, ceux-là ne pèchent-ils pas contre Celui qui, dans les jours de son abaissement, priait son Père : « *afin que tous soient un, comme vous, mon Père, en moi, et moi en vous : qu'ils soient de même un en nous, afin que le monde croie que vous m'avez envoyé ?* » Leur conduite est-elle du moins conforme à cette croyance de l'Eglise d'Angleterre que l'Eglise romaine fait réellement partie de l'Eglise catholique aussi bien qu'elle-même ?

Il y a donc entre les deux Eglises une prodigieuse ignorance de l'état de chacune d'elles. J'ai rencontré des prêtres catholiques romains qui, bien que très-instruits, ignoraient que nous eussions un rituel, des prières consacrées et une hiérarchie régulière ; c'est à peine s'il en est qui savent que nous avons une formule d'absolution aussi catégorique que la leur et qui suppose une confession spéciale. Ils tiennent pour certain que nous n'avons pas de succession apostolique, et ils affirment en outre que les saints ordres chez nous ne se confèrent pas efficacement, par suite du vice des formulaires. Le Pape actuel s'entretenant dernièrement avec un ecclésiastique anglais, lui demanda sérieusement si nous administrions, une fois l'an, ce que, par égard pour les opinions supposées de son interlocuteur, il appelait « la Cène, » et si nous passions alors la coupe de main en main ; — deux opinions qui ont dû lui donner, je pense, la plus pauvre idée qu'un catholique romain puisse avoir de la communion chez les anglicans. Dans les entretiens avec des théologiens, ils s'attachent d'ordinaire à combattre les opinions et les systèmes purement protestants, tels que ceux des luthériens et des calvinistes, ou des dissidents de notre pays, mais qui n'ont rien de commun avec les croyances de l'Eglise anglicane.

Mais l'ignorance des catholiques romains (1) à notre égard ne saurait être comparée à notre propre ignorance de tout ce qui les concerne.

Oh! si je pouvais, malgré ma faiblesse, contribuer à détruire le plus léger préjugé, ou à rectifier une fausse idée! Mes moyens d'observation n'ont pas été très-étendus, mon temps était strictement limité; mais j'ai vu assez pour me convaincre que ceux qui détestent et repoussent l'Eglise romaine avec le plus de violence, ne peuvent y apporter plus d'énergie que cette Eglise elle-même n'en met à repousser l'amas d'erreurs dans lequel ils la personnifient.

Si, des deux côtés, on parvenait à bien se connaître, si l'on avait fait tout ce qui est possible de faire pour arriver à une réconciliation, et si, nonobstant, l'état d'hostilité et d'antagonisme qui règne aujourd'hui continuait à subsister, ce serait assurément une triste perspective pour l'avenir ; mais puisque les obstacles qui séparent les deux Eglises ne reposent pour ainsi dire que sur l'ignorance et sur des malentendus, ne sommes-nous pas fondés à espérer des jours meilleurs ? La Providence ne nous apprend-elle pas, par tout ce qui se passe des deux côtés, que l'Eglise de Dieu doit, dans tous les pays, unir ses forces contre l'ennemi commun? Ne voyons-nous pas qu'Elle écarte de part et d'autre tout ce qui pourrait mettre obstacle à cette réunion?

(1) Dans tout le cours de son Journal, l'auteur a soin de désigner les catholiques sous le nom de catholiques romains : c'est que les anglicans croient également appartenir à l'Eglise catholique, dont ils prétendent former une branche. (*Note du traducteur.*)

Le membre de l'Eglise anglicane qui aura des relations avec un catholique romain, reconnaîtra d'ailleurs, si leurs intentions sont droites et sérieuses, qu'ils ont en général les mêmes amis et les mêmes adversaires, les mêmes affections et les mêmes antipathies; c'est là, si le grand philosophe païen a dit vrai, une preuve bien forte de l'identité de nature (1). Et en effet les deux Eglises se séparent très-rarement en *principe*, mais quelquefois en *fait* : le caractère intime de toutes deux est le même.

Le seul mérite du Journal qu'on va lire, c'est de présenter les choses comme elles sont dans le catholicisme romain, en dehors de tout préjugé préconçu, sans vouloir condamner une chose par cela seul qu'elle diffère de ce que l'on est habitué de voir, mais en s'efforçant de pénétrer le principe qui lui sert de base. Nous avons étudié le système catholique romain particulièrement en France, parce que ce pays forme peut-être aujourd'hui, pour bien des motifs, la partie la plus intéressante du monde catholique. Là, le divorce que tous les gouvernements de la chrétienté opèrent en ce moment avec l'Eglise, a été réalisé avec le plus de rigueur, de mépris et de despotisme. Les biens considérables du clergé français, en rapport avec les sentiments généreux du pays, ont été confisqués par l'Etat qui, reconnaissant que la grande majorité de la nation est catholique, au moins de nom, a accordé en échange au clergé une dotation non permanente, mais annuelle, et si incroyablement légère et disproportionnée aux besoins, que tout Français de cœur et d'honneur doit en y pensant rougir pour son pays. L'immense majorité des curés en France reçoit de l'Etat un traitement de 32 l.(800 fr.) par an ; dans les grandes villes ce traitement s'élève à 48 l. (1200 fr.) et au plus à 60 l. (1500 fr.) De plus, l'Etat a fait et fait encore en

---

(1) Aristote, *Rhét.* liv. 2. 4.

France ce qu'en Angleterre il ferait aussi s'il le pouvait : il envoie dans chaque paroisse un maître d'école sans foi, pour enseigner aux enfants toutes les connaissances usuelles, sans aucune croyance définie, et pour s'y poser en antagoniste du curé sur le propre terrain de ce dernier. La génération qui existe en ce moment en France, a été élevée depuis que l'incrédulité a envahi ce pays ; chez un trop grand nombre de Français, l'incrédulité ne date pas du temps présent, mais, dès l'enfance, leurs pensées, leur entourage avaient cessé d'être chrétiens. On recueille aujourd'hui, les fruits de la terrible commotion de 1789, — mais, hélas ! cette moisson est loin d'être rentrée. Non-seulement l'incrédulité se montre à front découvert par tout le pays, mais elle tient fièrement les rênes du pouvoir (1). Tous ceux à qui j'ai parlé étaient d'accord sur ce point, que le respect humain déploie toutes ses forces contre l'Eglise et contre la religion. Quoi de plus caractéristique que ce seul fait pour apprécier l'état d'un pays ! S'il est vrai que « l'hypocrisie soit l'hommage que le vice rend à la vertu, » vers quel abîme marche le pays où l'opinion publique n'exige en aucune façon que l'on se couvre d'un masque pour faire profession d'incrédulité !

C'est pour ces raisons et d'autres encore, que nous avons pensé que c'est surtout en France que l'Eglise peut être regardée comme agissant par sa propre force intérieure : non-seulement elle n'y reçoit du monde aucune aide, mais, au contraire, des afflictions ; et jusque dans ces dernières années, elle y a vécu dans un tel état d'oppression et de mépris, que, si elle parvient à pénétrer et à ranimer la société dans de telles conditions, ce résultat ne saurait être attribué qu'à la force toujours vivante de l'Evangile. Dieu préserve l'Angleterre d'un tel état de

---

(1) Le lecteur ne doit pas oublier la date du livre (1849). (*Note du trad.*)

choses ! — mais si elle devait passer par ces épreuves, puisse-t-il également accorder à l'Eglise, au jour de ses tribulations, des serviteurs et des servantes, des prêtres, des sœurs de charité, aussi désintéressés, aussi laborieux, aussi patients et aussi zélés que ceux qu'Il a suscités pour elle en France. On peut affirmer que si la France est un jour rendue tout entière au Sauveur, il n'est pas de condition sociale dont il faille désespérer, et la puissance de l'Eglise du Christ pour surmonter tous les obstacles ne pourra plus désormais être sérieusement contestée.

Il va de soi que les institutions dont il est parlé dans ce journal, ne sont pour ainsi dire que des exemples choisis parmi une foule d'autres. L'auteur sent mieux que personne combien son livre est incomplet sous ce rapport. Mais le sujet qu'il a choisi forme un champ d'observations qui n'a été guère exploré jusqu'à ce jour, de sorte qu'il suffit d'en effleurer la surface pour lui faire produire des fruits.

Je crois qu'il est bon de réunir ici les noms des cinq congrégations qui s'occupent en France de l'œuvre des missions, et dont il est parlé en différents endroits de ce journal. Ce sont : la congrégation des Prêtres de la Mission, ou les Pères Lazaristes, rue de Sèvres, 95 ; le séminaire des Missions étrangères, rue du Bac, 120 ; la congrégation des Sacrés-Cœurs (séminaire de Picpus), rue Picpus, 9 ; les Jésuites et les Maristes. — Je n'ai pas visité la congrégation du Saint-Esprit, qui s'occupe de former des prêtres pour les colonies. Il faut citer encore la congrégation de la Miséricorde. Ce sont là tous les établissements fondés en France pour les missions. Quant aux Sulpiciens, il est impossible de jeter un coup d'œil, même superficiel, sur le genre de vie adopté pour l'éducation du clergé, sans admirer la sollicitude merveilleuse qu'ils apportent à développer la vie intérieure, et les peines qu'ils se donnent pour s'assurer de la vocation requise pour un ministère aussi difficile.

Les principaux établissements consacrés par l'Eglise à l'éducation, sont les grands séminaires établis dans chaque diocèse, pour préparer aux saints ordres ; ensuite les petits séminaires qui sont également sous la direction des évêques, et qui reçoivent des jeunes gens pour toutes sortes de professions. En règle générale, ce n'est que dans ces deux espèces d'établissements que l'on accorde une sérieuse attention à l'instruction religieuse des élèves. Les colléges royaux, qui couvrent tout le sol de la France, m'ont été dépeints par tout le monde comme le théâtre d'une corruption morale qui dépasse toute idée : on y souffre que les professeurs enseignent aux élèves une incrédulité systématique. La grande majorité de la jeunesse française a été élevée dans ces colléges. Les fruits de cette éducation éclatent dans la conduite de ces jeunes gens.

Parmi les congrégations vouées à l'éducation de l'autre sexe, viennent en première ligne : Les dames du Sacré-Cœur, à Paris, rue de Varennes ; les dames de Notre-Dame (couvent des Oiseaux, rue de Sèvres) ; les dames de la Visitation. Chacune d'elles a un grand nombre de maisons en France et à l'étranger.

Pour ce qui concerne les classes pauvres, les frères de la Doctrine chrétienne, et les différents ordres de sœurs de Charité rendent des services incalculables : ils sont très-nombreux et répandus partout. Leurs travaux si désintéressés et si charitables seraient sans aucun doute un immense bienfait pour nos prêtres de paroisse engagés dans une lutte continuelle, d'un côté contre les mœurs vraiment païennes de notre siècle, de l'autre contre les sectes si nombreuses de dissidents, dont le caractère essentiel consiste dans une négation absolue de la doctrine de notre Eglise sur la rédemption, et généralement de toute croyance positive, autre que le sacrifice de notre Seigneur et l'opération de l'Esprit-Saint.

On verra suffisamment, par cet ouvrage, que je ne regarde pas le dénigrement du bien opéré par la religion catholique romaine, comme une qualité indispensable du caractère d'un ministre anglican. Je suis entièrement convaincu que la réunion de l'Eglise d'Angleterre avec l'Eglise de Rome serait une bénédiction immense pour toute l'Eglise de Dieu et pour l'humanité tout entière. Quel que soit l'auteur de la séparation actuelle, nous ne devons pas désespérer de cette réunion. Pour l'obtenir, il faut que des deux côtés tous les cœurs généreux unissent sérieusement leurs espérances et leurs prières.

JOURNAL

D'UN

VOYAGE EN FRANCE.

1845.

MARDI, 24 JUIN.

Nous faisons très-lestement le trajet d'Oxford à Southampton ; nous quittons cette dernière ville à dix heures du soir par le paquebot. Nous traversons la flotte de Portsmouth et, après une traversée des plus agréables, nous arrivons devant le Hâvre vers les dix heures, mais il était deux heures quand nous entrions au port, tant la marée était forte. Au Hâvre, pris nos places pour Ivetot que nous atteignons à neuf heures et demie. — Pays fertile, mais peu intéressant.

IVETOT, 26 JUIN.

Nous nous rendons chez M. Labbé un peu avant dix heures, et nous demeurons avec lui jusqu'à trois heures et demie. Son frère est supérieur du petit séminaire, qui comprend 225 jeunes gens.

On remarque sur-le-champ que les rapports les plus affectueux unissent ces jeunes gens à leurs maîtres *. On y compte douze prêtres, un diacre et un sous-diacre, et trois ecclésiastiques qui ont reçu les ordres mineurs. *M*. (1).

Les professeurs passent complétement leur vie avec leurs élèves ; ils participent à leurs repas, à leurs jeux, et à leurs études. Au centre d'un large dortoir, le long duquel s'alignent deux rangées de lits, se trouvait un lit qui ne se distinguait des autres que par la chaise qui se trouvait à côté : là, dort le supérieur. Son traitement est de 1,000 fr. par an ; celui des professeurs est d'environ 600 fr.

Le supérieur est d'un aspect vraiment affable et paternel. Nous l'entendîmes quelques instants faire le catéchisme aux enfants dans la chapelle ; ils répondaient fort bien : plusieurs demandes roulaient sur les sacrements, et les réponses furent d'une parfaite exactitude :

Quel est le sacrement le plus nécessaire ?

Le baptême.

Combien y a-t-il d'espèces de baptême ?

Le baptême de l'eau, le baptême du sang et le baptême du désir.

Y a-t-il des sacrements qui puissent être conférés par d'autres que le prêtre ?

Oui, le baptême en cas de nécessité.

N'y en a-t-il pas d'autres ?

Non, Monsieur.

---

(1) Les observations placées entre deux ** et suivies de la lettre *M*. sont extraites du journal de mon compagnon de voyage, le Rév. C. Marriott, qui a bien voulu y consentir.

Quelles sont les conditions requises pour recevoir le sacrement de pénitence? — Il y en a cinq.

Y en a-t-il qui soient plus indispensables que d'autres?

Oui, un repentir sincère pour les fautes commises, et la résolution de ne plus offenser Dieu par le péché.

L'absolution accordée par un prêtre à une personne qui ne donne pas des signes extérieurs de repentir, à cause de son état de maladie, profiterait-elle à cette personne?

Oui, si elle est capable de faire des actes intérieurs, mais autrement, non.

L'Église, ajouta M. Labbé dans son explication, aime mieux conférer inutilement un sacrement dans une foule de circonstances, plutôt que de le refuser une seule fois dans un cas où il pourrait être avantageux à celui qui le reçoit.

Quelles sont les trois principales vertus du chrétien?

La Foi, l'Espérance, et la Charité.

Laquelle est la plus parfaite? — La Charité.

Pourquoi?

Parce qu'elle suppose les deux autres, et de plus parce qu'elle subsistera toujours.

La Foi ne subsistera-t-elle pas toujours?

Non, Monsieur.

Pourquoi?

Parce que, quand nous verrons Dieu, nous n'aurons pas besoin de le croire.

Est-ce que vous verrez Dieu? — Oui, avec nos propres yeux.

Vous venez de recevoir la confirmation; qu'opère-t-elle en celui qui la reçoit? — Elle en fait un parfait chrétien.

Êtes-vous donc un parfait chrétien? (*Avec hésitation*): « Oui, Monsieur. »

Êtes-vous un chrétien parfait? — Non, Monsieur.

Quelle est la différence?

Un parfait chrétien est celui qui a tous les moyens pour parvenir au salut ; un chrétien parfait est celui qui est sans péché.

Y a-t-il des chrétiens parfaits? (*Avec hésitation*) : «Non, Monsieur. » — Non, mon enfant, il n'y en a pas.

*La chapelle est un édifice simple et gracieux, décoré dans le style ancien, sur les dessins du père Robert, qui était autrefois ingénieur. Les fenêtres et les arcs-boutants sont d'un goût exquis ; et la voûte, quoique en simple plafond, est si bien travaillée que je doutais si elle n'était pas en pierre, bien qu'un coup d'œil jeté sur les arcs-boutants vus à l'intérieur vous donne la conviction du contraire. Il y a une chapelle souterraine, ou pour mieux dire une crypte, qui est une de celles qui m'ont le mieux plu. Le père Robert nous montra des dessins pour l'ornementation de la partie-est de la chapelle : ils sont de très-bon goût. * *M.*

A midi, nous dînâmes avec les professeurs dans le réfectoire ; *il y avait un crucifix à l'un des murs, vers le milieu de la longue table : le supérieur se tint devant, pendant qu'il disait les grâces * *M.* ; nous soupâmes encore avec eux à sept heures, au milieu de 180 jeunes gens. On observait un silence absolu; un jeune homme monté sur une chaire au milieu de la salle, lut d'abord un ou deux versets des Évangiles, et ensuite quelques pages de l'*Histoire de France*, par Daniel. Rien de plus simple que le service; les maîtres étaient assis au milieu des élèves. On reçoit dans cet établissement tout à la fois des laïcs et des ecclésiastiques; on me montra avec fierté un jeune homme qui est devenu prêtre en sortant de la maison, juste douze ans après sa première communion. Celle-ci se fait en général à l'âge de douze ans, quelquefois plus tôt ou plus tard, d'après les dispositions des enfants. Ils font leur première communion après une confession générale et avant de recevoir la confirmation; peu s'en est fallu que nous ayons pu voir administrer ce sacrement par l'archevêque, qui n'était parti que deux jours avant notre arrivée. D'après la règle de la maison, on commence à se confesser à l'âge de sept ans; souvent on commence plus tard.

A 5 heures du matin.	—	Lever. — Une demi-heure pour se préparer à descendre.
5 1/2 à 6 1/4	—	A la chapelle; prière du matin et messe.
6 1/4 à 8	—	Étude dans une salle d'école.
8 à 8 1/4	—	Déjeûner, avec lecture de la vie des Saints.
8 1/4 à 8 1/2	—	Récréation.
8 1/2 à 10 1/2	—	Classe. — Lecture de vive voix.
10 1/2 à 12	—	Étude.
12 à 12 1/2	—	Dîner, avec lecture.
12 1/2 à 1 1/2	—	Récréation.
1 1/2 à 3	—	Étude
3 à 4 1/2	—	Classe.
4 1/2 à 5	—	Récréation.
5 à 7 1/4	—	Classe.
7 1/4 à 7 3/4	—	Lecture spirituelle et prière du soir; c'est le moment où le supérieur prend note de quelques particularités, donne des conseils, etc.
7 3/4 à 8 1/4	—	Souper.
8 1/4 à 8 3/4	—	Récréation. Puis une ou deux minutes de prière à la chapelle; et au lit.

L'étude commence toujours par l'hymne « *Veni sancte Spiritus*, » la collecte de la Pentecôte et l'*Ave Maria*. Le jeudi, il y a un demi-jour de congé. Nous nous promenâmes ensuite dans leur petit jardin et leur cour. Comme c'était jeudi, les élèves allaient en promenade avec quelques-uns des maîtres.

Notre conversation roula sur plusieurs questions relatives aux Églises de Rome et d'Angleterre. Dans leur opinion, nous sommes absolument hérétiques et séparés du tronc. M. Pierre Labbé, qui maniait le mieux la parole, voulait bien admettre que dans le cas d'une invincible ignorance, c'est-à-dire celui où se trouve la personne qui, après avoir fait tout son possible, ne parvient pas à découvrir que l'Église de Rome est la seule Église véritable, une telle personne pouvait participer à la grâce des sacrements, en supposant toutefois que nous eussions la succession apostolique, ce qu'il faisait plus que révoquer en doute. Et il appliquait ceci à l'Église grecque et à l'Église russe. Il disait que si jamais les choses en arrivaient à ce point que l'Angleterre, par un mouvement immense et en quelque sorte national, accédât à la foi catholique romaine, la question des ordinations anglicanes devrait être résolue.

Ce qui attira surtout notre attention dans cet établissement, ce fut l'intimité que les maîtres paraissent apporter dans leurs relations avec les élèves ; non-seulement leur présence, pendant le temps des leçons, parvenait à maintenir l'ordre, mais leur influence se faisait sentir partout et à tous moments. Pour donner un exemple, le supérieur pendant le catéchisme distribuait, comme récompense, de petites images que chaque enfant recevait en l'embrassant sur la joue. Le plus franc rire et la plus joyeuse humeur, mêlés toutefois de respect, régnaient en présence du maître.

Nous quittâmes ces hommes si respectables, pleins d'admiration pour leur zèle et touchés de la bienveillance qu'ils nous avaient montrée. M. Robert voulut nous accompagner jusqu'à Caudebec, le vendredi matin. Il nous conduisit dans une voiture appartenant à la maison, tout en demandant grâce pour la rusticité de l'équipage. Nous traversâmes un pays à céréales, fertile et souvent accidenté ; nous passâmes par un des champs de bataille de Henri IV, mais il n'en reste plus aucune trace.

ROUEN, 28 JUIN.

L'église de Caudebec est d'une rare beauté ; elle date du XVe siècle ; elle est couverte partout de riches sculptures, surtout à la façade-ouest ; les calvinistes les ont notablement endommagées. J'allai visiter chaque partie de l'édifice avec le curé ; je montai aussi sur la tour : elle se termine par une flèche curieuse qui rappelle celle de Strasbourg, ornée de sculptures jusqu'au sommet, et d'une richesse éblouissante. Sa hauteur est d'environ 180 pieds. Les vues qui se déroulent de là sont admirables. Le grand défaut de l'intérieur, c'est que le côté-est a deux vitraux au lieu de trois ou d'un seul, à l'abside ; la nef est trop étroite. Il y avait autrefois sur le jubé une croix au pied de laquelle se trouvait Adam recevant le sang dans une coupe, ce qui représentait l'humanité tombée rachetée par Notre-Seigneur. L'aile du nord et du sud sont sans transept.

Caudebec est dans une situation vraiment ravissante, à l'ombre d'une colline avec la rivière qui coule à ses pieds ; de chaque côté s'élève un amphithéâtre boisé, formé par les rives de la Seine ; au delà de la rivière s'étend une vaste plaine ; ce serait un excellent site pour une grande ville. L'église ressemble à une petite cathédrale.

Le curé a un joli presbytère au nord de l'église ; il nous fit l'accueil le plus aimable. Le gouvernement n'alloue que mille francs par an pour la restauration de l'église ; aussi les travaux avancent-ils lentement. La chapelle de la Vierge renferme un pendentif remarquable, qu'on dit avoir quatorze pieds de long ; le curé m'affirma qu'il s'était assuré qu'il n'y avait aucune attache qui le soutenait. Il y a dans la chapelle du sud un dais d'une grande richesse, et une figure gigantesque du Christ, devant laquelle une femme paraissait prier avec beaucoup de ferveur. Je comprends très-bien que l'image du Sauveur doive être d'un grand secours pour celui qui médite. *M.*

Nous partîmes dans un méchant cabriolet pour Rouen, en passant par Jumièges et St-Georges-de-Bosscherville ; plusieurs parties de la route sont fort belles. Jumièges forme une ruine d'un aspect lugubre ; la nef avec les tours de l'ouest et une arche à l'est sont seules encore debout ; cette arche a des proportions colossales ; elle a au moins quatre-vingts pieds de haut; elle offre des crevasses énormes et menace de tomber l'un de ces jours. Du côté de l'est, il reste peu de chose : on a enlevé la plus grande partie des ruines, celles qui formaient la plus belle partie de l'église et qui étaient du style le plus ancien. Au sud, on voit les murs d'une chapelle gracieusement décorée, dédiée à saint Pierre ; les ruines sont couvertes d'arbustes et de broussailles ; les arches sont sur le point de crouler. Du jardin on jouit d'une très-belle vue des bords de la Seine : c'est une charmante solitude. M. Caumont s'est fait à lui-même une habitation fort pittoresque de l'ancienne porte d'entrée et des bâtiments adjacents. La façade-ouest, avec ses deux tours d'égale hauteur et de forme à peu près semblable, est fort simple, quoique d'un aspect grandiose. Je montai plus de 200 marches pour arriver au sommet de la tour du nord ; malheureusement il avait plu et le soleil ne perçait pas. On domine de là les bords de la Seine à une distance considérable.

Saint-Georges-de-Bosscherville est une des plus magnifiques et des plus majestueuses églises de la Normandie, elle porte le fardeau de ses 800 ans, comme si elle avait été bâtie hier. La façade-ouest, avec ses deux étages de trois vitraux qui surmontent chacun un portail, et ses tours d'une beauté remarquable, quoique d'un style plus récent, est vraiment imposante. On voit au milieu une tour massive surmontée d'une flèche très-élevée, couverte en ardoises, et qui date des Normands ; elle doit avoir environ 200 pieds de haut. L'intérieur offre cette majesté simple et solennelle qui est propre à ce style ; une seule et même pensée est admirablement traduite depuis le sommet jusqu'à la base ; de même qu'à Saint-Ouen c'est le style gothique, ici c'est le style normand. Je regarde l'église de Saint-Georges comme un modèle parfait de ce dernier style.

Nous n'arrivâmes à Rouen que le vendredi à la nuit tombée ; — descendus à l'*hôtel de Normandie* ; — maison peu agréable, terriblement bruyante ; elle est située dans une rue où deux diligences, après maintes évolutions étonnantes à travers les rues étroites de Rouen, parviennent à se nicher dans leurs remises.

SAMEDI, 28 JUIN.

Après le déjeûner, M... se rendit avec nos lettres chez le curé de la cathédrale, auquel M. Labbé nous avait recommandés. Il devait s'absenter dans l'après-midi, mais il nous invita à dîner pour midi ; comme c'était jour de jeûne, nous n'acceptâmes qu'à la seule condition qu'il ne changerait rien à son ordinaire. Nous eûmes un potage maigre, du poisson et une omelette. Il devait dans l'après-midi s'absenter de Rouen pour quelques jours, de sorte que nous le quittâmes de très-bonne heure ; nous en fûmes bien tristes, car j'ai appris qu'il jouit d'une très-grande réputation comme confesseur et directeur spirituel.

Les jours de vigile et de jeûne, ils prennent à midi un repas maigre, et sont autorisés à manger un morceau le soir, mais non à faire un repas ordinaire. Le curé me fit plusieurs questions sur les cours d'études d'Oxford, et me demanda s'il n'y avait pas en Angleterre une tendance « à imiter leurs cérémonies ». Je lui dis que j'espérais que cette tendance ne se bornerait pas à cela. Nous l'interrogeâmes sur la philosophie enseignée dans l'Eglise de France. Il dit qu'ils adoptaient surtout celle d'Aristote, et qu'il n'y avait que certaines branches spéciales qui fussent particulièrement cultivées. Ils étaient très-occupés à combattre les doctrines de Cousin.

Lui et ses quatre vicaires ont une paroisse de 15,000 âmes à diriger ; ils entendent en outre beaucoup de confessions des autres paroisses ; mais lors de la première communion, chacun doit s'adresser à son curé de paroisse, ou du moins communier dans son église paroissiale. Il dit que Rouen est une ville religieuse. Je ne lui demandai pas le nombre des communiants, de crainte d'avoir l'air de faire des questions dans un esprit de critique. — Il fut obligé de nous quitter après le dîner, mais il nous adressa à l'un de ses vicaires, qui nous conduisit à la maison des frères des Écoles chrétiennes et nous présenta à l'un d'eux : celui-ci nous fit voir la chapelle, le dortoir, etc. Le fondateur de cet ordre, le vén. de la Salle, est enterré derrière l'autel. Il y a dans la chapelle des siéges pour les frères, et il y a une place réservée ou galerie du côté de l'ouest pour les enfants : ceux-ci n'entrent dans la chapelle que le dimanche et les jours de fêtes pour le salut du Saint-Sacrement ; ils occupent la galerie pendant leurs prières du matin et du soir, qui sont, je pense, celles que l'on trouve à la fin du catéchisme. Les frères sont laïcs, mais ils ont deux aumôniers qui viennent dire chaque jour deux messes dans leur chapelle. Occupés tout le jour de leurs écoles, ils ne sont pas astreints aux offices du bréviaire, mais ils entendent la messe, récitent le rosaire, assistent au salut, etc. Ils sont trente-neuf frères ; ils ont de plus une école normale fréquentée par quarante jeunes gens. On ne les y admet pas au-dessous de dix-sept ans. Leur cours d'études est d'environ trois ans. On les y élève pour donner l'instruction primaire du degré supérieur, comprenant un peu d'histoire, de chimie, etc., mais ni le latin, ni le grec, (quelques-uns cependant apprennent aussi les langues modernes). Il y a en outre vingt-sept frères qui sont occupés dans les écoles des faubourgs, lesquelles renferment, si j'ai bien compris, jusqu'à 2,500 enfants. Nous ne pûmes voir les cabinets de minéralogie, etc., ni le laboratoire de chimie. Il y a aussi deux ou trois petites orgues pour les cours de musique. Le dortoir renferme des cellules séparées, avec un corridor qui s'étend tout au long. Dans chaque dortoir couche un des frères, qui reste levé jusqu'à ce que tous les jeunes gens soient couchés, afin d'être certain que le bon ordre est observé. Les frères sont diplômés par l'Université, et quelques écoliers sont entretenus en tout ou en partie par le gouvernement. *M.*

HIER, 29 JUIN. FÊTE DE SAINT-PIERRE.

Nous allâmes à 10 heures à la grand'messe de la cathédrale; mais quoique nous y eussions apporté toute l'attention possible, et que nous fussions placés juste à l'extrémité de la grande porte du chœur, nous ne pûmes suivre l'office : ce ne fut qu'à l'Evangile et au *Credo* que nous en retrouvâmes la trace. Il va sans dire que les paroles de l'office, qui sont d'une beauté incomparable, furent absolument perdues pour nous. Nous ne pûmes les suivre même en observant les cérémonies, le livre à la main ; car la voix du prêtre s'entend difficilement partout. Une femme assise à côté de moi chanta jusqu'au bout le *Credo* de Nicée en latin ; (aux vêpres à Saint-Ouen, plusieurs voix de femmes accompagnaient les Psaumes). Ce qui est vraiment édifiant, c'est la dévotion du peuple : il sent qu'il assiste à un sacrifice, et n'a pas besoin de faire continuellement des efforts d'esprit pour *comprendre*, comme cela a lieu chez nous. Ici, au contraire, il n'y eut de sermon ni à la cathédrale ni à Saint-Ouen, à l'exception toutefois d'une très-courte allocution après l'Evangile, au milieu de la nef ; mais personne ne sortit du chœur pour l'entendre. Après le service, qui dura une heure et demie, nous célébrâmes entre nous notre propre office.

Nous allâmes ensuite au musée d'antiquités ; on y remarque une petite collection de vitraux peints dont quelques-uns sont excellents. On a une belle vue de Rouen, au nord du boulevard. — A 3 heures, vêpres à Saint-Ouen, chant de Psaumes, suivi de l'exposition du Saint-Sacrement. Beaucoup de monde, surtout de femmes ; le plus grand nombre prit part au chant. Cette fois encore nous pûmes suivre quelques Psaumes dans le Paroissien. L'office dura une heure et demie ; les chants étaient très-harmonieux, et l'orgue qui les accompagnait faisait beaucoup d'effet. L'ensemble de cet office, bien qu'il ne fût composé que de prières et d'actions de grâces, sans aucune instruction ni exhortation doctrinale, nous impressionna vivement.

Après cela, dîner à 5 heures à table d'hôte. Nous eûmes plus d'une fois occasion d'approuver la sagesse du décret de l'empereur de Russie : « Il est défendu de porter la barbe à la façon des orangs-outangs, des juifs et des Français. »

Après le dîner, nous montons au sommet de Sainte-Catherine, où nous jouissons de la belle vue de Rouen ; puis nous allons à Notre-Dame-de-Bon-Secours. C'est une église toute neuve, dans le style du XIIIe siècle reproduit dans toute sa pureté et sa grâce originale : la partie-est est déjà terminée ; elle est pleine de vitraux peints. On y compte dix travées, et trois fenêtres à l'abside. Cette église l'emporte en beauté sur toutes les églises modernes que je connais. Toutes les voûtes, les nefs et les ailes sont en pierre ou en briques. On y voit beaucoup d'*ex-voto* : ce sont de simples tablettes incrustées dans les murs ; j'en ai copié quelques-uns :

J'ai prié
la sainte Vierge,
et elle a guéri ma fille.
1837.

—

Gage de ma reconnaissance
J'ai prié la sainte Vierge
et elle m'a exaucée
en protégeant ma fille.
Elbeuf, le 3 oct. 1838.
A. G.

—

A la T.-S. Vierge
le 7 août 1821,
au pied de cet autel
j'ai obtenu la guérison
d'une maladie de 20 ans.
A. B.

Ex voto.
Une maladie cruelle
menaçait des jours précieux ;
nous avons prié Marie
dans ce temple,
et Dieu
a rendu M. Motte, curé
de la cathédrale de Rouen,
à ses élèves
et à ses nombreux amis.
8bre 1824.

On y remarque encore une fort belle tour surmontée d'une flèche élégante. L'église s'élève au bord d'une colline, à près de 400 pieds au-dessus du niveau de la Seine.

LUNDI, 30 JUIN.

M. et moi, nous sommes allés revoir aujourd'hui Saint-Ouen à l'intérieur et à l'extérieur. Plus je vois cette église, et plus je suis frappé de sa beauté, de sa grâce et de l'art avec lequel on a su dissimuler la prodigieuse hardiesse des constructions. Au-dedans, elle paraît d'une légèreté inimitable, tandis qu'au dehors le regard embrasse l'énorme contre-poids des étais et des arcades, qui ont permis à l'architecte d'ériger à une telle hauteur un corps de bâtiment tout percé de vitraux. La disposition intérieure du chœur et de la partie-est est particulièrement gracieuse ; par exemple, la vue que l'on a derrière le maître-autel en face de la chapelle de la Vierge. Nous entendîmes une messe basse dans cette chapelle. — Après le dîner, nous reçûmes la visite inattendue de M. P. Labbé : il resta à causer une couple d'heures. Je lui donnai lecture des *ex-voto* cités ci-dessus, et, à cette occasion, il tâcha de nous expliquer l'idée que les catholiques romains attachent au culte de la sainte Vierge. La communion des saints, comme doctrine pratique, est si contraire à nos croyances et occupe au contraire une place si importante dans la théologie romaine, qu'il ne paraît pas que nous puissions jamais parvenir à nous entendre sur ce point. De sorte que le sentiment le plus naturel à une ame pieuse appartenant à la communion romaine, revêt une apparence d'idolâtrie aux yeux d'un anglican sincère.

MARDI, 1er JUILLET.

J'ai assisté à la messe de M. Labbé dans la chapelle de la Vierge, à la cathédrale, et je l'ai pu suivre parfaitement ; seulement le canon presque tout entier est dit à voix basse. Je ne puis m'empêcher de regretter ici que l'on ne puisse *entendre* et suivre des paroles aussi belles et aussi touchantes. M. Labbé déjeuna avec nous et nous conduisit ensuite à l'école de garçons et de filles dans l'ancien *aître* (atrium) de Saint-Maclou. Tout autour est un cloître décoré de figures de la *Danse des Morts*. Les salles qui l'entourent sont occupées maintenant par des écoles pour les pauvres de Saint-Maclou. Un frère des écoles chrétiennes nous fit voir sa classe ; les élèves répondirent fort bien aux questions de M. Labbé sur le catéchisme. L'un des enfants écrivit ensuite sur un tableau noir, sous sa dictée : « J'espère, mes chers enfants, que vous vous montrerez, toute la vie, dignes des soins que les bons frères ont pris de vous. » Cette phrase devint l'objet d'une discussion grammaticale. Quelques-uns étaient embarrassés de la place occupée dans la phrase par les mots « toute la vie, » et il leur fallut quelque temps avant de découvrir que ces mots étaient gouvernés par le mot « pendant » sous-entendu, et qu'ils remplaçaient un adverbe. Ils nous montrèrent des cartes géographiques qu'ils avaient dessinées et qui n'étaient pas mal exécutées. Ils étaient remplis d'égards et de bonnes manières envers leur maître.

Nous nous rendîmes ensuite à l'école des filles, située dans le même corps de bâtiment, mais à l'étage supérieur ; elle est fort nombreuse et dirigée par des religieuses qui n'appartiennent pas à une congrégation régulièrement établie ; elles prononcent cependant des vœux et sont reconnues par l'Eglise qui les voit avec faveur. Parmi les enfants, les unes travaillaient, les autres apprenaient à lire. Ne pouvant juger à fond de cette institution, nous nous bornons à dire qu'il paraissait y régner beaucoup d'ordre, et qu'il faisait plaisir de voir les soins donnés à ces enfants par des personnes qui s'étaient vouées à cette œuvre par pure charité. — De là, nous allâmes par des rues étroites et boueuses à l'*hôpital général* ; on y accepte toutes sortes de malades. C'est un établissement de l'Etat, mais il est confié aux soins d'une congrégation de sœurs qui se consacrent à cette œuvre. Je ne crois pas que leur règle soit très-sévère. Nous vîmes la supérieure et un grand nombre de sœurs ; les malades paraissaient être tenus avec beaucoup de propreté, et entourés de soins. Il y a un autel dans chaque salle ou infirmerie, mais on ne remarque pas à chaque lit ces petits indices qui rappellent la religion et que l'on ne trouve que là où la direction est tout entière entre les mains de l'Eglise. *M.*

M. Labbé nous conduisit ensuite à un couvent de dames bénédictines de l'Adoration du Saint-Sacrement. Leur règle offre ceci de particulier, que jour et nuit il y a toujours une religieuse en adoration devant le Saint-Sacrement. Leur office de nuit dure depuis une heure et demie jusqu'à trois. Elles font maigre toute l'année. Il ne leur est permis de parler que pendant deux heures de la journée, excepté dans les cas d'absolue nécessité. ˙ M. La supérieure s'entretint avec nous, séparée par un double grillage devant lequel tombait un voile ; à la demande de M. Labbé, elle écarta le voile, afin que nous pussions voir son costume ; mais alors son visage était entièrement couvert et, quoiqu'elle pût nous voir, ses traits restaient cachés à nos regards. Son costume était entièrement noir. ˙ Ses paroles respiraient la paix et la simplicité. Après la Révolution, où un grand nombre d'autels furent profanés, cette congrégation fut établie dans le but d'offrir une espèce de réparation des outrages commis envers Notre-Seigneur dans le Saint-Sacrement. ˙ *M.*

Pendant cette visite aux écoles ainsi qu'à l'hôpital, je fus frappé des avantages inappréciables qui résultent pour ces établissements de la direction confiée à des personnes ayant fait profession religieuse.

Le soir nous sommes allés nous promener autour de la cathédrale : l'intérieur est sous tous les rapports au-dessous de Saint-Ouen et peu digne de remarque ; mais à l'extérieur le portail du nord et celui du sud ne sauraient être surpassés sous le rapport de la beauté et de la richesse du dessin, et celui de l'ouest, une fois terminé, sera vraiment imposant et d'une rare magnificence. — Nous avons fait une dernière fois le tour de Saint-Ouen avec une nouvelle admiration.

MERCREDI, 2 JUILLET.

A midi, nous partons par le chemin de fer pour Paris : nous nous arrêtons quatre heures à Mantes : visité Notre-Dame, qui nous a plu autant qu'en 1843. Le portail-ouest jusqu'à la galerie est un des plus gracieux que je connaisse. On est occupé à construire le dernier étage de la tour du nord.

Arrivés à Paris à 8 heures, nous allons occuper un modeste appartement à l'hôtel d'Espagne.

JEUDI, 3 JUILLET.

Nous sommes allés voir Miss Young à l'Abbaye-aux-Bois ; et nous sommes restés à causer quelque temps avec elle. Elle nous donna une lettre d'introduction pour une sœur de Charité, qui nous fit voir en partie leur vaste établissement de la rue du Bac. La chapelle est gracieuse et renferme une collection de jolis tableaux : elle est désignée comme le lieu de l'apparition de la sainte Vierge à l'une des sœurs ou novices ; son image au moment de l'apparition est représentée sur la *médaille miraculeuse* : le fait arriva devant le tableau de l'autel à droite. Le nom de la sœur est demeuré secret et le restera jusqu'à sa mort ; mais les autres circonstances ont été révélées par le prêtre qui a reçu sa confession, M. Aladel, l'un des Pères lazaristes qui dirigent les sœurs de Saint-Vincent-de-Paul. L'établissement compte 300 sœurs ; elles partent de là pour se disperser par toute la France et sont continuellement remplacées par d'autres. Elles font construire en ce moment un vaste bâtiment qui pourra recevoir 300 novices. — Leurs vœux ne sont pas perpétuels, mais seulement pour le terme de quelques années ; il est rare toutefois que celle qui les a prononcés, manque de les renouveler.

— Allés chez Toulouse, — magnifique librairie ; il a parfois 100,000 volumes en magasin.

— L'extérieur de Notre-Dame me frappa vivement ; le côté ouest serait une œuvre parfaite, si les tours étaient surmontées de flèches élancées. L'intérieur, malgré son immensité, n'offre rien de beau ; nous qui venions de voir Saint-Ouen, nous en sortîmes très-peu satisfaits. Saint-Germain des-Prés est une belle église, surtout le chœur et l'abside ; elle date des Normands. Le soir nous vîmes M. Bonnetty et nous causâmes quelque temps avec lui. — Nous avons été sur pied aujourd'hui pendant neuf heures.

VENDREDI, 4 JUILLET.

Déjeuné chez Miss Young ; longue conversation avec l'abbé Carron, ancien secrétaire de l'archevêque. Il se montra très-poli et très-affable, et nous offrit ses services avec empressement. Nous obtînmes de lui un tableau détaillé des exercices journaliers au séminaire de Saint-Sulpice ; je l'ai écrit sous sa dictée, en y intercalant quelques renseignements ultérieurs que me donna M. Galais, qui y enseigne le droit canon :

5 heures du matin.	Lever ; — on récite l'Angelus (salutation angélique.)
5 à 5 1/2.	On s'habille et on descend : les plus pieux vont passer deux ou trois minutes devant le Saint-Sacrement.
5 1/2 à 6 1/2.	Prière à haute voix pendant dix minutes ; chacun prie ensuite à part, pendant le reste de l'heure, agenouillé sur un banc. Le professeur dit ses prières à haute voix et à genoux, en guise de leçon pour les élèves.
6 1/2 à 7.	Messe ; ceux qui communient entendent une messe d'action de grâces, ce qui peut durer jusqu'à 7 3/4. Les autres montent à leurs chambres.
7.	Lecture de l'Ecriture sainte, en particulier.
8 à 8 1/4.	Déjeuner ; du pain sec, du vin et de l'eau ; on ne permet rien d'autre, sauf dans les cas de nécessité, où l'on donne du lait ou un potage. Chacun fait une lecture à part soi.
8 1/4 à 9 1/2.	On se prépare dans sa chambre à la leçon de théologie.
9 1/2 à 10 1/2.	Leçon de théologie. Morale.
10 1/2 à 10 3/4	Visite au Saint-Sacrement.
10 3/4 à 11 3/4.	Les diacres reçoivent une leçon de chant pendant une demi-heure et retournent ensuite à leurs chambres.
11 3/4 à 12.	Examen particulier de conscience. Pendant sept minutes, méditation, à genoux, sur un passage du Nouveau-Testament, et pendant les sept minutes suivantes, lecture dans Tronson.

12 à 12 1/2.	Dîner. — Lecture à haute voix d'un chapitre de l'Ancien Testament, pendant trois minutes ; ensuite on lit une Vie de saint ou l'Histoire ecclésiastique. Le jour suivant, on termine par le Martyrologe romain. Vient ensuite une visite d'une minute au Saint-Sacrement : récitation de l'Angelus.
Le dîner consiste en soupe, un plat de viande, des pommes de terre ou des légumes. Au dessert une pomme ou tout autre fruit. Boisson : du vin et de l'eau.
12 1/2 à 1 3/4.	Récréation. A 12 1/2, il est permis de causer pour la première fois de la journée. Les lettres de la poste sont remises. La règle oblige les professeurs à prendre leurs récréations avec les élèves ; c'est un point très-important.
1 3/4.	On récite le chapelet : soixante-trois *Pater* et *Ave*.
2 à 3 1/2.	Etude dans les chambres. De 2 à 3 1/2 h. classe de chant d'Église, quatre fois par semaine. De 2 à 3 1/4, adoration du Saint-Sacrement, pendant une demi-heure.
3 1/2 à 4 1/2.	Classe de théologie. Dogme.
4 1/2 à 4 3/4.	Visite au Saint-Sacrement.
5 1/4 ou 5 1/2, suivant la saison.	On sonne pour tous ceux qui sont dans les saints ordres et qui doivent dire leur bréviaire. C'est l'heure des conférences.
6 1/2 à 7.	Glose ; — lecture spirituelle par le supérieur.
7 à 7 1/2.	Souper. Un plat de viande, légumes ou salade, de l'eau et du vin. Lecture à tous les repas. Il n'est jamais permis de causer, si ce n'est une fois par an, lors de la visite de l'archevêque. On lit un chapitre du Nouveau Testament, un verset de l'Imitation de Jésus-Christ.
7 1/2.	On se rend devant le Saint-Sacrement ; on récite l'Angelus.
7 1/2 à 8 3/4.	Prières du soir ; litanies à haute voix, examen particulier de conscience. Ils montent ensuite à leurs chambres ou s'arrêtent d'abord devant le Saint-Sacrement. Le supérieur reste assis à sa place et chacun, en passant devant lui, s'accuse de quelques fautes extérieures commises durant le jour contre la règle.
9 à 9 1/4.	Heure du coucher ; il faut que l'on soit couché à 9 1/4. Chacun a dans sa chambre une table, un lit, un chandelier et un foyer. Dans chaque corridor dort un prêtre.

COURS SPÉCIAUX.

Hébreu : deux cours.

Théologie morale ; cours important. On y admet les jeunes gens qui ont déjà suivi les cours élémentaires ; ils sont environ quarante ou cinquante.

Droit canon ; cours particulier.

Depuis les Pâques jusqu'aux vacances, on enseigne aux élèves dans les plus grands détails les devoirs du saint ministère.

Chacun en particulier étudie les saintes Ecritures une demi-heure par jour.

Le dimanche, à 3 heures, à Saint-Sulpice, les élèves s'exercent à faire le catéchisme, excepté depuis les Pâques jusqu'aux vacances.

Deux mois avant la première communion, on enseigne le catéchisme à Saint-Sulpice, trois fois par semaine (mais ce ne sont pas les élèves du séminaire).

Les malades sont assez nombreux. (Les bâtiments du séminaire n'ont pas de jardin ni d'espace suffisamment grand pour les récréations).

On n'accorde pas assez de temps à l'étude.

Les vacances durent du 15 août au 1er octobre.

Ils portent toujours la soutane.

Ils se confessent chaque semaine, ordinairement le matin pendant la méditation.

Ils choisissent eux-mêmes leur confesseur parmi les professeurs, qui sont aujourd'hui au nombre de douze ; mais ce nombre n'est pas invariable. Ils sont libres de communier, quand ils le désirent ; mais on les exhorte à le faire *souvent*. Souvent, c'est-à-dire les dimanches et jours de fête. Quelques-uns communient deux, trois, quatre et même cinq fois par semaine, surtout quand le temps de leur ordination est proche. Les prêtres communient tous les jours. Après la communion, il y a vingt minutes d'action de grâces. En entrant au séminaire on fait une confession générale de toute la vie passée. Au commencement de chaque année, après les vacances d'octobre, on fait une confession qui embrasse toute l'année. Chaque mois commence par un jour de retraite, c'est d'ordinaire le premier dimanche. La Direction a lieu deux fois par mois. Ce sont des communications entre le jeune homme et son directeur, dans le but de faire connaître son état intérieur. Il y a une retraite générale de huit jours, après les vacances ; pendant ce temps, les visites sont défendues ; on ne peut recevoir de lettres, ni aller en ville. Il y a toutefois des récréations, mais le reste du jour est consacré à la prière, à la confession et aux sermons. Chacun a son règlement particulier qu'il rédige après s'être concerté avec son confesseur.

On doit déterminer avec le directeur le jour, l'heure et le mode de recourir aux exercices qui suivent :

Examen particulier de conscience.

Confession.

Sainte communion.

Direction.

Retraite mensuelle.

La Monition (1).

Lecture particulière.

Etudes accessoires.

Ce que le directeur a décidé quant aux exercices qui précèdent, doit être inscrit dans le règlement particulier de chaque élève.

Le point essentiel pour retirer de bons fruits de la vie du séminaire, c'est la fidélité au règlement et la stricte observance du silence aux heures prescrites, ainsi que le saint emploi du temps.

Les vertus que l'on doit s'efforcer d'acquérir, sont le recueillement, le sentiment de la présence de Dieu, la modestie et le bon exemple, la charité, l'esprit de dévotion et la ferveur dans les exercices de piété.

L'ordre des exercices, chaque jour de la retraite annuelle, est réglé comme suit :

5 heures du matin.	Lever; préparation à la prière; courte visite au Très-Saint-Sacrement.
5 1/2.	Prières.
6 1/2.	Messe de communauté.
7.	Préparation à la confession générale, ou à la confession de toute l'année, ou spécialement à celle qui comprend le temps des vacances.
8.	Déjeuner.
8 1/4.	Petites heures.
8 3/4.	Lecture ou direction.
9 1/4.	Visite au Saint-Sacrement.
9 1/2.	Entretien.

(1) La Monition consiste à faire connaître à celui qui nous a chargé de lui rendre cet office de charité, ses imperfections et ses défauts extérieurs, contraires aux vertus chrétiennes et ecclésiastiques.

10 1/2.	Délassement; ce temps peut être donné soit à la lecture, soit à la direction.
11.	On met ses résolutions par écrit, et on lit les chapitres de l'Ecriture-Sainte qui ont été désignés.
11 3/4.	Examen particulier.
12.	Dîner, suivi de l'Angelus et d'une récréation.
1 3/4.	Vêpres et complies; on se recueille pour examiner comment on s'est acquitté des exercices du matin.
2 1/4.	Lecture et méditation des chapitres de l'Imitation.
3 1/4.	Visite au Saint-Sacrement.
3 1/2.	Entretien.
4 1/2.	Matines et laudes; mise par écrit de ses résolutions. Ensuite délassement, comme le matin à 10 1/2.
6.	Récitation du chapelet médité.
6 1/2.	Lecture spirituelle.
7.	Souper, suivi de l'Angelus et d'une récréation.
8 1/2.	Prière; examen de conscience.
9	Coucher; préparation à la prière du matin.

Pour que la retraite produise des fruits salutaires, on recommande les moyens suivants :

1° Dès le commencement de la retraite, faites-vous un règlement particulier approuvé par votre directeur; mettez-vous d'accord avec lui sur l'emploi de votre temps, sur le sujet de vos lectures, sur la manière de vous préparer à la confession;

2° Lisez le chapitre de l'Ecriture sainte et de l'Imitation indiqué dans le Manuel de piété, et ne manquez jamais à cette lecture;

3° Observez avec soin le silence, si ce n'est à l'heure de la récréation; et si vous vous trouvez dans la nécessité de parler, demandez-en la permission;

4° Ne lisez et n'écrivez aucune lettre;

5° Si vous éprouvez de la sécheresse, du dégoût, de la répugnance, des pensées décourageantes, comme il arrive souvent pendant les retraites, communiquez-les sur-le-champ à votre directeur et suivez ses conseils comme le moyen le plus assuré de vaincre les tentations ;

6° Si déjà vous avez fait une confession générale au séminaire, employez le temps entre la Messe et le déjeuner, à vous examiner sur la manière dont vous avez dirigé votre conduite pendant l'année qui vient de s'écouler, comment vous avez combattu vos défauts et votre passion dominante, et comment vous avez pratiqué les vertus que vous vous êtes proposé d'acquérir ;

7° Appliquez-vous surtout à acquérir le recueillement intérieur, la confiance en Notre-Seigneur et en la très-sainte Vierge ; à faire un examen sérieux et profond de votre conscience, et à nourrir un grand désir de faire un bon séminaire ;

8° Après la retraite, informez votre directeur de vos sentiments et de vos résolutions, et occupez-vous immédiatement à rédiger votre règlement particulier.

Il y a, en outre, des retraites de huit jours avant chaque ordination. On y explique le Pontifical.

En carême, on accorde un repas et une collation : le premier a lieu à midi. La viande est permise par le mandement de l'archevêque, les dimanche, lundi et jeudi. Les vendredi et samedi sont les jours maigres, mais non des jours de jeûne. Les autres jeûnes dans l'année sont peu nombreux, la plupart ayant été abolis par le Concordat. Ce sont les veilles de la Noël, de la Pentecôte, de Saint-Pierre, de l'Assomption et de la Toussaint.

M. Gaduel me raconta que les excellents professeurs de Saint-Sulpice ne reçoivent aucun traitement. Ils vivent, me dit-il, comme des enfants dans la maison de leur père, pourvus de tout ce dont ils ont besoin, mais ils ne reçoivent pas d'argent. Si l'un d'eux a besoin d'un habit, il le demande et l'obtient. S'ils deviennent malades et incapables de continuer leurs fonctions, on les entretient et on les entoure des plus grands soins pour le reste de leurs jours. Ils ne prononcent pas de vœux et peuvent quitter quand ils le veulent ; ils conservent à eux tous leurs biens propres. Ceux qui ne possèdent rien, reçoivent 100 francs par an pour leurs aumônes, « car vous comprenez, me dit-il, qu'on ne peut aller en ville sans le sou. » De cette manière leur existence est complétement détachée des soins de ce monde, des convoitises de la richesse et de tout ce qui vous en rend esclave. Néanmoins, cette existence si sédentaire et dont les occupations, si rigoureusement abstraites, pèsent continuellement sur le cœur et la conscience, est par cela même une vie d'épreuves. Leur santé ne se soutient, je pense, que par le repos qu'ils prennent le mercredi de chaque semaine, et par les deux mois de vacances qu'ils ont tous les ans en août et en septembre.

Nous abordâmes plusieurs sujets avec l'abbé Carron. Il désirait beaucoup nous expliquer en quoi consiste le culte rendu à la sainte Vierge Marie. Tous les catholiques rejettent avec force qu'elle soit l'objet d'une adoration quelconque, ou qu'elle soit autre chose pour eux que le *canal* par excellence de toutes les grâces divines.

A deux heures, nous nous rendîmes chez M. Bonnetty : il nous conduisit à la maison des bénédictins, située rue Notre-Dame des Champs : nous y rencontrâmes l'abbé Guéranger, c'est un homme vraiment aimable. Il nous parla des éditions des pères, des travaux des bénédictins et du mouvement religieux en Angleterre. Je fus frappé de son esprit de douceur et de charité. M. de Montalembert se trouvait dans la bibliothèque occupé à écrire ; nous ne savions pas alors que ce fût lui.

De l'autre côté de la rue, au fond d'une maison privée, nous allâmes voir une petite chapelle d'une rare beauté, entièrement construite dans le style du treizième siècle. Elle appartient à des religieuses garde-malades, qui se rattachent aux sœurs de Charité : elles étaient occupées à dire leur office lorsque nous entrâmes. L'architecture en est d'une richesse merveilleuse ; tous les vitraux sont en verre peint ; je n'ai jamais rien vu d'aussi gracieux que cette chapelle. L'abside est peinte et décorée avec richesse.

De là nous nous mettons en route pour Saint-Denis ; mais nous restons en chemin. Visité Saint-Eutache, superbe église de la Renaissance, aussi vaste qu'imposante. Puis à Saint-Germain-l'Auxerrois, qui est également remarquable. Elle a été restaurée, depuis les dernières émeutes ; on y voit beaucoup de vitraux peints.

SAMEDI, 5 JUILLET.

Nous partons pour Saint-Denis : l'abbaye a été admirablement restaurée depuis mon dernier voyage ; c'est aujourd'hui un monument vraiment imposant et digne du plus haut intérêt. Les ailes autour du chœur sont décorées de peintures magnifiques ; la voûte du centre ne l'est pas encore. Tous les vitraux sont de verre peint et forment une esquisse complète de l'histoire de France, où Dagobert et saint Louis, Napoléon, Louis XVIII et Louis-Philippe figurent ensemble d'une façon assez singulière. Les tombes de François Ier et de Louis XII sont de la plus grande beauté. La façade ouest rappelle le style de celle de Nantes ; elle est magnifique ; l'extrémité de la flèche est d'un travail gracieux et délicat.

Nous allons prendre le thé avec Miss Young, sa mère, une dame française et un prêtre irlandais, M. Macarthy, qui est attaché à Saint-Sulpice.

DIMANCHE, 6 JUILLET.

Chaleur excessive. — Nous nous rendons à la chapelle (anglicane) de l'évêque Luscombe : beaucoup de personnes recevaient la sainte Communion.* Nous y rencontrons un prêtre français qui croyant avoir des sujets de plainte, est, je crains, sur le point de commencer un schisme. Je causai quelques instants avec l'évêque entre les offices. Si je ne me trompe, il se fait une idée complétement fausse de la situation de l'Eglise de France. Il croit qu'elle tombe en ruines, comme si Oriel fût descendu sur elle, sans songer qu'elle possède un chef entouré d'aides, qui la restaurent quand le besoin s'en fait sentir. Les prêtres mécontents qui se sont attiré les censures de leurs chefs, vont le trouver et lui raconter leur histoire, et naturellement ils ne négligent rien pour lui faire accroire que le corps tout entier est aussi gâté qu'ils le sont eux-mêmes. Le clergé catholique, je pense, ne le connaît guère ; lui ne connaît pas mieux les membres qui le composent, et il n'a pas l'avantage de fréquenter les plus distingués d'entre eux.* *M.*

A cinq heures, dîné chez M. Bonnetty. Nous y trouvons deux ecclésiastiques, dont l'un M. d'Alzon devait prêcher ce soir même à Notre-Dame des Victoires pour l'archiconfrérie du Sacré-Cœur de Marie. Je crois que c'est un homme de talent ; il est vicaire-général à Nîmes ; il a de la fortune et se dispose à entrer dans un ordre religieux. Il ne comprenait pas comment nous pouvions prêcher avec un livre ouvert devant nous ; il disait qu'en France personne ne nous écouterait. L'autre ecclésiastique, M. Jaquemet, était un homme aussi modeste qu'aimable. Nous nous donnons rendez-vous au jardin des Missions Etrangères : nous y rencontrons M. Drach, autrefois premier rabbin. Il a écrit un livre sur l'Harmonie de la Synagogue et de l'Eglise ; il croit pouvoir résoudre la difficulté concernant la Pâque suivant les traditions juives.

M. Bonnetty nous conduisit chez Mistress Ryon's, place Bellechasse. — La chaleur est accablante.

LUNDI, 7 JUILLET.

Nous allons voir M. Defresne; sa conversation nous plut beaucoup. Il nous dit que tout ce qu'il y a de mieux sous le rapport religieux, se trouve à Paris : sur un million d'habitants, on en compte 300,000 qui vont à la messe et 50,000 qui sont des chrétiens *pratiquants* : ceux-ci forment le noyau d'élite, l'or pur du pays tout entier. Il excusa le gouvernement de laisser les magasins ouverts le dimanche, parce que le peuple étant généralement incrédule, ce serait un acte de pure tyrannie que de les fermer (1). — Louis-Philippe, dit-il, emploie aujourd'hui contre les jésuites le même arbitraire qu'il mit autrefois à expulser l'abbé Châtel. — Il ne paraissait pas comprendre qu'en matière religieuse un homme instruit pût rester de bonne foi en dehors de l'Eglise romaine. Les puséistes n'appartenaient pas, selon lui, à l'Eglise établie. M. Defresne s'exprime avec une énergie singulière : nous serions heureux d'avoir un second entretien avec lui.

De là nous allons chez les Pères lazaristes : nous sommes reçus par M. Aladel; il nous communiqua les règles des sœurs de Charité. Leur occupation principale consistant à soigner les malades, etc., elles n'ont pas d'office proprement dit, et leurs heures d'exercices sont sujettes à varier. Elles se lèvent, hiver et été, de 4 à 4 1/2 h.; de 4 1/2 à 5 1/2 méditation, prière; le sujet à méditer est choisi dès la veille au soir; elles entendent la messe à 5 1/2 h.; c'est l'heure ordinaire, mais elle varie : ainsi, par exemple, elles doivent se rendre à l'église la plus proche

(1) Les progrès rapides de l'OEuvre du Dimanche en France ont prouvé ce qu'il est possible d'obtenir en s'adressant à la générosité naturelle du caractère français. (*Note du traduct.*)

du voisinage, à quelque heure que la messe s'y dise. Chaque jour lecture spirituelle et le chapelet : il dure un peu plus d'une demi-heure ; il comprend plusieurs prières spéciales ajoutées par leur fondateur, mais qui ne peuvent être communiquées. Le soir, il y a une seconde méditation d'une demi-heure, mais toujours avant dix heures. Prières du soir à haute-voix, à huit heures et demie. On désigne ensuite le sujet de méditation pour le lendemain. Ces exercices de piété ne sont jamais abandonnés, car dans le cas de maladie très-grave, la sœur qui soigne le malade attend que les autres aient fini et se fait ensuite remplacer par celles-ci. Aussitôt la nuit tombée, elles ne sortent plus. Le dîner est à onze heures et demie ; le souper à six heures. Leurs fonctions consistent : 1° à visiter les malades ; 2° à desservir les hôpitaux ; 3° à panser les malades dans leur propre établissement ; 4° à y tenir des écoles. Chaque école est sous la direction d'une sœur, qui s'y consacre particulièrement. Il y a une sœur qui prend soin du linge, une autre de la cuisine, et ainsi de suite.

M. Aladel engagea aussi la discussion sur les matières de controverse ; il ne pouvait concevoir que des personnes douées d'intelligence et de bonne foi restassent en dehors de l'Eglise romaine. En effet, c'est toujours là le point capital pour eux : — être en communion avec Rome. Hors de l'unité, ils ne conçoivent ni la sainteté, ni la dévotion intérieure, ni même la sincérité. Nous lui déclarâmes que nous admettions la primauté de Rome, mais non pas comme un pouvoir absolu ; et nous le renvoyâmes au temps des anciens patriarches, comme saint Athanase. Il répondit que le pape avait accordé aux patriarches d'Orient le pouvoir d'instituer leurs propres évêques, et que là où cette faculté n'était pas ouvertement exprimée, elle l'était implicitement : hypothèse qui met bien vite fin à toutes les difficultés (1). Il regardait les Grecs et les Russes comme des

(1) L'auteur perd de vue que la primauté de juridiction du pontife de Rome se prouve admirablement par la doctrine des saints pères, y compris les pères

schismatiques, mais beaucoup plus près de la vérité que nous. Pour lui, comme pour tous les catholiques romains avec lesquels nous avons discuté, l'église anglicane est tout simplement un assemblage confus d'hérésie et de schisme. Le ton de controverse qui régna dans cet entretien nous fit quelque peine.

Le soir, M. Bonnetty nous conduisit chez Lady Elgin, où nous trouvâmes réunie au jardin une société très-agréable. La conversation roula surtout sur le magnétisme, par suite de la présence d'un jeune homme d'une grande force magnétique, mais il ne voulut nous donner aucune preuve de son pouvoir : il prétendait que cela l'affaiblissait trop, et que parfois il attrapait les maladies dont il débarrassait les autres ; ainsi, par exemple, qu'il parvenait à se donner à lui-même la migraine qu'il enlevait à une dame. — Il a fait très-chaud aujourd'hui.

MARDI, 8 JUILLET.

Nous sommes allés rendre visite à M. Théodore Ratisbonne ; c'est un homme d'environ quarante-deux ans, ayant la physionomie juive fortement accentuée ; ses manières sont douces et agréables. Je fus singulièrement frappé de sa conversation. Nous lui dîmes que nous venions étudier, autant que possible, les institutions catholiques. —Quant au protestantisme, dit-il, je crois qu'il a produit

d'Orient. Saint Cyrille d'Alexandrie donne au pape saint Célestin les titres d'archevêque et de père de tout l'univers ; Théodoret a recours au pape saint Léon en le priant de l'appeler à Rome, afin qu'il puisse montrer la conformité de sa doctrine avec celle du siége apostolique : il croyait donc que l'autorité du pape s'étendait même sur les Eglises d'Orient. Saint Athanase lui-même, patriarche d'Alexandrie, accusé par les Ariens, en appelle au pape Jules 1er, et plus tard, il écrit au pape Félix : « Dieu vous a placé, vous et vos prédécesseurs, sur le haut de la forteresse, et vous a commis le soin de toutes les Eglises, afin que vous veniez à notre secours. » Que si l'évêque de Rome fût parvenu à sa prééminence par d'ambitieux envahissements, comme on l'a souvent prétendu, et non par suite d'une institution divine, les opprimés se seraient-ils, dans leurs malheurs, adressés à l'oppresseur de tous ?

(Note du traducteur.)

de bons pères de famille, de bonnes mœurs, des sentiments vraiment sociaux, etc.; mais quant à faire naître dans le cœur une parfaite dévotion envers Dieu, je le crois parfaitement stérile. Car l'ame ne doit pas seulement marcher, elle doit déployer ses ailes. » Parlant ensuite du culte de la sainte Vierge, il s'exprima ainsi : « Transportez-vous en présence de Jésus-Christ, car il est toujours présent, il est éternellement le même. Vous verrez à ses côtés la sainte Vierge et les apôtres. Vous voudriez sans doute vous jeter à ses pieds, mais, après cela, n'auriez-vous pas un regard pour sa mère ? Voudriez-vous lui tourner le dos ? Serait-ce le moyen de vous rendre le Fils favorable ? Ou bien, supposez-vous au pied de la Croix, rappelez-vous ses dernières paroles : comment dès lors un chrétien pourrait-il éprouver d'autres sentiments que ceux d'un fils pour elle ? Mais l'enfant du plus pauvre paysan catholique lui-même ne confondrait pas les hommages rendus à la mère de son Sauveur avec le culte qui n'est dû qu'à Dieu seul. C'est une horreur. Marie est une simple créature, une fille d'Adam, notre sœur; mais elle a reçu la grâce d'être mère de Dieu. Moi, je baise un portrait de ma mère, de mes sœurs, de mes amis, et je ne baiserais pas celui de la sainte Vierge ? Je fléchis le genou devant les rois de la terre, et je ne le fléchirais pas devant elle ? » Il ouvrit alors le livre d'un ministre protestant, de Genève, à ce que je crois, et nous lut avec une vive indignation la relation que l'auteur avait faite du sermon d'un prêtre catholique sur la sainte Vierge, — *il l'adorait*, et ainsi de suite. Il ajouta que les objections des protestants sur cette matière sont pleines de mauvaise foi, et souverainement blessantes pour les catholiques.

Je l'interrogeai sur la conversion de son frère : à part ce que j'en avais lu dans la relation imprimée, il me donna les renseignements suivants : « Mon frère, deux heures après sa conversion, reçut la visite du cardinal Mezzofanti, qui fut sur le point de se jeter lui-même à genoux pour adorer la main de Dieu. Mon frère était complétement inconnu à Rome, et dans le principe on n'était pas sans inquiétude sur le parti auquel son caractère pourrait l'entraîner. Il n'avait jamais lu deux pages de la Bible, et n'avait reçu aucune instruction religieuse. La sainte Vierge lui apparut, se tenant aussi près de lui que je le suis de vous; elle lui dit de s'abandonner avec confiance à l'action de la grâce. Au sortir de son extase, il avait reçu par intuition la connaissance de la foi chrétienne. Il vint me trouver et demeura trois mois avec moi; je ne lui parlai jamais de ce qu'il se proposait de faire; je m'abstins soigneusement d'exercer sur lui la moindre influence. J'éprouvais en effet les plus vives appréhensions, au sujet de l'avenir qui allait s'ouvrir devant lui. Vers la fin de cette époque, je lui dis que j'allais offrir la messe pour lui, afin qu'il fût éclairé sur sa vocation. Il répondit en hésitant et avec une légère émotion : « Je n'en suis point en peine. Deux carrières se présentent à moi : la première, c'est que je devienne prêtre afin de demeurer ici avec toi; nous serions deux frères vivant l'un pour l'autre; ce serait là, sans doute, une existence pleine de charmes; le second parti, c'est d'entrer dans la Compagnie de Jésus. Je ne sais ce que c'est que la Compagnie, mais je deviendrai jésuite. » — Je restai tout stupéfait. Il savait si peu ce que c'étaient que les Jésuites, il avait une telle appréhension de l'avenir, que, lorsqu'il me quitta, il convint avec moi que s'il était malheureux, il ferait une certaine marque à sa lettre pour qu'aussitôt je vinsse le trouver. Quelque temps après, j'allai le voir : je le trouvai occupé à nettoyer les endroits les plus malpropres de la maison. On lui avait imposé les travaux les plus pénibles pour éprouver sa résolution; il a tout surmonté, et maintenant que, depuis trois ans, il mène cette existence, il n'a jamais ressenti l'ombre d'un regret. *Je crois qu'il a vu se renouveler plus d'une fois la grâce qu'il a reçue à Rome*, mais je ne l'ai jamais interrogé sur ce point. Sa vocation a été préparée par la sainte Vierge en vue de la conversion des Juifs. Mon oncle est riche de six à sept millions : il a déshérité mon frère, qui a renoncé à tous ces biens. Il a bâti une petite église ici près : avant d'entrer dans l'ordre des Jésuites, il a donné toute sa fortune aux pauvres, comme c'est leur habitude; avant sa conversion, il n'avait jamais eu de vision, ni rien de semblable. »

M. Ratisbonne voyant combien son récit nous intéressait, redoubla de bienveillance, et, avant de partir, il nous fit cadeau à chacun d'un petit volume; le mien est un catéchisme. Je lui dis combien sa Vie de saint Bernard m'avait plu. « Ah ! dit-il, vous avez eu la patience de la lire ? » Je lui demandai la permission de venir encore le voir avant mon départ. — Nous allâmes ensuite chez Miss Young, où je mis par écrit, autant que je pus me la rappeler, la conversation que nous venions d'avoir et qui m'avait vivement touché. De là, M. Carron nous conduisit chez différents libraires; nous allâmes voir aussi M. Galais au séminaire de Saint-Sulpice pour lui remettre notre lettre : comme il était sur le point de donner une leçon, nous nous décidâmes à revenir jeudi. Nous nous arrêtâmes quelques instants à l'église, puis dans différentes bibliothèques; il n'était pas encore tard quand nous rentrâmes.

MERCREDI, 9 JUILLET.

Nous allâmes rendre visite à M. Martin de Noirlieu, curé de Saint-Jacques; il se montra plein d'affabilité et désireux de nous rendre service. Notre conversation roula sur la situation de l'Angleterre : je lui dis que nous avions un vif désir de voir les choses comme elles sont réellement, et de nous dépouiller de tout préjugé. Je lui déclarai que le *culte* de la sainte Vierge était ce qui heurtait le plus nos croyances; je lui fis observer que dans les litanies en son honneur, après avoir simplement mentionné les différentes personnes de la Sainte-Trinité, on répétait l'invocation à la Vierge sous une foule d'appellations différentes, tout en laissant pour ainsi dire la Divinité dans l'ombre. Il répondit à cela que, dans ces litanies, on invoquait spécialement l'intercession de la Vierge, et me cita d'autres litanies où Jésus était l'objet de l'invocation. Il ajouta que l'Eglise n'était aucunement compromise par ces dévotions populaires de l'Archiconfrérie, etc. Quant à lui, il n'y voyait aucun inconvénient ; mais tout récemment, il avait eu l'occasion de prêcher avec force contre la croyance qu'il y eût quelque vertu attachée aux images elles-mêmes. Il parlait avec admiration de l'*Exposition* de Bossuet, comme d'un exposé fidèle des doctrines de l'Eglise sur ces matières. L'Eglise exige l'unité la plus absolue pour tout ce qui est de dogme ; mais sans sortir de ce cercle, il y a un nombre considérable de points qui peuvent être crus ou rejetés.

Il est curé depuis 1836 ; chaque dimanche, il y a environ trois cents communions dans sa paroisse, qui compte 50,000 âmes, et dans ce nombre beaucoup de Jansénistes. A Pâques, il n'y a pas la moitié des paroissiens qui communient ; et s'il n'y en a pas davantage, disait-il, c'est qu'ils se font une idée trop austère du devoir pascal. Il parlait favorablement de sa paroisse. Il nous accompagna jusqu'à Saint-Etienne : cette église offre un mélange curieux de l'art gothique et de la renaissance ; elle renferme de belles parties ; on y voit le tombeau de sainte Geneviève, qui remonte, dit-on, au quatrième siècle. — De là à Saint-Gervais, belle église gothique : la chapelle de la Vierge y a été restaurée et décorée avec magnificence ; on y voit cinq vitraux peints et quatre admirables fresques de Delorme, représentant des scènes de la vie de la Vierge. Toute l'église sera achevée dans ce style. (Le gouvernement de son côté va consacrer 80,000 liv. sterl. à restaurer complètement Notre-Dame : tous les vitraux seront en verre peint.) On remarque à la voûte de cette chapelle une couronne admirablement taillée dans la pierre.

M. de Noirlieu nous invita à assister à une conférence qu'il doit tenir samedi prochain avec quelques-uns de ses paroissiens qui l'aident à instruire les pauvres. Après qu'il nous eut quittés, nous allâmes voir la Sainte-Chapelle, mais ce fut une course inutile, car, pour y entrer, il faut un billet de l'architecte. Là aussi, on ne voit qu'échafaudages et travaux de restauration en pleine activité.

Nous montâmes ensuite sur les tours de Notre-Dame, et nous jouîmes pendant quelque temps de la belle vue que présente de là la plus belle des villes modernes. Jamais cette superbe cité ne m'inspira une admiration plus vive qu'en ce moment : la pauvreté des édifices publics et l'aspect misérable des maisons en briques de Londres forment sans contredit un pitoyable contraste avec les quais et les palais si majestueux de Paris. Quant aux tours de Notre-Dame, elles sont très-massives et évidemment construites pour recevoir des flèches : il est certain qu'elles devraient avoir le double de leur hauteur actuelle. La seule chose qui manque à ce panorama, ce sont des tours et des flèches, ainsi qu'elles ont dû exister autrefois à Paris. Nous jetâmes aussi un coup d'œil sur la grande cloche, — elle est immense.

A cinq heures, nous allâmes chez l'évêque (anglican) Luscombe : nous le trouvâmes dans sa galerie de tableaux, qu'il prit grand plaisir à nous montrer. Nous rencontrâmes chez lui un M. Parkes, ecclésiastique américain, nommé il y a deux ans évêque d'Alabama, mais qui a refusé pour motifs de santé. C'est un homme fort aimable. J'eus avec lui une longue conversation sur l'état de l'Eglise en Angleterre, en Amérique et en France. Lui aussi croit à la corruption de l'Eglise romaine, mais il ignore complètement ses pratiques et ses usages, il n'a même jamais lu la messe. Je m'efforçai de lui prouver, en m'appuyant sur les décisions de l'Eglise, que la validité du Baptême ne dépend pas de celui qui le confère; mais il paraissait d'avis qu'on pouvait appliquer ce principe avec la même autorité à la doctrine de la Transsubstantiation. Je lui dis que, quant à ce point, il n'y a en réalité que deux opinions différentes sur la doctrine de la sainte Eucharistie : l'une admet la présence vraiment réelle et objective du corps et du sang de Notre-Seigneur; d'après l'autre, il n'y a aucune présence réelle, mais une impression produite par la foi dans chaque individu, une commémoration, ou telle autre chose, que sais-je ? Si nous avions été d'accord avec l'Eglise romaine, comme nous le fûmes autrefois, il eût mieux valu ne pas disputer avec elle au sujet du mode sous lequel elle présente ce dogme, puisque son intention bien réelle est de forcer une secte adroite et pleine de détours, à accepter ou à rejeter la vérité sans aucun subterfuge. L'église d'Angleterre, en rejetant la définition de l'Eglise romaine, n'a pas réussi à établir la vérité sur un terrain plus solide du côté des protestants, et cela doit nous rendre circonspects pour condamner le système adopté en cette matière par l'Eglise romaine, puisque nous sommes complètement d'accord avec elle sur le dogme qui forme le fond de la controverse : — l'Eucharistie, la plus haute et la plus incompréhensible des grâces pour un chrétien. M. Parkes croyait que la tête et le corps de l'église d'Angleterre ne pouvaient plus marcher longtemps d'accord, et il souhaitait du fond du cœur que nous pussions sortir, à quelque prix que ce fût, de cet état de dépendance et de contrôle gouvernemental qui pèse sur nos consciences : « Que le clergé s'assemble, dit-il, et si vous êtes mis à la porte, restez dans la rue ; souffrez tout au monde plutôt que de vous laisser régir par l'Etat. » M. Parkes nous a accompagnés jusqu'à notre hôtel : il m'a fait l'effet d'un homme plein de sincérité et de candeur.

JEUDI, 10 JUILLET.

M. Galais nous a fait voir le séminaire de Saint-Sulpice. Les bâtiments n'offrent rien de remarquable. Les élèves sont plus de deux cents : leur extérieur respire la piété ; en général, ils paraissent appartenir aux classes moyennes, et il en est sans doute ainsi pour le plus grand nombre, mais il y a des exceptions ; c'est ainsi, par exemple, qu'on nous a cité aujourd'hui le fils de M. de Ségur, qui est dans cette maison. Chaque élève a une petite chambre qui s'ouvre sur le corridor : on y voit un lit, une table, un petit foyer, et quelques autres objets, tels qu'un crucifix et une petite statue de la sainte Vierge : le tout appartient à la maison. Ils font eux-mêmes leur lit : il ne leur est pas permis d'entrer dans les chambres de leurs condisciples ; mais s'ils désirent parler à quelqu'un d'entre eux, l'étranger se tient dans le corridor, et celui qui occupe la chambre se place sur le pas de la porte. Tout l'établissement est sous l'inspection de l'archevêque : il y a un appartement, mais il n'y vient pas souvent. Les professeurs sont au nombre de douze.

L'enseignement, pour ce qui regarde les études ecclésiastiques, est conforme à celui qui est généralement adopté en France. Il y a dans chaque diocèse un ou plusieurs petits séminaires, où l'on reçoit non-seulement les enfants qui se destinent à l'état ecclésiastique, mais aussi les laïcs. Ces écoles sont les seules où les mœurs et la religion soient l'objet d'une attention toute spéciale ; aussi, quoiqu'elles n'aient rien de commun avec l'Université, et qu'elles soient exclues de tous les priviléges de cette dernière, elles sont recherchées par la partie la plus saine de la nation. A ces établissements succède, pour les ecclésiastiques seuls, le grand séminaire érigé dans chaque diocèse ; celui de Saint-Sulpice est le plus considérable de France. Les études y sont de cinq ans : deux pour la philosophie et trois pour la théologie.

Elles sont distribuées d'après le plan suivant que nous avons écrit sous la dictée de M. Galais :

PHILOSOPHIE. — *Première année.*

Logique, Psychologie, — le matin.
Arithmétique, Géométrie, à partir de l'Algèbre, — l'après-midi.

Seconde année.

Théodicée, Morale, } le matin.   Géologie, Physique, Astronomie, Chimie. } l'après-midi.

Quelquefois, peut-être dans la moitié des diocèses de France, les deux années de philosophie sont fondues en une seule.

Les trois années de théologie sont distribuées de la manière suivante :

THÉOLOGIE. — *Première année.*

Morale. — Le traité *de actibus humanis.*
     » *de legibus.*
     » *de peccatis.*
     » *de decalogo.*
Dogme. — » *de vera religione*
     » *de vera ecclesia.*
     » *de locis theologicis.*

Deuxième année.

Morale. — » *de jure et justitia.*
     » *de contractibus.*
Dogme. — » *de Trinitate.*
     » *de Incarnatione.*
     » *de gratia.*

Troisième année.

Morale. — » *de sacramento pœnitentiæ.* (On comprend sous ce chef tout ce qui concerne la direction des ames.)

Morale. — Le traité *de matrimonio*.
     » *de censuris et irregularitatibus*.
Dogme. — » *de sacramentis in genere*.
     » *de Baptismo*.
     » *de Confirmatione*.
     » *de Eucharistia*.
     » *de Ordine*. (Il y a en outre un cours spécial sur cette matière.)
     » *de Extrema Unctione*.

Un cours d'Ecriture sainte se donne deux fois par semaine, à part l'étude privée de la Bible par chaque élève en particulier.

Auteurs usités : — Bailly, 8 vol. (1).
    Bouvier, *Institutiones theologicæ*.
    Carrière, *De Jure et Justitia*, etc.
    Tronson, *Forma Cleri*.

Ces trois années de théologie se prolongent quelquefois d'une quatrième année.

Pour ce qui concerne le dogme catholique, M. Galais nous dit que les canons du concile de Trente, ainsi que les actes des conciles en général, forment les seules sources *authentiques* ou symboliques : vient ensuite le catéchisme de paroisse. L'*Exposition* de Bossuet est regardée comme un livre tout à fait hors ligne : même jugement sur la *Symbolique* de Mœhler. M. Galais nous recommanda vivement, parmi les ouvrages sur la vie intérieure, Louis de Grenade, Rodriguez, saint François de Salles ; il nous parla beaucoup de la Vie de M. Olier.

M. Galais nous plut beaucoup par son affabilité. Il nous montra aussi la bibliothèque qui est vraiment remarquable ; elle commence par une collection complète des pères et se continue, à travers les scholastiques, jusqu'aux temps modernes. Il nous signala la *Forma Cleri* de

(1) Depuis la mise à l'*Index* de cet auteur, il ne fait plus partie de l'enseignement des séminaires en France.   (*Note du traducteur.*)

Trouson, comme l'ouvrage qui fait le mieux connaître l'ensemble de leur discipline* *M.* — Nous trouvâmes chez M. Bonnetty, M. l'abbé d'Alzon, qui eut la bonté de nous conduire au couvent des Dames de l'Assomption, rue des Postes. Nous vîmes, en passant, la chapelle des Jésuites dans leur maison de Paris, dont on a fait tant de bruit dans ces derniers temps. Ils sont environ 20, et on en compte 210 dans toute la France : et ces hommes si peu nombreux, mais trempés pour la lutte et pleins de courage, suffisent pour remplir d'effroi l'armée des libres-penseurs et des incrédules de France ; ceux-ci ne savent leur opposer d'autres armes que la persécution. L'institut des Dames de l'Assomption nous intéressa vivement. Nous vîmes la supérieure et une sœur qui était anglaise. Notre entretien fut assez long : elles nous exposèrent le but de leur association, fondée tout récemment pour donner une éducation chrétienne aux enfants des classes supérieures, surtout de celle qu'on appelle l'*aristocratie d'argent*, et qui en France est certes la plus étrangère aux idées religieuses. La supérieure s'exprima avec beaucoup d'intelligence et de sentiment : elle avait cette grâce et cette distinction de langage qui rendent le français si agréable dans la bouche d'une femme. Elle nous dit qu'elles avaient eu de grandes difficultés à vaincre dans cet ensemble de connaissances et de talents, qui se produisent en dehors de l'Eglise et de la sphère de son influence, ou pour mieux dire dans un esprit d'antagonisme contre elle. — A part les vœux ordinaires de chasteté, de pauvreté et d'obéissance, elles en prononcent un quatrième, — celui de travailler de toutes leurs forces à étendre le royaume du Sauveur ; et le meilleur moyen d'y parvenir, selon elles, c'est de s'emparer de l'éducation des classes supérieures et de lui imprimer un caractère religieux. « Ce résultat ne peut être obtenu, dit-elle, que par une congrégation religieuse ; car ceux qui vivent dans le monde et qui recherchent les avantages qu'il procure, comment pourraient-ils élever leurs élèves dans le mépris des choses humaines ? Comment ceux qui travaillent dans le but de s'enrichir, pourraient-ils enseigner aux autres à s'élever au-dessus des richesses ? Et surtout comment les enfants des riches pourraient-ils recevoir une impression profonde des vérités chrétiennes, si ce n'est par les soins de ceux qui portent eux-mêmes le fardeau de la croix ? Les ordres religieux, ajouta-t-elle, sont comme les branches d'un arbre qui poussent les unes après les autres : le tronc lui-même subsiste toujours, mais les branches tomberont peut-être au bout de quelque temps et seront remplacées par d'autres. Nous ne désirons aucunement que notre ordre continue à subsister, lorsqu'il cessera de rendre des services, et c'est pourquoi nous avons pris les précautions les plus sévères, afin qu'il ne possède d'autres biens que la maison et le jardin nécessaires à son existence : tout ce que nous permettons, c'est que chaque sœur ait une pension viagère ; — mais ce n'est pas une nécessité : si nous en rencontrons qui réunisse les dispositions et les qualités requises, nous sommes heureuses de l'admettre sans cela. Nous recevons en outre le prix de la pension de nos élèves : nous pensons qu'il est plus conforme à l'esprit de la religion chrétienne de travailler pour gagner notre vie; et d'ailleurs, si nos élèves étaient admises sans payer, nous ne pourrions leur donner une existence suffisamment confortable. »

Les sœurs de l'Assomption récitent tous les offices du Bréviaire en latin: mais les offices de nuit sont dits dans la soirée. Elles se lèvent à cinq heures et se couchent à dix : elles entendent tous les jours la messe ; elles ont une heure de méditation le matin, et une demi-heure le soir. « Mais vous comprenez, ajouta M. d'Alzon, que dans tout ordre religieux, il doit y avoir une source secrète d'où découle la force, une union intime avec le Sauveur. » — « Vous voulez parler, dis-je, de celle que donne la présence réelle. » La réponse fut affirmative, et la supérieure continua : « Nous ne pourrions soutenir cette vie, si nous n'étions fortifiées par la pensée que le Christ est notre époux ; cette seule pensée est le centre de notre existence. » — « Je suis certain, dis-je, que si nous avions des ordres religieux parmi nous, il y a des milliers de jeunes personnes en Angleterre qui voudraient y entrer. » Elle fut de mon avis: « Il faudrait, dit-elle, que la vie religieuse n'y fût pas purement active, mais fortement contemplative ; il y a quelque chose de rêveur et de mélancolique dans le caractère des Anglaises, qui reculerait devant une vie toute d'action comme celle des sœurs de Charité. »

Elles furent étonnées et charmées quand je leur lus dans notre office, le *Service pour les malades*, qui, par la vertu du ministère du prêtre, prononce l'absolution *catégoriquement* et non pas d'une manière déclarative; elles avouèrent que cette formule était parfaitement catholique.

Le ton et la conversation de ces dames, — ou du moins des quatre que j'ai vues, — me plurent extraordinairement ; — leurs manières étaient pleines de distinction, absolument comme celles de la haute société, et néanmoins empreintes d'un caractère très-religieux : on reconnaissait en elles des personnes qui ont le sentiment d'une noble mission et le courage de la remplir. — Leur costume est aussi très-bien choisi : — c'est une robe noire, avec une coiffe blanche et une croix de même couleur au milieu de la poitrine. Toutes les servantes employées dans la maison prononcent les mêmes vœux et mangent à la même table que les sœurs : la seule différence entre elles, c'est qu'elles sont moins instruites et qu'elles réunissent moins de talents.

Le soir nous sommes allés nous promener quelque temps dans les jardins des Tuileries ; je n'avais jamais vu jusqu'alors les orangers en plein air, et je fus ravi de ce spectacle si riant et si gracieux, qui l'emporte de beaucoup sur l'aspect de nos parcs.

VENDREDI, 11 JUILLET.

M. souffre cruellement d'une migraine, de sorte que je suis allé seul chez M. Galais, au séminaire : il me fit accompagner par un jeune prêtre à l'école de M. Poiloup, éloignée d'environ un mille, au sud-ouest de Paris. Il y a plus de trois cents élèves : c'est le plus vaste établissement de ce genre en dehors de l'Université. Je visitai la chapelle dont la décoration est très-gracieuse, et l'infirmerie, où se trouvait un prêtre ; des lits en forme d'alcoves étaient rangés de chaque côté ; plusieurs renfermaient des enfants malades : l'un d'eux recevait la visite d'un parent, un autre celle d'une sœur de Charité, à en juger d'après son costume. Les élèves couchent dans des dortoirs disposés de la même manière que l'infirmerie : malheureusement le principal de l'établissement et le sous-directeur étaient tous deux absents, et comme les chambres étaient fermées à clé, nous ne pûmes les visiter. Nous vîmes une classe où l'on se préparait à la première communion. D'après la règle de la maison, on se confesse fréquemment, mais la communion est laissée libre. Les élèves paient 40 livres (1000 francs) par an ; les maîtres reçoivent la même somme et, en outre, la table et le logement. La maison est entourée de jardins, et d'un terrain approprié aux exercices et aux jeux des enfants : leur âge varie de sept à dix-huit ou dix-neuf ans ; souvent la conscription vient les y surprendre. Mon conducteur était tombé au sort, et avait dû payer 1800 fr. pour un remplaçant. Il affirmait que sur une population de 7 à 8000 ames, quarante jeunes gens sont appelés annuellement sous les armes : il avait obtenu, lui, le n° 81, mais, parmi ceux qui le précédaient, il y en eut un si grand nombre qui furent réformés pour différents motifs, que lui et plusieurs de ceux qui le suivaient furent compris au nombre des quarante désignés pour le service.

Au retour, je m'arrêtai encore chez M. Galais, ainsi qu'il m'en avait prié ; et nous causâmes ensemble près de deux heures et demie. Il me fait l'effet d'un homme très-instruit et d'un esprit plein de charité : il me donna une esquisse des disputes entre les Thomistes et les Molinistes sur la grâce et du système de Suarez sur cette matière : la science absolue, la science moyenne et la science probable de Dieu. L'Eglise admet les deux points extrêmes : d'un côté, la nécessité absolue de la grâce divine dont l'action précède et rend efficace tout mouvement de l'homme ; de l'autre, la libre coopération de la volonté humaine ; mais l'Eglise ne s'attache pas à définir comme article de foi, le mode de leur co-existence. M. Galais paraissait regarder Suarez comme le plus grand des théologiens, après saint Thomas. Un jour qu'il était en controverse avec un dominicain, ce dernier avança un argument de saint Augustin qui tranchait net la question contre Suarez : celui-ci garda le silence, mais quand ce fut son tour de répliquer : « Ce passage, dit-il, n'est pas dans saint Augustin. » L'autre affirma qu'il s'y trouvait. « Cela n'est pas, répondit Suarez, je connais saint Augustin par cœur, et ce passage ne se rencontre pas dans ses écrits. » Ils firent des recherches, mais le passage en question ne s'y trouva point. Le même soir, Suarez se sentit la conscience troublée de ce qu'il avait dit publiquement, quoiqu'à bon droit, qu'il connaissait saint Augustin par cœur, et il alla se confesser de cette faute.

Notre conversation étant tombée sur la sainte Eucharistie, je demandai si l'Eglise ne se borne pas à enseigner qu'après les paroles de la consécration, le corps et le sang de Notre-Seigneur sont réellement et véritablement présents, indépendamment de la foi de l'individu, et si elle exige quelque chose au delà : « Oui, me dit-il, elle ordonne de croire que le pain est détruit, que sa substance est changée, et qu'il n'y a plus que l'apparence ou les accidents du pain qui tombent sous nos sens. Il existe plusieurs opinions pour expliquer *comment* cette transsubstantiation s'opère, mais aucune d'entre elles n'est de *foi* ; il suffit que le dogme lui-même soit cru.

M. Galais me donna encore plusieurs renseignements sur le séminaire ; je les ai ajoutés aux notes précédentes sur ce sujet. Il me paraît impossible d'apporter plus de soins qu'on n'en prend à Saint-Sulpice, pour former le caractère aux devoirs du ministère sacerdotal et pour écarter tous ceux qui n'y apportent pas une vocation véritable. Rien ne peut exprimer la bonté que mit M. Galais à me donner tous ces détails.

Le soir, nous allâmes à Saint-Séverin, pour entendre prêcher M. d'Alzon : nous perdîmes notre chemin, nous arrivâmes les derniers, et nous nous trouvâmes placés à une trop grande distance pour bien l'entendre. Il parla sur la Présence réelle, sur l'union de la Divinité avec l'homme et sur les grâces qui en découlent : son discours avait de la chaleur et du sentiment, plutôt que des pensées bien profondes. Son geste animé contraste singulièrement avec la manière si calme de nos prédicateurs. Je comprends fort bien que s'il devait lire son sermon, ce serait chose insupportable pour lui aussi bien que pour ceux qui l'écoutent. Aussi des sermons comme ceux de Newmann ne seraient pas goûtés d'un tel auditoire. Je pense néanmoins que nous devrions apprendre à prêcher sans le secours d'un livre.

SAMEDI, 12 JUILLET.

M. d'Alzon nous a conduits au vaste établissement d'imprimerie de M. l'abbé Migne. Il renferme 175 ouvriers; toutes les branches de cette industrie s'y trouvent réunies : la reliure, la stéréotypie, aussi bien que l'imprimerie, et de plus la vente. Un très-grand in-8° à deux colonnes en latin, s'y vend cinq francs ; le même volume grec et latin en coûte huit ; le prix du premier sera bientôt porté à six. La *Patrologie* de l'abbé Migne doit renfermer 200 de ces volumes pour les auteurs latins, et 100 pour les auteurs grecs : 46 ont paru. C'est d'un bon marché extraordinaire, mais il le fallait, eu égard aux minces revenus de ceux qui doivent surtout acheter ces livres : l'exécution en est irréprochable. M. Migne est un ecclésiastique : le but qu'il s'est proposé n'est pas de faire une opération lucrative, mais de se rendre utile au clergé. Cependant l'archevêque a cru devoir lui interdire pour le moment de dire la messe.

Nous avons passé aujourd'hui une heure au Louvre et nous n'avons fait qu'entrevoir les tableaux : c'est la première fois que nous nous donnons ce plaisir depuis notre arrivée à Paris.

Le soir, nous sommes allés chez M. Martin de Noirlieu, qui nous conduisit à une *Conférence de Saint-Vincent-de-Paul*. Il y avait environ quarante jeunes gens, qui, pour l'âge et la condition, paraissaient des étudiants ; ils se réunissent toutes les semaines : chacun se charge de visiter et d'assister une couple de familles. Cette institution existe dans trente-trois paroisses de Paris. La conférence que nous visitions en ce moment compte environ 50 membres ; celle de Saint-Sulpice en a 120. C'est une société qui visite les pauvres, mais ses règles sont mieux conçues que celles de nos associations : ce qui plaît dans celle-ci, c'est qu'elle se compose précisément de cette classe de la société qui reste d'ordinaire la plus étrangère aux œuvres de cette nature. M. de Noirlieu s'occupe de la conférence beaucoup moins que je ne m'y attendais, mais je crois qu'il fait le dimanche soir dans son église une instruction spécialement destinée aux ouvriers dont les familles sont visitées par la société. La conférence se termine par une courte prière où se trouve une invocation à la sainte Vierge, que tous les membres répètent à haute voix, et que je ne jugeai pas à propos de réciter avec eux ; car j'ai déjà dit que mes opinions sur ce point ne sont pas complètement approuvées à Rome. Ces choses-là me tourmentent souvent ; je puis bien quelquefois les entrevoir vaguement, mais quand je me trouve en contact trop immédiat avec elles, j'en souffre de nouveau, et je me demande avec étonnement comment elles peuvent se concilier, sinon avec l'infaillibilité, du moins avec la haute sagesse que je suis tout disposé, sous d'autres rapports, à reconnaître dans l'Eglise romaine. Cette dévotion de la sainte Vierge est particulièrement en faveur à Rome. Il faut donc bien l'avouer, Rome autorise et sanctionne des croyances qui impliquent nécessairement des points auxquels je ne puis soumettre ma raison. La dévotion envers la sainte Vierge, telle qu'elle est actuellement établie, a besoin d'une base plus solide que celle que l'on m'oppose, lorsque je demande des éclaircissements. Peut-être les catholiques romains croient-ils que la pensée de l'Eglise, manifestée par sa pratique constante, forme le fondement véritable de cette dévotion ; mais ils ne nous disent pas sur quels fondements repose cette pensée de l'Eglise. Si ces fondements existent, on doit en trouver des traces dans ce que nous a révélé le moyen-âge ; car je puis difficilement concevoir un simple développement allant aussi loin avec quelque autorité (1) *M.*

(1) La tradition suffit pour établir un dogme catholique ; or, l'usage où est l'Eglise d'invoquer la sainte vierge Marie remonte aux temps apostoliques. Saint Irénée, évêque de Lyon, dès 177, nous montre la sainte Vierge l'avocate du genre humain. La croyance de l'Eglise dans l'intercession des saints est d'ailleurs fondée sur l'Ecriture elle-même qui, en divers endroits, suppose que les anges et les saints connaissent nos prières et les grâces dont nous avons besoin. (*Note du traducteur.*)

DIMANCHE, 13 JUILLET.

Nous sommes allés au service de l'évêque Luscombe. Il prêchait en personne. En retournant nous avons visité la Chapelle Expiatoire; — Paris offre peu d'endroits qui réveillent des souvenirs aussi touchants. Sous les statues de Louis XVI et de Marie-Antoinette sont gravées leurs dernières paroles en lettres d'or ; on peut à peine les lire sans verser des larmes, surtout lorsqu'on songe que l'on se trouve à la place où leurs corps sont restés déposés pendant vingt-un ans.

Le soir, nous allâmes à l'établissement des *frères des Ecoles chrétiennes*, rue de Fleurus, 6 ; quelques-uns d'entre eux nous firent assister au spectacle le plus extraordinaire dont nous ayons été témoins en France. C'était une réunion qui se tenait dans l'église paroissiale de Ste-Marguerite, pour la distribution des prix aux membres les plus assidus de la *Société de St-François-Xavier*, toute composée d'ouvriers, qui viennent à jour fixes s'y instruire. Mgr l'archevêque de Chalcédoine, sous la présidence duquel se tenait la séance, arriva après vêpres et complies. Aussitôt le curé régla l'ordre de la séance, et une controverse commença entre M. l'abbé Massard, prêtre directeur, et M. l'abbé Croze, sur le sujet suivant : Y a-t-il ou n'y a-t-il point de miracles? Le premier devait soutenir la négative, le second l'affirmative. Les objections ordinaires des philosophes étaient présentées par l'abbé Massard avec beaucoup d'esprit et de justesse, et l'abbé Croze, y répondait avec plus d'esprit encore et un talent vraiment supérieur. Les objections et les réponses étaient accueillies par les rires et par l'approbation constante de l'auditoire. Les ouvriers membres de la société occupaient la nef; dans les ailes, en dehors de l'enceinte réservée, se trouvaient un grand nombre de femmes : tous semblaient prendre le plus vif intérêt au sujet de la discussion. En effet, ces exercices sont parfaitement imaginés pour faire pénétrer dans l'esprit de cette classe de gens une réponse facile aux objections spécieuses de la philosophie contre les vérités de la religion ; et, quoique sans aucun doute elle eût été préalablement convenue entre les deux interlocuteurs, la discussion avait tout l'air d'être improvisée, car ils parlaient avec une extrême volubilité et comme sous l'impression du moment. Pour donner une idée de la chose, M. Massard proposa la question des miracles, et à la demande : « qu'y a-t-il à dire au sujet des miracles? » il répondit qu'il allait les attaquer. L'abbé Croze lui demanda ce qu'il entendait par miracles. M. Massard, prenant le rôle d'un incrédule acharné, commença par en donner une idée vague et confuse : « Je ne prétends pas, dit-il, donner une définition philosophique, mais je pense que tout le monde entend par là une chose extraordinaire, comme on n'a jamais vu, et de fait une chose impossible. » L'abbé Croze se plaignit du vague de cette réponse et donna sa propre définition : « un acte surpassant le pouvoir de l'homme, en dehors du cours ordinaire de la nature, et qui par conséquent doit être attribué à un pouvoir surnaturel. » L'abbé Massard prit ensuite la parole, et dans un discours d'une certaine longueur, il montra l'impossibilité des miracles et l'absurdité de ceux que mentionne l'histoire : il conclut en les rejetant tous sans exception. M. Crozé commença par reprendre, un à un, tous les arguments de son adversaire, disant qu'il allait le traiter comme Horace les Curiaces. M. Massard répliqua : « Dieu ne peut opérer de miracles, car cela impliquerait désordre ; ce serait la violation de ses propres lois, etc. » L'abbé Croze répondit « qu'il ne voyait pas pourquoi Celui qui a ordonné au soleil de se lever chaque jour, ne pourrait l'arrêter un seul jour dans sa course, de même que l'ouvrier qui a construit une montre peut l'empêcher de marcher. Un miracle n'est pas plus une manifestation de force pour le Tout-Puissant, que l'acte de s'arrêter un instant pour l'homme qui marche, etc. » M. Massard changea alors de terrain, *M.* et fit valoir l'argument de Hume d'après lequel lors même qu'un miracle s'accomplirait sous nos yeux, nous ne pourrions avoir de sa réalité une preuve assez forte pour renverser l'impossibilité absolue de tout miracle, qui existait un instant auparavant. M. Croze détruisit cette nouvelle objection au grand amusement de l'auditoire. « Quoi de plus ridicule, dit-il, que de soutenir qu'il n'existe pas de preuves suffisantes d'un miracle, alors qu'il vient de se passer devant mes yeux ! Lorsque je vois un homme qui m'est parfaitement connu, dans la dernière période de sa maladie, que j'assiste ensuite à sa mort et à ses funérailles, et qu'un an ou deux après, ce même individu reparaît devant mes yeux, ai-je besoin que ce miracle me soit prouvé? Si je rencontre un âne dans la rue et si je lui dis : « Ane, parle-moi et raisonne, » et qu'aussitôt l'animal ouvre la bouche et se met à discourir, ai-je besoin que l'on me prouve que c'est là un miracle? Si je vois passer un bœuf et que je dise : Bœuf, élève-toi dans les airs, et que le bœuf se mette à voler, ai-je besoin que l'on me prouve le miracle? Si un beau soir toutes les femmes de Paris, devenues muettes, ne pouvaient plus parler.... » Ici un bruyant éclat de rire s'éleva de tous les côtés de l'église, et il se passa quelques instants avant que l'orateur pût reprendre sa victorieuse défense. M. Massard répliqua : « Mais il y a eu des sorciers et des magiciens qui ont opéré des miracles; Moïse se trouva en présence de magiciens qui firent les mêmes miracles que lui. » M. Croze : « Ce n'étaient pas les mêmes; ils en imitèrent un ou deux, mais ensuite leur puissance leur fit défaut. » Il continua par une apostrophe éloquente à Moïse, qui se termina par une allusion aux fléaux qui signaleront la fin du monde : il s'attacha ensuite à faire ressortir la différence entre les miracles divins et les prodiges opérés par l'enfer, et cita l'histoire de saint Pierre et de Simon le magicien. M. Massard objecta encore « Mais si quelqu'un parvenait à opérer par la puissance du démon des miracles aussi nombreux que ceux rapportés dans l'Ecriture sainte, devrions-nous ajouter foi à sa mission? » — M. Croze : « Non ; il nous a été enseigné que l'Antechrist fera des miracles à la fin du monde ; mais nous savons aussi que Dieu les permettra, afin qu'ils servent de preuve à sa religion, et sa parole ne peut nous tromper. C'est pourquoi nous pouvons rejeter sans crainte toute prétendue révélation qui viendrait contredire celle que nous avons reçue. » *M.*

La dernière question fut celle-ci : « Vous avez parfaitement prouvé qu'il peut y avoir et qu'il y a eu des miracles ; mais je désire vous poser une dernière objection, à laquelle il vous sera très-difficile de répondre : « Comment se fait-il que Dieu n'opère pas de miracles de nos jours ? » M. Croze répliqua : « Comment, c'est là votre grande difficulté ? Il y a cinquante réponses à vous donner, par exemple, qu'il ne plaît pas à Dieu d'opérer de nos jours des miracles, et que nous n'avons certes pas le droit de scruter ses desseins ; — ou bien, que la Religion étant aujourd'hui établie sur la terre, elle n'a plus besoin d'être confirmée par des miracles. Ces réponses et bien d'autres encore pourraient vous être opposées, mais j'aime mieux vous montrer qu'il n'est aucunement à désirer qu'il y ait de nouveaux miracles. Deux empiriques arrivèrent un jour dans une ville, et dans le but de se faire des pratiques, ils annoncèrent, non pas qu'ils avaient des remèdes souverains contre la goutte, la bile ou le mal d'estomac, mais que dans trois semaines, à jour fixe, ils se rendraient en plein jour au cimetière et rappelleraient à la vie quiconque leur serait désigné, n'importe le temps écoulé depuis sa mort. L'annonce fit de l'effet : dès ce moment leur maison fut assiégée de malades, car il était tout naturel de supposer que ceux qui pouvaient ressusciter les morts, pouvaient à plus forte raison guérir les vivants. Cependant le jour fixé approchait, et le plus poltron des deux se mit à dire à l'autre : « Qu'allons-nous faire, car, si nous ne faisons ressusciter un mort, il est certain qu'on va nous lapider? » — « N'aie pas peur, répondit son compagnon, je connais trop bien les hommes; » et en effet, le jour suivant, un homme d'un âge mûr vint les trouver, et leur offrit une somme considérable, s'ils consentaient à quitter la ville sans ressusciter de mort. « Ah! messieurs, dit-il, j'avais une si méchante femme.... » (Un nouvel éclat de rire s'éleva dans toute l'église. « J'avais pour femme une vraie mégère. Dieu, dans sa bonté, a bien voulu m'en débarrasser; et si c'est elle que vous devez choisir pour votre expérience, c'en est fait de moi. » Vinrent ensuite deux jeunes gens qui dirent : « Ah! messieurs, un vieillard est mort l'autre jour en nous laissant une fortune considérable : si vous le ressuscitez, je crains que nous ne soyons des hommes perdus, car il est certain qu'il va nous redemander son argent. » Peu après arrivèrent des magistrats : ceux-ci craignaient que certain individu, qui maintenant ne se trouvait plus dans leur chemin, ne fût rappelé à la vie et ne vînt donner de l'embarras. C'est pourquoi ils supplièrent nos charlatans de quitter la ville avant le jour fixé, leur donnant à cet effet l'autorisation nécessaire. — Vous voyez donc bien que le pouvoir d'opérer des miracles ne serait pas chose à désirer. Voilà ce que j'aurais à vous répondre, mais pour ce qui me concerne, je crois que, même de nos jours, il y a eu des miracles. » Il en cita quelques-uns que je n'ai pu saisir au passage.

Tel fut l'objet de cette conférence entre M. Massard et M. Croze : ce dernier avait une manière de s'exprimer vraiment remarquable, de la finesse, de la pénétration et des saillies pleines de gaîté. Par respect pour le lieu saint, on avait tendu un rideau à une petite distance devant l'autel.

Cet exercice fut suivi d'un sermon plein de chaleur et d'éloquence par l'abbé Frappaz, sur l'amour de Jésus-

Christ, et sur la foi, l'espérance et la charité : il fut écouté avec beaucoup d'attention, et souvent interrompu par les applaudissements. Les assistants chantèrent ensuite le cantique « *Monstra te esse Matrem* » sur un air un peu trop léger à mon avis. *M.*

Alors commença une longue distribution de prix, consistant en livres et estampes encadrées, aux membres les plus assidus de l'association : ils furent remis à chacun d'eux par l'archevêque de Chalcédoine, tandis que le chœur faisait entendre par intervalles les strophes d'un hymne en l'honneur de saint François-Xavier, que répétaient les échos de l'église. Pendant ce temps le rideau avait disparu, et l'autel avait été brillamment éclairé pour un salut qui fut célébré pontificalement. Nous n'y avons cependant pas assisté, car il était plus de dix heures du soir.

LUNDI, 14 JUILLET.

Nous sommes allés aujourd'hui à Montmartre : nous avions une lettre pour le curé, mais il s'était rendu à Charenton, au-delà du Père-la-Chaise. Autour de l'église s'étend un petit jardin, qui renferme les stations et qui se termine au nord par un calvaire : les trois croix avec les figures de grandeur naturelle, s'élèvent sur une petite éminence rocailleuse : au-dessous se trouve le sépulcre, où l'on voit un tombeau, une fenêtre et deux portes ; — du côté du sud, il y a une petite chapelle de Notre-Dame-des-Sept-Douleurs : elle y est représentée tenant le Christ dans ses bras. On lit au-dessous l'inscription suivante, que nous avons copiée comme spécimen de celles que l'on trouve partout à l'intérieur et au dehors des chapelles, quoiqu'elles ne soient pas approuvées par l'Eglise romaine, car elles produisent une fâcheuse impression :

« Ne sortez pas du calvaire sans invoquer Notre-Dame-des-Sept-douleurs : elle est pleine de grâce, le soutien des malheureux, la consolation des affligés, le refuge des pécheurs et des opprimés.

» Elle vient du Mont-Valérien ; elle opère de grands prodiges, adressons-nous à elle avec confiance ; elle nous sera propice et nous consolera dans nos peines. Priez pour nous, Mère de Dieu, qui avons recours à vous. »

Le soir, nous montrâmes cette inscription à M. Galais : il la désapprouva, et déclara que c'était contre la règle qui défend d'exposer quelque chose sans la permission de l'évêque : il ajouta qu'il ferait connaître cette irrégularité à l'archevêque de Paris.

L'église de Montmartre est très-ancienne : la façade est très-simple et n'offre rien de remarquable : un télégraphe établi sur l'abside ajoute à son apparence difforme ; l'intérieur qui est de style normand vaut un peu mieux. Ce qui nous y intéressa surtout, c'est qu'en cette église saint Ignace de Loyola prononça ses premiers vœux.

Du haut de l'éminence, nous admirâmes le panorama de Paris qui s'étendait sous nos pieds ; mais je crois que celui de Londres l'emporte en beauté ; l'absence des tours et des flèches du moyen âge s'y fait vivement sentir : dans cet horizon immense, il n'y a qu'un petit nombre d'édifices qui s'élèvent au-dessus de la ligne générale des constructions. Notre-Dame, St-Jacques-la-Boucherie, le Panthéon, les Invalides et un ou deux autres monuments s'aperçoivent à peine dans ce vaste ensemble.

L'après-midi, nous allons rendre visite à M. Galais ; il devait partir le lendemain pour la maison de campagne de Saint-Sulpice, pour sa retraite de huit jours. Il récitait son bréviaire, au moment où nous entrions dans sa chambre ; il nous demanda la permission de continuer, s'agenouilla pour l'oraison dominicale, et causa ensuite avec nous environ une heure. Il nous présenta aussi au supérieur. Je lui exprimai le désir de connaître leurs règles aussi complétement que possible. Il nous dit que dans le principe, les séminaires avaient été établis dans le but de développer la vie intérieure, et comme des endroits propres au pieux recueillement ; les jeunes gens se rendaient alors à la Sorbonne pour recevoir l'instruction. La révolution mit fin à cet état de choses ; et aujourd'hui que l'Université est dirigée par des incrédules, on a été obligé de comprendre l'enseignement scientifique dans l'organisation des séminaires. La création d'une chaire d'Histoire ecclésiastique est vivement désirée. M. Galais s'informa de la situation du cours de Philosophie chrétienne à Oxford : « nous veillons, disait-il, à ce que l'on cultive les branches sur lesquelles se porte aujourd'hui le fort de la lutte contre l'incrédulité. » Il me demanda encore si l'on mettait chez nous autant de sollicitude que chez eux à préparer les jeunes gens aux saints ordres : cette question nous embarrassa, et nous fûmes tous confus de devoir y répondre.

M. Galais nous invita à venir à leur maison de campagne : nous acceptâmes pour samedi.

MARDI, 15 JUILLET.

Nous nous sommes hasardés à aller chez le père Lacordaire, et nous avons été amplement récompensés de notre hardiesse, puisque nous avons eu avec lui un entretien très-animé de plus d'une heure. Voilà bien le type du moine, et, si je puis parler ainsi, un vrai saint Bernard ressuscité en chair et en os, dans toute son énergie virile; sous son blanc vêtement de dominicain, il réalisait pour moi le beau idéal du soldat de l'Eglise, armé de pied en cap pour combattre l'hérésie, en s'avançant plein de calme et d'intrépidité au milieu des orages de la vie et du choc des systèmes qui s'écroulent. Sa figure fraîche et rosée, ses yeux noirs et pleins de feu, son expression animée en faisaient un des personnages les plus frappants que j'aie jamais contemplés. Je crois qu'il vaut la peine de venir à Paris, rien que pour le voir. Peut-être l'idée que j'avais devant moi un des plus éloquents orateurs de la chaire, est-elle pour quelque chose dans cette impression si profonde. Je l'interrogeai au sujet du tiers-ordre de Saint-Dominique. Il me dit que les associés ne prononçaient aucun vœu, mais qu'ils pouvaient ajouter à leur profession le vœu de célibat (de chasteté, comme ils disent), ou celui d'obéissance, ou tous deux à la fois. La règle, modifiée par les dispenses ecclésiastiques, peut être facilement observée par les personnes vivant dans le monde. Le père Lacordaire lui-même, en sa qualité de supérieur des dominicains de France, a reçu de Rome un certain nombre de dispenses pour ceux qui voudraient embrasser le tiers-ordre ; et, si je me souviens bien, on compte déjà cinquante associés à Paris. *M.*

Nous causâmes ensuite du mouvement anglican. Il parla aussi du triste état de l'Université de France : au lieu d'être locale, dit-il, elle est répandue partout, de sorte qu'elle n'a ni corps ni unité. Ses professeurs sont envoyés d'une extrémité de la France à l'autre, d'après le bon plaisir du gouvernement. Il ajouta que l'on se trouvait engagé dans une lutte ardente pour la liberté des associations religieuses, que cette cause était sur le point de triompher et que sans aucun doute elle serait un jour victorieuse. Le protestantisme prouvait sa faiblesse par cela même qu'il ne produisait pas d'institutions monastiques : à son avis, il n'y avait pas d'indice plus frappant que celui-là. « Si vous possédiez, dit-il, la véritable source de vie, comment n'aurait-elle pas fait germer parmi vous un ordre de choses, qui est si incontestablement en harmonie avec l'esprit de la croix ? »

Après que notre conversation eut duré quelque temps, je lui dis : « Je désirerais vous faire une question. Supposez une personne intelligente, pleine de bonne foi, prête à faire tous les sacrifices à la religion et employant tous les moyens pour découvrir la vérité, mais persuadée que l'église anglicane, quoique malheureusement séparée de l'Eglise romaine, est une branche et fait partie de l'Eglise catholique ; cette personne, la condamneriez-vous, lui fermeriez-vous les portes du salut ? » — « Monsieur, répondit-il, il n'y a qu'une chose qui puisse excuser une personne de rester en dehors de l'Eglise, c'est l'invincible ignorance. Vous savez qu'en certain cas les païens même peuvent être sauvés. Mais une personne comme celle dont vous venez de parler, ne peut invoquer l'invincible ignorance ; en effet, trois choses seulement peuvent empêcher l'homme de voir la vérité : il faudrait, ou bien que la vérité n'eût pas par elle-même une force suffisante pour le convaincre ; ou bien, que son intelligence fût trop peu développée, ou enfin que sa volonté fût corrompue. Mais la première de ces hypothèses ne saurait faire l'objet d'un doute. La vérité doit toujours avoir par elle-même suffisamment de force : toute supposition contraire serait une injure à la Divinité. Il faut donc qu'il y ait faiblesse de l'intelligence ; mais pour ce qui concerne les hommes qui sont à la tête du mouvement anglican, cette excuse leur manque, car ce sont des esprits d'une grande portée et d'une haute capacité. Il ne reste donc plus que la corruption de la volonté ; et en effet, elle agit souvent d'une manière si subtile, que l'on ne s'aperçoit pas de son influence. Néanmoins, aux yeux de Dieu, c'est la volonté qui, en pareille circonstance, égare ces personnes, et dès lors elles sont coupables et ne sauraient se justifier par l'invincible ignorance. Pour ce qui est des individus en particulier, je ne me permettrai pas de les juger ; car il est écrit : « *Nolite judicare*, » et il est de toute impossibilité qu'un homme connaisse l'état intérieur d'un autre homme. Je me borne à dire sur cette question que les personnes dont vous me parlez, ne peuvent se trouver dans un cas d'invincible ignorance, — car la vérité, comme je l'ai dit, a assez de force par elle-même, et leurs facultés intellectuelles sont trop puissantes, pour que l'obstacle vienne de ce côté : il doit donc se trouver dans la volonté, lors même que l'individu n'en aurait guère conscience. Il est mille considérations de famille, d'état, de fortune, etc., qui s'emparent du cœur de l'homme et le font insensiblement dévier, mais il n'en est pas moins en faute, car c'est sa propre volonté qui est corrompue. Si je me rendais sur une des places publiques de Paris, et si je faisais ressusciter trois morts, tous ceux qui en seraient témoins consentiraient-ils à *croire?* » — « Certainement non, » répondis-je, — « Qu'est-ce que cela prouve? qu'il y a un secret obstacle dans leur volonté. »

Nous nous efforçâmes inutilement de lui faire comprendre qu'une personne, après avoir fait les études les plus patientes, peut se trouver consciencieusement dans la conviction que l'église d'Angleterre fait partie de la véritable Eglise : ce fut en vain. C'était là évidemment une idée qu'il ne pouvait et ne voulait pas admettre.

Je lui citai l'exemple de l'Église grecque et de l'Eglise russe. Il excusa les pauvres et les ignorants, mais pour ce qui concerne les hommes instruits, il dit que ce devait être l'esprit de schisme qui les détournait secrètement de la vérité. Je répliquai qu'il y avait parmi eux des évêques, des moines et une foule de personnes d'une vie pieuse et austère, qui ne voyaient pas les droits et les titres du siège de Rome. « Ah ! dit-il, il en fut toujours ainsi ! du temps de notre Sauveur, on attribuait ses miracles à Belzébuth ; et comment se fait-il que ceux qui virent Lazare ressuscité de la mort, allèrent en informer les chefs des prêtres? » En un mot, le père Lacordaire est si complétement convaincu de la vérité de toutes les doctrines de l'Eglise romaine, qu'il se refuse absolument à concevoir qu'une personne d'intelligence et de bonne foi puisse arriver à une conclusion différente. Nous nous étions bornés à poser la question comme une simple hypothèse, mais, même à ce point de vue, il ne voulait pas admettre notre système : « cela est, dit-il, moralement et métaphysiquement impossible. »

« Je voudrais, lui dis-je, que je pusse vous faire lire dans l'ame d'un homme tel que ***. Né et élevé dans l'anglicanisme, il a consacré de longues études aux vérités religieuses et particulièrement aux points qui nous occupent. Il n'a d'autre désir que d'appartenir et de se dévouer à l'Eglise catholique, qui se trouve malheureusement divisée pour un temps et par des circonstances particulières, et en attendant que la question soit vidée, il croit qu'il est de son devoir de rester dans la communion dans laquelle il est né. Que pensez-vous d'un cas comme celui-là? » Il répondit : « Il ne m'appartient pas de juger les ames ; » et ainsi de suite. Cette conversation me fit croire qu'il ne connaissait pas bien la situation de l'Angleterre. « Après tout, lui dis-je, c'est là une question de fait ; il y a en Angleterre bien des choses qui ne vous sont pas connues. » *M*.

Il ne paraissait pas se rendre compte de toutes les particularités de notre position. Sa parole était pleine de puissance et d'éclat. Je puis me figurer l'effet qu'il doit produire en chaire.

Nous allâmes ensuite rendre visite à M. d'Alzon : il nous conduisit chez dom Guéranger qui nous reçut avec la plus grande affabilité. Le pape vient d'ériger un évêché à Perth, dans la Nouvelle-Galles du sud, et un de ses élèves est sur le point de s'y rendre : il y avait à peine trois semaines qu'il avait pris tout à coup cette grande résolution, et il semblait tout transporté de joie en y pensant. Il y a maintenant dans cette contrée un archevêché catholique romain, et trois évêchés, — Sydney, Hobartown, Adelaïde et Perth. On racontait que le Dʳ Flaget, évêque de Bardstown, y avait été envoyé sans autre bagage que son pontifical et une mître de papier; « quant à la crosse, disait dom Guéranger, il n'avait qu'à la couper d'un arbre. » Nous lui fîmes à peu près la même question qu'au père Lacordaire, mais sa réponse fut moins rigoureuse. Il dit qu'en supposant qu'une telle personne fût *tout à fait* sincère et qu'elle eût usé de tous les moyens possibles pour découvrir la vérité, elle devait être considérée comme appartenant, sinon au corps, du moins à l'ame de l'Eglise, et qu'elle serait sauvée. Il dit que nos formules de consécration des évêques et des prêtres étaient défectueuses, de sorte que, même en admettant que leur succession fût légitime, il était néanmoins plus que douteux qu'ils fussent de véritables évêques et de véritables prêtres; mais serré de plus près, il avoua que l'Eglise romaine n'avait jamais été appelée à décider ce point, et qu'au fait, il n'était pas tranché; qu'il y avait néanmoins à cet égard une opinion généralement admise. Il fut fort étonné quand je lui dis que Coleridge avait réuni 50,000 livres (1,250,000 fr.) pour l'institut de Saint-Augustin et quel en était l'objet : « Si vous autres, Anglais, dit-il, vous étiez rendus à l'Eglise, vous évangéliseriez le monde; l'Espagne et le Portugal, l'Italie et la France devraient vous céder le pas, avec les ressources dont vous disposez. » En parlant des liturgies, il nous fit spontanément remarquer combien celles de l'Orient sont pleines d'invocations à la sainte Vierge : la moitié ou le tiers de chaque page lui est consacré. Elles vont plus loin sous ce rapport que l'Eglise romaine. Lorsque le concile d'Ephèse lui donna le titre de Mère de Dieu, il y eut à cette occasion des réjouissances publiques par toute la ville. Dom Guéranger ne semblait pas d'avis que les prières de saint Ephrem à la sainte Vierge ne fussent pas authentiques; il dit que c'était bien là son style. Morris m'a assuré que le style de ses ouvrages syriaques est fort différent de celui de ses œuvres grecques et que les matières traitées ont plus de profondeur. Lorsque nous prîmes congé de dom Guéranger, il exprima le désir de nous revoir, si jamais nous revenions à Paris.

Nous allons admirer encore une fois la belle chapelle des Sœurs gardes-malades. — Nous avions exprimé à M. D'Alzon le désir de voir des cilices et des instruments de pénitence ; il nous mena donc à un couvent de carmélites de Sainte-Thérèse, près du Luxembourg : l'une d'elles vint nous parler au travers d'une grille et d'un rideau qui ne laissait passer le jour d'aucun côté. Elles sont tenues d'une manière toute spéciale de prier pour la conversion des protestants. Ces religieuses se donnent la discipline tous les vendredis. La sœur nous fit voir quelques-uns de leurs instruments de pénitence ; d'après ce que nous avons appris, les austérités corporelles ne sont pas fréquentes, et elles ne sont pas généralement permises par les confesseurs, soit parce que peu de sœurs ont la santé assez forte, soit afin de prévenir tout mouvement d'orgueil qui pourrait en résulter.

MERCREDI, 16 JUILLET.

M. D'Alzon est venu déjeûner avec nous et nous a menés ensuite à l'établissement des *frères des Ecoles chrétiennes*, rue du Faubourg Saint-Martin, 165 ; nous fûmes reçus par le supérieur général, frère Philippe. Leur maison offre peu de choses intéressantes : ils s'attendent à y voir passer le chemin de fer de Strasbourg, ce qui les forcera de déloger. Le supérieur nous dit que le nombre des frères s'élève à 4000, et celui de leurs élèves, enfants et adultes, à 198,000. Ce nombre s'augmente chaque année. L'ordre fut presque entièrement dispersé à la première révolution ; mais il revint en France, grâce au cardinal Fesch, qui ayant trouvé quatre frères réfugiés à Lyon, les ramena à Paris. Frère Philippe est un homme aux manières franches et simples. Son portrait, par Horace Vernet, a fait grande sensation dans la capitale.

M. D'Alzon me fit voir ensuite une maison habitée par des prêtres, rue de la Planche. J'eus une longue conversation avec deux d'entre eux. Le premier était confesseur d'un pénitentiaire (Filles repenties), où quatre-vingts femmes reçoivent l'entretien aux frais de la ville de Paris. Le récit qu'il nous fit de leur pénitence était vraiment touchant. Il est rare que quelqu'une quitte la maison, sans être totalement changée, pourvu qu'elle y ait séjourné assez de temps. Mais la peinture qu'il nous fit, à ce sujet, de la dépravation générale de Paris, nous parut vraiment effrayante.

C'est un spectacle étonnant que l'étroit contact qui existe dans cette grande ville entre le dévouement le plus sublime et l'immoralité la plus profonde. D'un côté, vous avez les prières et les mortifications de chaque jour; les œuvres de charité de ces carmélites, qui se sont engagées pour la vie à intercéder pour la conversion des pécheurs; de ces religieuses de l'Adoration, contemplant sans cesse le plus admirable des mystères; de ces dames de l'Assomption qui, par leurs vœux de pauvreté, d'obéissance et de chasteté, ont consacré à l'extension du royaume de Dieu, les talents et les perfections qu'il leur avait donnés; de ces prêtres qui, dans la solitude et loin de leur patrie, ont renoncé aux liens de famille et à tous biens terrestres, — de ces prêtres, selon l'ordre de Melchisédech, qui offrent sans cesse le plus saint des sacrifices et font habiter le corps mystique de Jésus-Christ parmi les hommes. De l'autre côté, s'ouvre cet abîme de libertinage et d'égoïsme qui engloutit toujours de nouvelles victimes, tant de cœurs jeunes et sans défiance, tant d'ames ardentes et pleines d'illusion, — et qui après les avoir souillés de la lie d'impureté, les lance trop souvent aux pieds du juge suprême. Jamais misère morale dépeinte dans une fiction romanesque ne surpassa la réalité de celle qui se déroule tous les jours à Paris. Nous qui vivons au milieu de ce tourbillon, nous avons certes besoin de prier nous-mêmes et d'invoquer les ames des justes qui sont au ciel, afin qu'elles intercèdent pour nous et pour nos frères. — Et cependant c'est la même chair, le même sang, c'est le même corps, ame et esprit, — c'est le même *homme*, qui sans crainte, s'use ici au service du démon et livre ailleurs d'héroïques combats pour son Dieu. O mystère de la grâce de Dieu et de la volonté de l'homme, mystère qui dépasse toute intelligence !

Le soir, nous allâmes visiter quelques instants l'église de Notre-Dame-de-Lorette. L'intérieur a de chaque côté une rangée de colonnes; de toutes parts elle est ornée de peintures magnifiques, dont les sujets sont parfaitement choisis et les légendes conçues dans un esprit plus catholique que celles qu'on voit d'ordinaire. Cette église doit avoir coûté des sommes énormes. Nous allâmes voir aussi la Madeleine : édifice vraiment remarquable et aussi vaste que le permet le style grec ; mais elle offre la meilleure preuve que ce n'est pas là le style propre d'une église.

JEUDI 17 JUILLET.

Nous sommes allés revoir la Madeleine pendant la messe de midi. C'est une église d'une richesse éblouissante. Si cependant en pareil cas il n'était plus sûr d'admirer que de critiquer, je ferais observer combien on a perdu d'espace dans la construction des murs et dans la disposition intérieure : la largeur du temple, telle qu'elle tombe sous l'œil, n'est que de cinquante pieds, tandis que l'espace réel entre les murs latéraux est au moins de quatre-vingts. Son architecture paraît être l'inverse de celle des cathédrales de Saint-Ouen ou d'Amiens, car dans la Madeleine les plus grands moyens produisent peu d'effet, tandis que dans celles que je viens de citer, les plus grands effets s'obtiennent par les plus petits moyens : ces dernières sont d'un style où tout paraît aérien et vous élève vers le ciel ; tandis que l'autre, par sa lourde masse, paraît incapable de vous détacher de la terre, et blesse toujours le regard par ses lignes horizontales, — image fidèle des religions que chacun de ces styles symbolise.

Nous trouvâmes l'abbé Ratisbonne chez lui : nous eûmes ensemble un long entretien. Je lui communiquai les paroles assez sujettes à critique, adressées à la sainte Vierge, que j'avais vues à Montmartre et aussi dans un petit livre : il me fit la réponse ordinaire, que ces choses ne sont pas approuvées par l'autorité, et d'ailleurs « la langue française est si pauvre, que pour exprimer de saintes aspirations, il peut arriver que l'on emploie des mots qui, pris au pied de la lettre, seraient trop énergiques, mais que l'usage a consacrés. C'est ainsi qu'il est fort commun de dire d'une belle peinture : quel adorable tableau ! et d'employer le mot *infiniment* ; mais ces mêmes expressions appliquées à la sainte Vierge dans toute la rigueur du langage, donnent matière à critique. Il faut donc pardonner d'un côté à la pauvreté et au défaut de précision de la langue ; de l'autre, à la ferveur de l'amour filial qui désire s'épancher. Nous sommes enfants de Dieu, continua-t-il, nous lui parlons en enfants et non comme des savants ; nous avons donc droit à l'indulgence qu'on accorde à l'enfance. Et il en est de même pour ce qui concerne la sainte Vierge. »

Il nous dit qu'il avait abjuré le judaïsme à l'âge de vingt-trois ans : avant cette époque, il avait beaucoup étudié tout ce qui se rattache aux protestants, mais leurs prières et leur système tout entier lui avaient inspiré de la répugnance : il ne s'était jamais senti de l'attrait pour leur culte. Il a aujourd'hui quarante-deux ans ; il y a dix ans qu'il est prêtre.

Notre conversation roula longtemps sur les points controversés entre les deux églises anglicane et romaine. Je lui dis que nous nous regardions déjà nous-mêmes comme catholiques, que l'église d'Angleterre dans laquelle nous étions nés et élevés, était pour nous comme le portail de ce vaste édifice de l'église catholique. Il applaudit à cette image, qui lui donna une plus juste idée de notre situation, que tout ce que nous aurions pu dire : néanmoins, semblable en cela à tous les catholiques romains que nous avons rencontrés, il ne put admettre un seul instant que nous fussions dans l'Eglise. — Il nous raconta qu'un ministre protestant, qui s'occupait d'optique, lui avait déclaré qu'il croyait à l'efficacité des prières pour les morts ; d'après l'idée qu'il se faisait de cette croyance, c'était comme si un certain nombre de corps se trouvaient placés dans l'ombre, en dehors des rayons du soleil : entre eux et le soleil sont d'autres corps qui reçoivent toute la clarté de l'astre, et ceux-ci, comme certains verres d'optique, réfléchissent cette lumière sur les corps qui se trouvent dans l'ombre ; — c'est ainsi que les fidèles défunts sont soulagés par les prières, surtout par celles des bienheureux. M. Ratisbonne avait souvent reproduit cette image dans ses sermons. — Je crus l'embarrasser en lui montrant d'un côté l'existence de l'Eglise grecque, et de l'autre le développement incontestable du pouvoir du pape ; mais le catholique romain n'hésite jamais à exclure de sa communion l'individu ou l'Eglise qui n'est pas unie de fait au siége de Rome ; — l'unité, c'est là sans contredit un principe fondamental, une belle et légitime croyance, quoique certains faits puissent en modifier peut-être l'application. — Il nous dit qu'il n'avait cessé de penser à nous depuis notre visite, qu'il nous portait le plus vif intérêt et que chaque jour il avait prié pour nous, aussi bien que pour l'Angleterre : « Ah ! si cette noble

Angleterre pouvait redevenir comme autrefois, l'*Ile des Saints !* — Quelle adorable voie pour le retour des autres nations. »

Au moment de le quitter, M. Ratisbonne demanda nos prières pour lui-même. Je lui dis que si je revenais à Paris, j'espérais bien le revoir. Notre conversation fut si décousue, qu'il ne m'en reste qu'un souvenir très-incomplet; mais je sais qu'elle roula sur les griefs qui ont amené notre séparation d'avec Rome. — Il rejeta de nouveau la pensée que la sainte Vierge fût l'objet d'une adoration quelconque. — Il avait transféré sa demeure dans la rue du Regard, 14, afin de pouvoir surveiller une maison avec jardin située vis-à-vis, et dans laquelle était établie une communauté de Juives converties, dont il avait la direction. La supérieure se trouvait avec lui au moment de notre visite. — Il nous reprocha le silence de notre culte à l'égard de la sainte Vierge et des saints ; il prétendait que nous élevions entre les saints et nous un mur de séparation, tandis que l'Eglise tout entière est une et ressent vivement les joies et les peines de chacun de ses membres. M. s'efforça de lui prouver que dans l'état actuel des choses, le silence pouvait couvrir des sentiments de profond respect. Il fut d'avis que cela ne suffisait pas, et en effet, cela ne peut satisfaire complètement.

Nous allâmes voir ensuite le Panthéon : l'intérieur offre ce caractère froid et morne qui appartient naturellement aux tombes de ceux qui meurent sans les espérances du chrétien. Le Panthéon porte bien le cachet de ce qu'il est en réalité, — c'est-à-dire le mausolée de l'ambition humaine, — un vaste cercueil où repose un squelette. Si un jour on en fait une église, ce qui ne peut manquer d'arriver (1), elle pourra égaler la Madeleine en magnificence.

(1) Cette prévision s'est réalisée : un décret de Napoléon III a rendu le Panthéon (église Sainte-Geneviève) au culte catholique.
(*Note du traducteur.*)

Nous montâmes au sommet où l'on jouit d'une vue admirable : il y a un triple dôme ; la construction m'a paru défectueuse.

De là, nous entrâmes chez le libraire Toulouse ; dans le cours de notre visite, il apprit que je n'étais pas catholique romain : aussitôt il chercha à me persuader, avec la plus vive sollicitude, que j'étais dans une position évidemment fausse. Il me demanda comment je pouvais justifier notre schisme. « Je ne comprends pas, me dit-il, que tel jour vous soyez catholique, apostolique et romain, et que le jour suivant, à votre réveil, vous vous soyez trouvé catholique, apostolique, mais non romain. » Je lui répondis que sans aucun doute nous avions la succession apostolique ; que les mauvaises passions des hommes d'un côté, les prétentions exorbitantes de la papauté de l'autre, étaient cause de la séparation que j'étais le premier à déplorer ; que j'espérais néanmoins que, malgré l'état anormal où nous nous trouvions, nous avions tout ce qui est strictement nécessaire pour constituer une Eglise. Je lui fis encore remarquer la situation de l'Eglise d'Orient. Je lui montrai les expressions dangereuses et exaltées dont saint Bonaventure se sert dans son psautier, envers la sainte Vierge. Il ne put y répondre (1) et se réserva d'en parler à un prêtre ; il maintint néanmoins l'authenticité de l'ouvrage. J'ajoutai encore que j'étais prêt à accorder au saint-siège tout ce que saint Grégoire-le-Grand, qui envoya saint Augustin en Angleterre, réclama pour l'autorité pontificale, tout ce que saint Léon demanda pour elle, tout ce que saint Athanase et saint Basile lui accordèrent (2). Il termina en nous exprimant tout l'intérêt qu'il nous portait.

(1) Il eût suffi pour toute réponse des paroles de M. Ratisbonne citées quelques lignes plus haut. *(Note du traducteur.)*
(2) Voir la note sous la date du 7 juillet. *(Note du traducteur.)*

VENDREDI, 18 JUILLET.

Nous allons chez M. Bonetty qui nous accompagne avec M. d'Alzon à l'*Hôtel Cluny*. Il est rempli d'objets curieux du moyen âge. J'y remarquai des verreries curieuses, une jolie chapelle et des restes de bains romains. L'air était tellement lourd aujourd'hui que j'en fus accablé au point de pouvoir à peine me traîner; aussi avons-nous fait peu de chose. Après le dîner nous retournons à la Madeleine, et nous allons ensuite prendre le thé chez Mgr. l'Evêque Luscombe.

SAMEDI, 19 JUILLET.

La chaleur est moins accablante. Nous allons d'abord à la Madeleine; nous y restons pendant une partie de la messe basse. Mon admiration pour ce monument augmente à chaque visite; il produit à peu près le même effet que Saint-Pierre de Rome en trompant l'œil par ses belles proportions. Nous passâmes une couple d'heures dans les galeries sans fin du Louvre. La grande galerie contient peu de tableaux qui me fassent envie, sauf le dernier compartiment et la première salle. La toile qui m'inspire le plus d'intérêt est celle de la bataille d'Eylau.

De là chez M. l'abbé Gaduel, rue Madame. — Il nous conduisit à la maison de campagne de Saint-Sulpice, à Issy. C'est un vieux château ruiné, mais les bons séminaristes ne demandent pas beaucoup de comfort chez eux; on dirait qu'ils emploient leur règle comme sauvegarde contre les séductions du monde. Ils y ont cependant de vastes jardins. On nous montra le pavillon ou Bossuet et Fénelon eurent une longue conférence sur les questions qui les divisaient, et adoptèrent des conclusions qui furen rédigées dans cet endroit. Du reste, il n'offre plus guère d'intérêt aujourd'hui, par suite des changements qu'on y a apportés. Quatre-vingts jeunes gens y étudient la philosophie. Nous causâmes quelques instants avec le supérieur, M. Faillon; c'est un homme de talent. M. Galais était sorti : nous le rencontrâmes en chemin, il arrivait à pied de Paris. A notre retour, nous allâmes voir la maison des Carmes, que l'on est occupé à restaurer. M. Gaduel nous mena dans le passage par où furent conduits les prêtres, après avoir entendu leur arrêt de mort; ils descendirent trois marches pour arriver au jardin au fond duquel étaient postés les assassins qui se jetèrent sur eux et les égorgèrent. Aucun endroit de Paris ne m'émut davantage. On voit encore dans le passage des traces qui paraissent être les marques d'une main sanglante; c'est tout ce qui reste de cet affreux forfait. L'église n'offre aucun souvenir qui s'y rattache; mais quel héroïsme sublime et quelle rage infernale que ceux dont cette maison et ce jardin furent témoins! Que de martyrs gagnèrent ici leurs couronnes! Certes, c'est là une terre sacrée : le sang que l'on y versa produisit une moisson abondante de grâces dans l'Eglise, et on la vit bientôt renaître de ses cendres avec une vigueur nouvelle.

Le soir, nous assistâmes à une assemblée générale de la *Société de Saint-Vincent-de-Paul*, rue Neuve-Notre-Dame n° 2. L'archevêque de Chalcédoine y assistait. Le président fit un long exposé des œuvres de la société; mais comme il était d'un grand âge et qu'il parlait à voix basse, nous le comprîmes difficilement.

Le commencement de son discours roulait sur saint Vincent de Paul lui-même. La Société venait d'obtenir de ses reliques, et entre autres une lettre de sa propre main contenant des conseils de charité. Je ne sais pour quel motif cette lettre ne put être communiquée dans cette séance : j'aurais bien désiré en entendre la lecture, car les paroles de ce saint sont dignes d'être précieusement recueillies. Le président raconta qu'il avait été visiter l'endroit où saint Vincent de Paul a vu le jour : la maison où il est né a été complètement démolie et une chapelle s'élève à la place. Le village a changé son nom contre celui du saint ; le vieux chêne, cité dans son histoire, sous lequel il gardait les pourceaux de son père, est encore en vie, et se couvre de feuilles avant tous les autres arbres des environs. — Le président exhorta les conférences à ne s'écarter sur aucun point du règlement; à ne pas admettre de nouveaux membres qui fussent simplement de « braves gens » sans être des hommes religieux ; enfin de veiller à ce qu'il ne s'introduise pas dans la société des membres pour des motifs étrangers au but de l'œuvre. Il engagea les membres à ne pas réserver leurs aumônes chacun pour ses familles pauvres en particulier, mais à les verser dans la caisse générale de la conférence ; enfin il appuya sur l'inconvénient de visiter les pauvres avec négligence ou apathie, de faire ce qu'il appelait une « visite de corridor » au lieu d'une « visite assise. » Il ajouta qu'on devait s'asseoir chez le pauvre, lui adresser la parole avec bonté, prendre les petits enfants par la main, etc., etc. Enfin, comme il y avait dans l'auditoire un bon nombre d'étudiants, il leur donna quelques conseils relativement aux jeunes étudiants de province qui leur seraient recommandés ; il leur dit de veiller surtout à ce que ces jeunes gens leur fussent directement adressés, et de ne pas les laisser fréquenter d'abord de mauvais compagnons. Il raconta que souvent un ami de province vous adresse son fils avec une lettre où il le dépeint comme un « petit ange, » et lorsque, après six semaines de séjour à Paris, le jeune homme vient vous présenter sa lettre, à ses yeux déjà ternes, à ses manières libres et dégagées, vous trouvez en lui un « ange déchu. » *M*.

Les assistants étaient au moins deux cents, pour la plupart jeunes gens. La séance se tenait dans un petit amphithéâtre : elle s'ouvrit et se termina par une prière pour demander l'intercession de saint Vincent. On célèbre aujourd'hui sa fête. J'appris par l'exposé du président que la société est établie à Manchester, Liverpool, Dublin et Edimbourg.

DIMANCHE, 20 JUILLET.

J'ai renoncé au projet d'aller à la chapelle de l'évêque Luscombe, puisqu'il ne devait pas y avoir de communion. J'ai entendu la grand'messe à la Madeleine ; — musique excellente, ornements magnifiques ; — le service ne dure pas plus d'une heure. A deux heures, nous y retournons pour les vêpres : pendant une heure on chanta les psaumes, ensuite il y eut un long sermon de plus d'une heure, sur les vertus de saint Vincent de Paul. Le prédicateur employait beaucoup de gestes : il me fit l'effet d'avoir préparé son discours, et j'en eus la certitude en le revoyant le soir à Notre-Dame des Victoires, où nous entendîmes le commencement du même sermon, mais nous ne restâmes pas jusqu'à la fin. Le saint qu'il avait choisi pour sujet de son panégyrique doit avoir été un homme vraiment grand et vertueux ; l'orateur, les yeux levés au ciel, lui adressa une chaleureuse invocation au milieu de son discours. Le sermon était, je crois, une espèce d'extrait de la vie de saint Vincent de Paul, par l'évêque de Rodez. Il y avait beaucoup de monde et surtout de femmes ; les dames étaient en grand nombre ; je ne pense pas néanmoins que ce soit un prédicateur recherché.

Nous renonçons, quoiqu'à regret, à la conférence de Saint-François-Xavier, à Saint-Sulpice, mais nous avons tant de choses à faire demain ! Les soirées trop prolongées et les longues courses nous ont tous les deux épuisés de fatigue, et nous serons charmés de changer un peu de vie.

Nous allons nous promener jusqu'au soir dans les Tuileries : il y avait foule.

LUNDI, 21 JUILLET.

Nous passons toute la matinée à faire nos malles et à rendre visite à MM. D'Alzon, Bonnetty et de Noirlieu ; — ce dernier était sorti. — Nous quittons Paris à six heures, par une soirée charmante. Comme nous avions les deux premières places de la malle-poste, nous jouîmes de la route aussi longtemps qu'il fit jour : — nous arrivâmes à Reims à cinq heures, après un trajet de onze heures, et sans trop de fatigue. Je dormais par intervalles, et quand je m'éveillais, j'admirais le brillant clair de lune et Vénus et Jupiter, à travers la sombre voûte des deux forêts que nous traversions. A part ces parties boisées, la route est également très-monotone. J'avais pour compagnon de voyage un Français dont la conversation me plut beaucoup. Il paraissait très-dévoué à la famille régnante : il en parlait comme s'il l'eut bien connue, et affirmait que le roi est un homme religieux, qu'il entend tous les jours la messe ; la reine, disait-il, est un modèle de piété. Il croit que leur dynastie se maintiendra : « elle ne saurait en aucune façon se résigner à l'exil : elle voudra conserver le trône, ou mourir pour sa défense. La grande faute de Charles X, ce fut de quitter la France ; si vous cédez la place, chacun vous tourne le dos ; si vous restez, un parti ne manquera pas de se rallier autour de vous. » Il paraissait croire que l'issue de la révolution de 1830 eût pu être différente, si Charles X fut resté à Paris : mais aujourd'hui, il n'y a plus aucune chance de voir une restauration ; la grande majorité du pays est satisfaite. il parla favorablement du duc de Nemours, et avec plus de chaleur encore du feu duc d'Orléans : le comte de Paris, disait-il, est un enfant qui promet beaucoup. Il regrettait l'absence d'une pairie héréditaire en France, et que par suite ce corps n'eût pas une grande liberté d'action. Je lui fis remarquer la modicité des fortunes : car 60,000 fr. par an sont regardés comme une belle fortune pour un pair.

Il me dit qu'il n'y avait pas cinquante pairs en France qui eussent ce revenu : beaucoup d'entre eux ne sauraient tenir équipage. — A son avis, le clergé n'est pas à la hauteur de l'époque, non pas qu'il laisse à désirer sous le rapport de la discipline ou de la piété de ses membres; mais pour ce qui concerne la science, l'instruction ou la puissance intellectuelle, il n'est pas en état de lutter contre ceux qui lui sont hostiles(1). Il voudrait que les classes supérieures envoyassent leurs fils dans les saints ordres, — un prince royal, par exemple, donnerait sous ce rapport une heureuse impulsion. — L'impôt foncier en France est d'environ le cinquième du revenu : cela est très-élevé ; — pour être éligible comme député, il faut posséder un revenu de 200 l. (5000 fr.) en biens-fonds. — A peine installés dans notre hôtel, qui était situé vis-à-vis la façade-ouest de la cathédrale, nous allons entendre une messe basse, et ensuite à huit heures une messe des morts chantée.

L'extérieur de la cathédrale de Reims dépasse tout ce qu'on peut imaginer, par l'unité de la conception, par la noble et imposante élégance des formes, par le fini précieux et la hardiesse de l'exécution ; et cependant une des grandes pensées de l'architecte n'a pas été complétement réalisée : en effet, les quatre tours du transept sont privées de leurs flèches depuis le grand incendie de 1491 ; les tours de l'ouest sont également sans flèches et sont par conséquent inachevées, car l'œil les réclame impérieusement. Le dessin de ces tours est vraiment remarquable : quelque massive que dût en être la construction pour supporter les flèches de 400 pieds de haut, on est parvenu à en dissimuler la lourdeur avec tant d'art, qu'elles paraissent entièrement percées à jour : c'est là, à mon avis, une des grandes merveilles de l'architecture. Le type de cette construction

---

(1) Les noms de Ravignan, Dupanloup, Lacordaire, Guéranger, Gratry, etc. prouvent assez combien cette assertion toute gratuite est démentie par les faits.
(*Note du traducteur.*)

existe dans les quatre tours de Laon, mais seulement à l'état d'ébauche ; et l'architecte de Reims a tellement enrichi son modèle, qu'il est parvenu à faire une œuvre propre par le cachet d'originalité qu'il lui a donné : il est certain qu'on ne saurait la surpasser en grâce et en hardiesse. Le portail occidental me paraît supérieur, même à celui d'Amiens ; c'est, selon moi, une œuvre parfaite, et toutes les autres parties du monument ne sont guère au-dessous de celle-là.

Aucune description ne saurait en donner une idée. La tour nord-ouest était à moitié entourée d'échafaudages, car ici, comme partout, on a commencé de grands travaux de restauration.

L'intérieur de la cathédrale ne me paraît pas également digne d'admiration : c'est néanmoins un ensemble plein de grandeur, de simplicité et de magnificence ; si toutes les fenêtres ressemblaient à celles du chœur, l'effet pourrait peut-être surpasser celui de la cathédrale de Chartres. Je ne connais rien de plus beau que le côté de l'ouest, qui rappelle Amiens et Saint-Ouen : il est orné d'une rosace magnifique, aux couleurs éblouissantes et de quarante pieds de diamètre, qui couronne le sommet : il y a une autre rosace plus petite au-dessus de la porte d'entrée et qui correspond à l'admirable portail de l'extérieur : elle est d'un dessin fort riche, mais ses vitraux ne sauraient être comparés à ceux de la rosace supérieure. Les orgues ne sont malheureusement pas placées dans cet endroit : elles se trouvent à l'extrémité du transept septentrional, où elles détruisent moins l'harmonie de l'ensemble. Le style de ce transept est moins beau que celui du reste de l'église. Il fut restauré après l'incendie de 1491 ; cette partie de l'église, ainsi que la structure du chœur et des chapelles à l'est, m'ont décidément paru inférieures à la cathédrale d'Amiens. En général, celle de Reims ne produit pas sur l'esprit la même impression de grandeur et de hauteur colossale. Les piliers sont, comme ceux d'Amiens, des cylindres entourés de quatre colonnes; ils sont d'un style simple et sévère, mais ils paraissent un peu lourds.

Nous montâmes par les galeries intérieures et extérieures sur la tour du centre qui s'élève à quatre-vingt-douze pieds au-dessus du sommet de la voûte; c'est une véritable forêt de poutres : elle était surmontée autrefois d'une flèche de bois qui fut détruite par l'incendie : cette tour, ainsi que les six autres ont été « provisoirement couvertes en ardoises, » nous dit notre guide, « mais ce provisoirement a duré longtemps ; » il dure en effet depuis 1491 et il n'y a pas grande chance de le voir finir. Nous montâmes aussi sur les grandes tours, et nous ne pûmes assez admirer la hardiesse et le fini d'exécution des quatre tourelles, percées à jour, qui forment les angles. Ces tours, dans leur état actuel, ont 240 ou 250 pieds de haut : avec leurs flèches elles auraient, je pense, égalé ou dépassé Anvers et Strasbourg.

On ne saurait se figurer les innombrables sculptures qui couvrent l'extérieur et l'art avec lequel elles concourent à la décoration du monument. C'est trop peu d'un jour pour en emporter un souvenir complet. L'esprit est épuisé de fatigue, lorsqu'on n'y consacre qu'une seule visite, et il n'est point à l'aise tant qu'il ne possède suffisamment l'ensemble, pour pouvoir ensuite fixer son admiration sur chaque partie en particulier. Il faudrait une bonne semaine pour tout voir, et il serait à désirer qu'elle reçût au moins une fois par an la visite de tous ceux qui parlent tant des ténèbres du moyen-âge et de la supériorité du XIXe siècle : à notre époque incombe l'obligation de conserver avec respect ce que nos pères ont édifié, mais elle n'a malheureusement pas assez de foi pour pouvoir restaurer les parties où le plan de l'architecte est resté inachevé. Ces parties incomplètes rappellent la fenêtre du palais d'Aladin, et sont là pour témoigner qu'une philosophie matérialiste, malgré tout le progrès des forces physiques, ne saurait se traîner qu'à une distance incommensurable des œuvres qui ont été inspirées par la foi et la piété. On ferait bien d'envoyer M. Cousin étudier à genoux la vérité dans Notre-Dame d'Amiens ou de Reims.

Nous interrompons notre visite à la cathédrale, et nous dirigeons notre promenade du côté de Saint-Remi, qui est à la distance d'un mille. Nous suivons les remparts : on y a une belle vue de la cathédrale et des environs, à peu près comme à Wiltshire ; mais avec cette différence que vers le sud le paysage est borné par de charmantes collines ; c'est dans ce pays ouvert et tout le long de ces collines que se récolte le fameux vin de Champagne. Saint-Remi est une vaste église de trois cents pieds de long, non compris la chapelle de la Vierge : elle est de style normand ; les arcades sont en ogives ; le chœur, avec ses vitraux peints, est fort remarquable : on en compte sept dans l'abside. — On était occupé à réparer le tombeau de saint Remi : il est situé entre le maître-autel et le côté-est ; les statues des douze apôtres sont rangées des deux côtés du grand autel *pro tempore.* Cette église est vraiment belle et imposante, et si la cathédrale n'était si proche, on passerait bien un jour à la voir. Le portail occidental est d'un style singulièrement mêlé : il rappelle cependant Saint-Georges de Bosscherville, surtout par les tourelles, mais cette dernière église est plus grande de beaucoup.

Nous passons toute la journée à faire le tour de la cathédrale et à parcourir ses longues galeries : la courbe qui existe dans la nef est très-sensible. Lors du sacre de Charles X, le toit fut couvert d'une méchante peinture : des fleurs de lis blanches sur un fond bleu. La charpente en est très-massive, et à cause de sa hauteur, elle ne produit pas un effet très-heureux.

Nous avions une lettre de M. d'Alzon pour l'archevêque; mais il avait quitté Reims un jour ou deux avant notre arrivée; nous en avions une autre de M. Gaduel pour le supérieur du séminaire : M. alla la présenter dans l'après-midi. Vers huit heures, nous nous rendîmes ensemble au séminaire : nous eûmes un entretien avec le supérieur et les professeurs ; l'un d'eux, M. Lassaigne, nous donna la traduction de la réfutation de Cousin, par Gioberti ; il me recommanda l'ouvrage intitulé : *Le prêtre juge et médecin dans le tribunal de la Pénitence* ; je me le suis procuré.

Je compris par leurs discours que la confession est la chaîne qui lie toute la vie chrétienne. Les élèves du séminaire se confessent toutes les semaines : la communion est entièrement libre. Un grand nombre de prêtres des environs continuent à se confesser au supérieur (M. Auby), qui fut autrefois leur professeur : il en compte jusqu'à quarante. — Je demandai à mes interlocuteurs s'ils concevaient une vie chrétienne sans la confession? « Difficilement » fut leur réponse ; ils ajoutèrent que la confession est renfermée dans ces paroles de notre-Seigneur : « Les péchés que vous retiendrez, etc. » et ce pouvoir ne peut s'exercer à l'égard de chaque individu, que lorsqu'on connaît l'état de son ame, ce qui suppose nécessairement la confession auriculaire. — Je parlai au supérieur des expressions outrées que l'on emploie souvent envers la sainte Vierge, comme par exemple : « Les satisfactions infinies du Fils de Dieu et de sa Mère. » Il les condamna toutes et celle-là en particulier. Je lui parlai aussi du Psautier de saint Bonaventure : il ne paraissait pas le connaître et regrettait que je ne pusse prolonger mon séjour jusqu'au lendemain, car il aurait voulu parcourir l'ouvrage avec moi et en peser scrupuleusement les paroles. Du reste, ajouta-t-il, saint Bonaventure n'est pas l'Eglise, quoiqu'il soit un de ses saints et de ses docteurs. — L'accueil de ces messieurs fut affable et cordial ; j'aurais bien désiré les voir plus longtemps.

MERCREDI, 23 JUILLET.

A cinq heures, la cloche de la cathédrale se mit à sonner longtemps et bruyamment au-dessus de nos têtes, ne laissant aucune excuse à ceux qui ne se seraient pas éveillés.

Je me levai et allai prendre deux places à la diligence de Laon. M. étant pressé de continuer son voyage, je fis acte d'abnégation en l'éveillant, car pour moi, ce fut avec un profond regret que je m'éloignai de cette noble cathédrale, à l'ombre de laquelle j'aurais voulu demeurer plus longtemps : je sentais que je laissais derrière moi une foule de beautés qui m'avaient échappé, et qu'il ne me resterait de l'ensemble qu'un souvenir très-incomplet.

Nous fûmes quatre heures et demie en route pour arriver à Laon, de six heures à dix et demie ; nous étions à l'intérieur : deux grosses femmes et un enfant nous rendirent le voyage très-incommode. On traverse d'abord un pays plat, auquel succèdent bientôt des montagnes et de beaux paysages. La position de Laon est réellement admirable : elle domine une montée qui a la forme d'un triangle et qui s'élève du milieu d'une vaste plaine ; en un mot, c'est une autre Enna, quoique moins imposante ; la ressemblance est caractéristique et me frappa à plusieurs reprises.

A l'un des coins du triangle, s'élève la cathédrale avec ses quatre grandes tours, deux du côté ouest, et une à chaque extrémité du transept : deux autres tours ne sont pas commencées, et toutes étaient destinées à recevoir des flèches aussi majestueuses que les tours elles-mêmes : celle qui surmonta la tour du sud-ouest a été démolie. La hauteur actuelle des tours est de 220 pieds de France (pour celle du sud-ouest), et 235 pieds (pour celle du nord et du sud). Elles vous frappent vivement, mais on souffre de l'absence des flèches qui devaient les couronner. Je ne connais pas de monument qui soit aussi heureusement situé. La vue dont on jouit est très-étendue : au nord le paysage est plat, mais au sud il est borné par de charmantes collines. Nous allâmes admirer les tours de plusieurs endroits de la ville, entre autres des promenades et de l'autre extrémité du triangle, au sud. L'intérieur de l'église est très-imposant. Elle a 400 pieds de long ; le style en est fort simple, il y a seulement çà et là un vitrail gothique, comme dans le transept du sud. La coupe du toit est magnifique : quoiqu'il ait au moins 80 pieds de haut, il nous parut bas, parce que nous venions de voir celui de la cathédrale de Reims. La façade de l'ouest est belle, mais les portails devraient être plus travaillés, afin de dissimuler leur excessive profondeur. Je ne pus assez admirer le talent de l'architecte de Reims, qui sans aucun doute a étudié et s'est approprié les tours de la façade occidentale de l'église de Laon, regardée à l'époque de sa construction (1130), comme la plus belle de France ; et cependant il a produit une œuvre incomparablement plus parfaite et pleine d'originalité. La cathédrale de Laon possède un double triforium divisé en quatre étages.

Nous nous sommes longtemps promenés à l'entour de l'église. C'est un des sites les plus ravissants que j'aie jamais vus : il élève l'ame vers le ciel. Derrière l'église, on est occupé à construire une caserne ; on vient aussi d'y élever un fort : la tour de Louis d'Outre-mer n'a pas gagné au change.

L'église de Saint-Martin est très-basse à l'intérieur ; aussi ne répond-elle pas à l'attente.

La diligence de nuit étant pleine, nous louâmes un cabriolet pour nous faire conduire à Saint-Quentin. Nous fûmes en route depuis cinq heures et demie jusqu'à onze et demie, en y comprenant une demi-heure de repos à La Fère. Le chemin est généralement monotone et en très-mauvais état, car il n'y a pas de pavé jusqu'à La Fère. Nous vîmes en passant une ou deux églises de village, de style normand. Notre voiture était des plus incommodes : nous étions d'ailleurs surchargés de bagages et de manteaux. Notre conducteur avait pris part, à l'âge de dix-huit ans, à une des batailles de Napoléon ; il en avait rapporté un coup de sabre à la joue : c'était la bataille de Fleury, où, disait-il, « l'Empereur avait été trahi, » tout comme le *Guide du Voyageur* français dit, au sujet de la bataille de Crécy : « Les Français perdirent 30,000 hommes par la faute du comte d'Alençon. »

SAINT-QUENTIN, JEUDI, 24 JUILLET.

Nous sommes logés à l'*hôtel du Cygne* : on y est bien. L'église est supérieurement belle : la nef, à cause de son élévation et de la pureté du style, produit plus d'effet que celle de Reims. Il en est de même du transept. Mais le chœur et plusieurs autres parties de l'église ont dévié de leur axe et sont soutenus par des barres de fer, — c'est un triste spectacle. L'architecte a fait preuve d'une extrême hardiesse en élevant le centre du monument à une hauteur prodigieuse, mais il n'a pas donné assez de solidité et de largeur aux ailes pour qu'elles puissent résister à la pression. Les fenêtres sont d'un dessin très-régulier et d'une beauté remarquable. Les piliers de la nef s'élancent du pavé jusqu'à la voûte sans chapiteaux aux arches inférieures. Ils sont d'une rare perfection, et l'emportent sur ceux de Reims et même, jusqu'à un certain point, sur ceux d'Amiens : en ce sens qu'ils ne forment pas de simples cylindres entourés de colonnes, mais que dans les intervalles de celles-ci, l'architecte a encore glissé deux colonnettes, ce qui donne aux piliers une apparence de grande légèreté. L'extrémité du transept du nord est magnifique : il y a une fenêtre gothique dans la partie inférieure, un triforium percé de huit jours, et enfin une immense fenêtre ogivale qui se termine au sommet par une grande rosace. Tous les vitraux en sont peints. L'abside renferme sept vitraux dont les peintures sont éblouissantes : elle part d'un second transept d'une rare beauté et forme une double croix ; la partie méridionale est du style flamboyant. La nef de cette église, ainsi que l'abside et la disposition des chapelles, peuvent être proposées, selon moi, comme des modèles, dont la perfection laisse peu de chose à désirer : on peut les opposer sans crainte à Saint-Ouen et Amiens, et elles l'emportent sans doute sur les parties correspondantes de Notre-Dame de Reims. La hauteur est de 128 pieds anglais : la charpente du toit est superbe.

Il était onze heures quand nous entrâmes dans l'église : on y faisait les préparatifs d'un service funèbre de quelque importance. Peu d'instants après, le chœur se remplit de personnes fort bien mises : le corps fut déposé sous un catafalque au milieu de la nef et du transept et entouré de flambeaux allumés : et aussitôt une messe chantée commença. La chasuble de velours noir, les chapes et les autres vêtements sacerdotaux, comme en général tous les ornements du clergé romain, me paraissent très-convenables. — Nous allâmes nous placer au fond du chœur ; mais je ne pus m'empêcher d'observer l'indifférence profonde que la plupart de ceux qui assistaient à ces funérailles, témoignaient pour les plus saintes cérémonies de l'Eglise : c'étaient sans nul doute des incrédules ; ensuite, j'avais à mes côtés une bande de garçons en guenilles, qui ne faisaient que cracher, rire et causer, et dont la présence me gênait beaucoup. — Le côté de l'ouest de cette église a été restaurée dans le style barbare de 1681 : c'est d'un effet horrible. Il paraît qu'elle devait recevoir deux tours, mais on n'en voit aujourd'hui aucune trace. Nous sommes montés sur les combles, ce qui nous a valu la vue du clocher si original qui s'élève vis-à-vis.

Les environs de Saint-Quentin n'offrent rien de remarquable, — c'est un pays plat et en partie boisé.

Le reste de la journée se passa à écrire. Nous avons trouvé à acheter des gravures communes représentant des scènes de la vie de la sainte Famille, qui nous ont beaucoup plu.

VENDREDI, 25 JUILLET.

A six heures, nous partons en diligence pour Amiens, par la route de Péronne ; — nous avions le coupé : une dame anglaise y prit également place à quelque distance de la ville. Le pays est peu intéressant : ce ne sont que champs de blé entrecoupés de quelques collines. Nous arrivons à Péronne un peu avant neuf heures et nous y déjeûnons. Il y a des fortifications et des ponts-levis à l'entrée et à la sortie de la ville, mais ils ne paraissent pas entretenus avec beaucoup de soin. L'église qui date de la Renaissance, n'est pas remarquable. Le reste de la route jusqu'à Amiens, est un beau pays ouvert : par intervalles, il devient accidenté. Ce ne fut qu'à la dernière colline et à une petite distance d'Amiens, que nous pûmes apercevoir la cathédrale : elle nous parut petite, peut-être à cause de la vaste plaine où elle s'élève.

Il était trois heures passées quand nous arrivâmes à Amiens, quoique la distance de Saint-Quentin ne soit que de 82 kilomètres. Au dernier relai, quelques jeunes séminaristes sortirent de la rotonde, et furent reçus par leurs mères et leurs sœurs, à ce qu'il me parut : c'étaient évidemment des paysannes, car leur mise était très-simple et leur tenue tout à fait ordinaire. Je pus observer combien l'éducation avait transformé les jeunes gens, quoiqu'ils n'eussent pas encore reçu la tonsure ; la vie retirée et le pauvre salaire du curé de campagne auront néanmoins pour résultat de les placer à un degré plus élevé de l'échelle sociale. Ce n'est pas un esprit de dénigrement qui me fait parler ainsi, car il est certain que le sort d'un curé de campagne, en France, m'a quelquefois paru si pénible, que je suis tout heureux de pouvoir constater ici un côté brillant de son existence au point de vue matériel.

Je retournai à mon ancien logement à l'hôtel de France : on nous donna le même appartement que j'avais occupé, il y a deux ans. Après avoir pris un léger dîner, nous nous dirigeâmes vers la cathédrale. Au premier abord, le portail de l'ouest ne produit pas une impression favorable, lorsqu'on vient de voir celui de Reims : en effet, le style offre de la confusion et manque d'harmonie ; de plus, la tour du sud, étant de vingt pieds plus basse que celle du nord, concourt à détruire l'effet de l'ensemble. Mais à peine eus-je mis le pied à l'intérieur, que mon esprit put se convaincre sans effort combien cette église l'emporte en beauté sur toutes celles qu'il m'a été donné de voir : l'impression que m'avait laissée ma première visite d'il y a deux ans, se renouvela avec non moins de force. La cathédrale de Saint-Ouen pourrait seule lui être comparée, et si cette dernière l'emporte peut-être en grâce et en légèreté, les vastes proportions de celle d'Amiens, jointes à l'exquise pureté du style, font pencher la balance de son côté. Le soir, nous allâmes nous promener du côté de la façade de l'ouest, dans l'espoir de trouver un beau point de vue de la cathédrale, mais nous ne parvînmes pas à rencontrer l'endroit favorable. — Amiens ne renferme aucun autre monument qui nous ait paru digne d'attention.

SAMEDI, 26 JUILLET.

Après le déjeûner, nous retournons à la cathédrale et nous parcourons toutes les galeries intérieures et extérieures, ainsi que les toits. La plus belle vue du monument est celle que l'on a du haut de la tour du nord ; les arcs-boutants et toute la structure du chœur sont beaucoup plus remarquables que ceux du vaisseau de l'église. Notre guide, qui était un homme intelligent, nous assura qu'il n'y avait rien à craindre pour la conservation du monument. Autant que M. et moi nous pûmes en juger, il nous parut que la construction pourrait encore facilement résister cinq cents ans, de même qu'elle a déjà traversé un laps de temps semblable. On a une vue charmante à travers les huit compartiments de la chambre qui se trouve au sommet du clocher central : ce sont comme autant de cadres qui renferment la ville et la vaste plaine où elle se trouve bâtie. Nous pûmes apercevoir les tours de Corbie. — Quant à l'intérieur de l'église, sans parler de ses proportions tout à fait exceptionnelles, j'y remarquai surtout quatre détails qui justifient, à mon avis, le rang qu'elle occupe parmi ses rivales.

1° Le triforium et ses fenêtres, surtout celles du chœur : ces fenêtres commencent du côté-est du transept. Dans les autres parties, il y a des arches qui, dès le principe, ont été maçonnées. Je regarde ce triforium comme supérieur à celui de Saint-Ouen, et cela à cause du caractère ogival de ses formes : à Saint-Ouen, au contraire, elles se rapprochent de la ligne perpendiculaire. Chaque cintre a six compartiments ; ceux de l'abside n'en ont que quatre.

2° Les fenêtres supérieures sont toutes de style ogival pur. J'en mesurai une du côté-sud de la nef : elle avait dix-neuf pieds trois pouces de large et laissait passer un jour brillant.

3° L'extrémité du transept-nord. Dans la partie supérieure, il y a une rosace de trente-six pieds de diamètre, — vitraux magnifiques ; — au-dessous s'étend une galerie à jour de quinze compartimens.

4° La disposition des ailes autour du chœur. Il y a des chapelles au nord et au sud, qui forment le prolongement des quatre arches du chœur et lui donnent beaucoup de légèreté ; les sept arches de l'abside correspondent à autant de chapelles. Celle de Notre-Dame est magnifique, quoique moins grande que la chapelle de Saint-Ouen.

D'après le conseil de notre guide, nous descendîmes jusqu'à la rivière, au nord de la cathédrale ; et là, sur l'autre rive, près d'un petit arbre planté devant une maison peinte en vert, se trouve peut-être le point le plus favorable pour embrasser l'ensemble du monument de l'est à l'ouest. Cependant, de cet endroit même, on n'aperçoit pas les fenêtres des ailes, qui sont presque toutes cachées par les maisons ; un peu plus au nord, on les découvre mieux. La vue que l'on a de l'angle du jardin de l'évêché, est excellente ; celle qui y correspond au sud-est lorsqu'on recule aussi loin que la rue le permet, vaut mieux encore : celle-ci embrasse la belle façade de l'est. Mais on ne peut jouir d'une vue générale et complète de cet admirable monument, à cause du voisinage des maisons ; de sorte que cette cathédrale qui formerait l'ornement le plus splendide de la plus belle cité du monde, il ne vous est pas donné de la contempler dans toute sa magnificence.

La voûte de la cathédrale d'Amiens s'élève à une hauteur de 140 pieds anglais ; à l'extérieur, jusqu'au sommet du toit, on en compte environ 200. Il faut parcourir les galeries intérieures et extérieures, avant de pouvoir se faire une idée de l'énorme montagne de maçonnerie qui est entrée dans cet édifice. On ne peut le comparer sous ce rapport qu'au dôme de Milan. La cathédrale d'Amiens n'a que 442 pieds de long, en y comprenant la chapelle de la Vierge. En cela, les architectes français ont montré beaucoup d'art, car tout excès, sous le rapport de la longueur, aurait eu pour résultat de diminuer l'effet si prodigieux qu'ils ont obtenu par l'énorme élévation de leurs nefs. York et Cantorbery paraissent petites à côté d'Amiens ; et cependant la première a 82 et la seconde 88 pieds de plus en longueur ; aussi la voûte de la nef de Cantorbery n'a que 80 pieds, et celle de York 99 pieds de haut, tandis que celle d'Amiens en a 140.

Le voyageur anglais éprouve une triste impression de la visite des cathédrales de France ; car il doit reconnaître l'incontestable infériorité de celles de son pays, en ce qui constitue l'essence de l'architecture chrétienne, c'est-à-dire l'élévation des nefs. Ce n'étaient donc pas des barbares, mais bien une noble race d'hommes que celle qui a pu concevoir et réaliser des œuvres aussi sublimes. Il faut qu'il y ait eu surabondance de vie intérieure dans l'Eglise, pour qu'elle ait pu inspirer à ce point le génie de ses enfants. Ici le fidèle peut se dire : « Il a bâti son sanctuaire pareil à une montagne, pareil à la terre qu'il a établie pour toujours. » Ce furent là les âges de la foi, de l'espérance et de la charité, combien il serait à désirer que le feu qui embrasait ces hommes du moyen âge pût se manifester parmi nous par des œuvres semblables !

AMIENS, FÊTE DE SAINT-JACQUES, 1845.

Je n'ai pas l'intention de traiter les questions générales ; mais comme déjà nous les avons touchées, j'en dirai encore quelques mots. Je suis entièrement convaincu, je l'avoue, que ni le culte des saints et des images, ni la communion sous une seule espèce n'ont aucunement altéré le caractère de l'Eglise romaine. Les observations que j'ai pu recueillir, m'ont fait faire des réflexions amères sur la question de M. Bowdler : « *Quid Romæ faciam ?* » La réponse est simple : Tout ce que vous cherchez en vain à faire en Angleterre. En effet, il s'est borné à nous dire que ce qui existe à Rome en fait, n'existe chez nous qu'en théorie. Je conviens néanmoins avec lui qu'il est de notre devoir de chercher à le réaliser parmi nous. Mais comment trouver des ecclésiastiques qui consentent à pratiquer la charité et la pauvreté des premiers temps ? comment amener le peuple au tribunal de la pénitence ? comment faire consentir ceux qui se destinent aux saints ordres, à se soumettre à l'éducation du séminaire ? comment parvenir à restaurer le sacrifice quotidien ? comment ranimer dans nos églises cette dévotion qui y attire le peuple, qui le soutient et l'assiste dans ses prières ? Ce sont là autant de questions auxquelles il n'a pas répondu, et en effet, la réponse n'était pas facile. Certes, il faut se montrer bien indulgent pour le caractère circonspect et retenu des Anglais, pour ne pas avouer que, même en nous comparant aux Français, nous sommes un peuple déchu.

Nous nous sommes décidés à quitter ce soir Amiens, afin d'être certains de pouvoir partir de Boulogne lundi matin de bonne heure. Nous prenons à cinq heures et demie la diligence d'Abbeville. La route est boisée, et fort agréable : elle s'étend en partie le long de la rivière et est assez accidentée. Nous passons devant une maison de campagne, où il y avait de beaux parterres et une vaste pelouse ; on aurait pu la prendre pour une habitation anglaise : elle était entretenue avec un soin si exquis, que je m'informai si c'était bien une maison particulière. — Nous partagions le coupé avec un Français, qui causa très-longtemps avec moi. Il représentait parfaitement les idées introduites dans le monde par la première Révolution ; il parlait avec enthousiasme des établissements militaires et maritimes de la France, des qualités si difficiles requises pour les officiers, de la préférence que l'on accordait toujours au vrai mérite, enfin de l'égalité qui régnait dans toutes les relations entre citoyens : il comparait sous tous ces rapports son pays au nôtre. Il revendiquait pour sa nation la jouissance de la véritable liberté ; je ne fus pas de son avis ; mais je reconnus volontiers qu'elle avait la passion de l'égalité et qu'en effet elle régnait parmi eux. Je lui fis observer que par leur législation sur le droit d'hérédité, ils avaient détruit tout équilibre dans l'Etat et brisé tout pouvoir autre que celui du gouvernement, qui s'étend et s'accroît tous les jours davantage. Il témoignait le plus vif attachement pour le feu duc d'Orléans, disant qu'il possédait au plus haut degré le talent de la parole, qu'il gagnait tous les cœurs, enfin qu'il était doué d'une rare bravoure et d'une aptitude remarquable pour toutes choses. Je lui demandai s'il croyait que Louis-Philippe eût tramé la Révolution de juillet. Il répondit qu'il n'osait l'en disculper complètement. Tous les membres de sa famille, ajouta-t-il, sont des modèles pour la France, tandis que le duc de Berry était un imbécile. Il s'attendait à des tentatives insurrectionnelles lors de la mort de Louis-Philippe ; mais on n'aurait pas réussi, parce que le pays est généralement satisfait de son gouvernement. Il trouvait le système des passeports chose admirable, mais lorsqu'on lui prit le sien à Abbeville et qu'on le garda quelque temps pour le déchiffrer, il commença à se fâcher. Il défendait avec trop de chaleur l'organisation de l'armée française et ne rendait pas justice à la nôtre ; il n'y a que la fermeté du caractère anglais, disait-il, qui puisse faire de bons soldats avec de pareils éléments. Il croyait qu'en Angleterre la fortune tout entière passait au fils aîné ; aussi se déchaînat-il contre notre *infâme aristocratie*. Je lui répondis que le vieux sang saxon était attaché à l'aristocratie et la conserverait toujours.

La nuit était tombée quand nous arrivâmes à Abbeville : nous prîmes une tasse de café, et nous demeurâmes quelques heures à l'hôtel d'Angleterre. A deux heures et demie, la diligence de Paris nous prit en passant et nous descendit à Boulogne, entre neuf et dix heures du matin. C'est une belle et riche contrée, mais qui n'offre rien de remarquable, sauf peut-être le site de Montreuil, qui rappelle un peu celui de Windsor.

DIMANCHE, **27** JUILLET.

Nous allons à la chapelle anglicane, rue du Temple. — C'est un misérable local entouré de galeries, avec une chaire pour réciter les prières, une autre pour le sermon, et une table au milieu. La lecture et le prêche étaient du même acabit. Je n'ai jamais entendu une élucubration plus curieuse que ce sermon : il se prêchait sans le secours d'un livre, et l'on aura une idée du ton de l'orateur, quand on saura qu'il appelait notre Seigneur : « Le Roi des rois, le Seigneur des seigneurs, et l'Empereur des empereurs ! Qu'est-ce qu'une demi-heure, disait-il, pour parler de choses immortelles à une ame qui l'est également ! » La chapelle était remplie de personnes très-bien mises, dont la tenue n'était rien moins que recueillie ; mais on ne manquait pas de les exhorter à se préserver des superstitions de l'Eglise romaine, et des entraînements au vice contre lesquels cette Eglise n'a aucun moyen de nous prémunir !

Nous nous promenâmes ensuite dans le haut de la ville, et, après le dîner, sur le bord de la mer : nous retournâmes chez nous par les falaises. Mais la vue de Boulogne est partout également triste et désolée ; pour moi, je n'y resterais jamais une heure par agrément. Nous étions logés à l'hôtel de l'Europe ; — gens très-polis et table d'hôte excellente.

LUNDI, 28 JUILLET.

A six heures du matin, nous quittions Boulogne, et nous abordions à Folkstone en deux heures cinq minutes : traversée très-rapide. Nous déjeûnâmes à l'hôtel qui est sur le bord de la mer ; la douane ne nous arrêta par long-temps ; nous fûmes prêts pour le convoi de neuf heures et demie, et nous arrivions à Londres un peu après une heure. Nous nous rendîmes aussitôt chez E. Hawkings et Acland ; et de là en route pour Eton, d'où j'arrivai chez moi à Launton.

Hôtel Windsor, rue de Rivoli.

7 JUILLET, 1847.

Mon cher ***,

La chaleur a été accablante pendant ces trois ou quatre derniers jours. Les occupations ne nous ont pas manqué et nous avons eu tout à la fois de quoi nous instruire et nous distraire.

Hier soir, nous avons dîné avec M. Defresne, dont la conversation est fine, spirituelle et animée. Nous rencontrâmes aussi l'abbé Pététot, curé de Saint-Louis d'Antin, paroisse de Paris, qui renferme 18,000 habitants ; il a huit vicaires, outre ceux qui l'assistent dans les occasions extraordinaires. Tous deux nous donnèrent les détails les plus surprenants sur le changement qui s'est opéré en France, pendant ces quinze dernières années, en matière religieuse. Autrefois, un jeune homme n'aurait pas osé s'avouer chrétien, ni se montrer dans une église ; aujourd'hui, les amers sarcasmes et le ridicule que l'on déversait sur tous les sujets religieux, ont cessé ; un nouvel esprit semble s'être emparé de la nation; ceux-mêmes qui ne sont pas chrétiens paraissent chercher la vérité; ils envisagent le christianisme comme un fait qu'on ne peut nier et respectent la conviction religieuse chez les autres. Aujourd'hui encore, *sur cent jeunes gens, il n'y en a pas un qui soit chrétien.* Je demandai particulièrement à l'abbé Pététot s'il était sûr de cette proportion ; il répondit affirmativement. Sur 32 millions de Français, on en compte 2 millions qui sont véritablement chrétiens et vont à confesse; un grand nombre d'autres envoient chercher un prêtre dans leur dernière maladie, se confessent et reçoivent les sacrements ; mais M. Defresne pense, comme nous le ferions à sa place, que ceci est très-insuffisant. On fait de grands efforts pour rendre chrétiennes les classes ouvrières qui, en grande majorité, ne le sont pas même de nom. Vous pourrez juger de leur moralité, quand vous saurez qu'il est des ouvriers qui habitent en commun avec plusieurs femmes ; quelquefois ils finissent par en choisir une et se bornent à ce choix, mais sans qu'il y ait mariage légitime. Des cent mille ouvriers de Paris, l'Eglise en a ramené environ 15,000, et elle a opéré ainsi une grande réforme. A St-Sulpice, on les assemble de dimanche à autre ; et pendant ces réunions appelées conférences, plusieurs personnes, prêtres ou laïques, les entretiennent de choses religieuses, morales ou instructives. Nous avons été à la conférence, dimanche soir, et nous avons été très-satisfaits de ce que nous y avons vu et entendu. On y trouve le moyen de fixer leur attention et de les intéresser ; en les assemblant ainsi régulièrement, on leur inspire ces sentiments d'union et d'énergie que donne le nombre, et ils sont encouragés par leurs progrès réciproques. Ils apprécient les peines que se donnent pour les instruire des hommes qui leur sont à la fois supérieurs par la position sociale et par les connaissances.

L'abbé Pététot nous raconta que le carême dernier, il avait prêché quatre-vingts fois, sept fois en un jour ; et cela n'est pas du tout extraordinaire ; ce doit être une tâche vraiment rude. La conversation de M. Pététot est extrêmement agréable : je trouve qu'en général les prêtres s'expriment d'une manière distinguée, et cela avec une aisance et une justesse d'idées qui se rencontrent rarement parmi nous.

Nous revenons en ce moment d'une visite à M. Martin de Noirlieu, autrefois sous-précepteur du duc de Bordeaux, et maintenant curé à Paris. Il a été en Angleterre et il parle avantageusement de notre nation. Il pense qu'il y a dans le peuple anglais beaucoup de bonne et véritable piété, quoique la religion soit très-défectueuse et que l'Eglise ait à gémir sur bien des abus. Il nous dit qu'on a calculé que l'évêque de Londres reçoit autant que tous les évêques de France ensemble. Tout ici est bien différent de ce qu'on voit chez nous. Il n'y a pas de religion de l'Etat, et par suite aucune tentation de paraître chrétien, si on ne l'est pas. La conséquence en est qu'il n'y a guère d'hypocrisie ; le plus grand nombre professe ouvertement l'incrédulité. D'un autre côté, ceux qui croient sont remplis d'une conviction profonde, et presque tous se sont convertis d'eux-mêmes ; un petit nombre en comparaison sont nés de parents chrétiens.

L'Eglise gagne tous les jours du terrain, mais bien plus dans les rangs élevés que dans les classes inférieures. On compte 800 prêtres à Paris ; il en faudrait encore 400 : avant la grande révolution, il y en avait 5000.

Lundi, nous fûmes admis à voir la maison des prêtres des Missions étrangères. Plusieurs ont été martyrisés dans ces derniers temps en Chine, etc. On conserve, au musée de l'établissement, les ossements de quelques-uns d'entre eux, ainsi que des tableaux chinois représentant, avec une effrayante vérité, la manière dont ils furent torturés et mis à mort. La mère de l'un de ces martyrs vit encore ; elle a reçu le tableau original du supplice de son fils, peint par des chrétiens du pays. Nous vîmes aussi une longue pièce de bois qu'on les oblige à porter autour du cou et qui les empêche de prendre aucun repos. Les jeunes gens qui viennent ici sont tous formés aux travaux apostoliques ; on étudie avec soin leurs inclinations, leurs talents, mais surtout leur vocation, et à moins que celle-ci soit bien décidée, il ne leur est point permis d'entreprendre une tâche aussi périlleuse. En vérité, quand tout ce qu'il y a de plus contraire aux honneurs, au repos, aux richesses, aux commodités, en un mot, à tout ce qui plaît naturellement à l'homme, constitue le seul avenir que l'on puisse attendre en cette vie, il n'est pas à craindre que l'on rencontre des hypocrites dans ceux qui aspirent à partager les travaux du missionnaire. Quant à envoyer un homme qui a femme et enfants, pour convertir les païens, l'idée leur semblerait par trop ridicule.

Non loin de là, nous allâmes voir l'établissement central des Sœurs de charité ; il renferme 600 Sœurs et plusieurs novices. On en compte à peu près 6,000 répandues par tout l'univers, et ce nombre s'accroît rapidement. Elles ont été complètement supprimées lors de la grande révolution ; par conséquent, tout ce que nous voyons date de 1801. Elles renouvellent leurs vœux tous les ans ; il arrive parfois que quelques-unes se retirent, mais cela est très-rare. Chaque sœur passe une semaine par an dans ce que l'on nomme une retraite, c'est-à-dire, un examen complet de soi-même, une revue de l'année qui vient de s'écouler, de ses progrès spirituels, etc. Cela a également lieu pour tout moine, religieuse ou prêtre ; ces retraites sont fécondes en grands résultats.

8 JUILLET.

Nous dînons aujourd'hui de nouveau avec M. Defresne et M. Martin de Noirlieu.

Nous avons eu ce matin une visite de l'abbé Labbé pendant trois heures. Nous irons faire un tour avec l'abbé Carron à deux heures. Nous dînerons dans la soirée ; de cette manière, notre journée sera parfaitement remplie.

Tout à vous,

F. W. ALLIES.

Gênes, 21 juillet 1847.

Mon cher ***,

Nous avons employé ces six derniers jours, autant que la chaleur nous l'a permis, à jouir des différentes vues que présente cette magnifique cité. Mes compagnons, qui tous les deux ont vu Constantinople, semblent ne la trouver inférieure qu'à cette dernière. Nous débutâmes par présenter mercredi une lettre au père Jourdain. Nous ne l'eûmes pas plutôt remise, que sans la lire, et sans autre préambule que la réponse affirmative de W... à la question s'il était anglican, il commença une sortie contre nous, nous accusa de rébellion contre l'Eglise, nous appela hérétiques, etc. Mais il se trouva que les points touchés par lui étaient précisément ceux que je possédais le mieux ; de sorte qu'il ne gagna rien à son attaque, et qu'il fut obligé plus d'une fois de battre en retraite, nous laissant en définitive convaincus tous les trois que la logique n'était pas son fort, ou du moins qu'en pareille occurrence, il n'emploie pas des formes d'argumentation très-polies pour opérer des conversions. Il faut ajouter néanmoins que, depuis, il n'a plus recommencé le combat ; il a été au contraire très-obligeant envers nous et nous a prêté toute l'assistance possible.

Parmi les choses intéressantes qu'il recommanda à notre attention, se trouvait la maison de Sainte-Anne, couvent de Carmes déchaussés, situé sur le revers des montagnes, à une hauteur de plusieurs centaines de pieds, et où l'on jouit des vues le plus délicieuses de la ville, du golfe, de la mer et des hauteurs d'alentour. Le jardin se déploie en amphithéâtre couvert de vignes qui s'étendent en festons sur des treillis à travers lesquels on aperçoit les tours et les dômes de la ville, qui se détachent admirablement sur le ciel bleu et la mer. Après avoir parcouru les longs et silencieux corridors de l'intérieur du couvent, dont les fenêtres s'ouvrent sur ce magnifique spectacle, nous visitâmes les cellules des religieux : elles contiennent un misérable lit, quelques petits tableaux, un crucifix et les meubles les plus indispensables; et néanmoins en entendant combien chaque jour de leur vie se passe dans le calme et la paix, on ne craint qu'une chose, c'est que le joug de la croix ne pèse pas assez sur leurs épaules. Mais il n'y a pas de doute que le devoir de l'obéissance et la part de travail imposée journellement à chacun d'eux, ne suppléent à tout ce qui paraît manquer de ce côté; et quelle que soit la paix qui paraît régner dans chaque cellule, de même qu'elle renferme l'image du Crucifié, elle renferme aussi le secret de la croix intérieure portée par celui qui l'occupe. Ces religieux se dévouent à l'instruction et élèvent des novices.

Gênes est particulièrement riche en fondations charitables; ses célèbres marchands d'autrefois ne peuvent être accusés d'avoir délaissé le pauvre et l'infirme, ni de les avoir assistés de manière à laisser croire qu'ils envisageaient la pauvreté comme un crime ou une flétrissure. Nous avons vu trois grands établissements de bienfaisance qui ont excité notre admiration. L'*Ospitaletto* contient 444 malades, hommes et femmes; il est desservi par six capucins et quinze Sœurs de charité. La messe y est dite chaque jour à cinq heures et demie et à six heures, à des autels placés dans les différents quartiers, de manière à ce que chacun puisse les voir. Les malades sont confessés par les Capucins et communient tous les quinze jours.

Les Génois y sont reçus gratuitement ; les étrangers paient une petite somme. Un autre hôpital, nommé *Pammatone*, fondé par différents nobles Génois, peut recevoir mille malades ; il y en avait même davantage l'hiver dernier. Il est desservi par dix-huit Capucins et trente-quatre Sœurs. Nous y vîmes dans une châsse, le corps de sainte Catherine de Gênes qui mourut en 1510, après avoir exercé dans cet hôpital, pendant trente-trois ans, les fonctions de Sœur hospitalière. Le corps m'a paru entier et sans aucune trace de corruption.

Le troisième grand édifice que nous avons visité hier, est l'*Albergo dei Poveri*; — maison de pauvres en réalité, mais qui diffère autant d'un établissement semblable en Angleterre, que la pauvreté dans la personne de la sainte Vierge et de Notre-Seigneur ressemble peu à l'indigence confiée aux soins d'un conseil d'administrateurs, qui lui mesure l'entretien avec la plus grande parcimonie possible. C'est un magnifique édifice avec quatre vastes cours; au centre, s'élève la chapelle dont l'autel est dominé des deux côtés par deux grandes chambres, l'une pour les hommes et l'autre pour les femmes ; tandis que le public est admis en face et qu'une infirmerie pour les malades s'ouvre derrière l'autel. Dans tous ces établissements, ce qui nous plaît le plus, ce sont ces soins parfaits, ces espérances et ces consolations de la religion prodigués à chacune de ces ames souffrantes. Je ne crois pas qu'il soit possible d'obtenir ce résultat sans les Sœurs de charité et le système de la confession. Tout ce que je vois me fait sentir toujours davantage, combien nous avons besoin d'une restauration et d'une rénovation complète, si nous voulons que notre Église soit une réalité et non une ombre.

Nous avons aussi visité hier la *Fieschine*, institution érigée pour l'éducation de jeunes orphelines, dont le nombre s'élève en ce moment à 187. On leur enseigne la lecture, l'écriture et toute espèce d'ouvrages, les plus belles broderies, les fleurs artificielles, etc. Cette maison fut fondée par le comte Fieschi ; elle est sous le patronage de sa famille et dirigée par un aumônier et un supérieur ; on y observe des règles comme dans un couvent, mais sans prononcer aucun vœu ; un grand nombre de jeunes filles se marient en quittant l'établissement. Reconnaître la vie dévote et monastique comme un état chrétien et comme le plus sublime de tous, c'est là un point de la plus haute importance. C'est pour avoir méconnu cette vérité que toutes nos grandes institutions, soit pour le progrès des belles-lettres, soit pour l'éducation de la jeunesse, soit pour le soin des malades, languissent là même où elles devraient être pleines de force ; elles n'ont aucun principe d'autorité ; le monde avec ses vues étroites, ses principes, son mode d'action, y règle tout comme dans la vie ordinaire ; et la raison en est que la vie véritable, la seule qui soit au-dessus du monde, de ses besoins, de ses œuvres, y est condamnée et proscrite. Nous avons des hommes, des talents, de l'argent ; mais comment pourrions-nous invoquer des principes auxquels nous avons renoncé dans la pratique ? L'avilissement du célibat, l'absence d'ordres religieux me semblent un système de christianisme où la croix est bannie.

21 JUILLET.

Aujourd'hui nous allons par le courrier jusqu'à Milan ; demain, à notre arrivée, j'y mettrai cette lettre à la poste, et puis nous irons à Venise, qui est le point le plus éloigné de notre voyage. Je retournerai par Bâle, où je vous prie de m'écrire quelques lignes, aussitôt que vous aurez reçu celles-ci.

La chaleur est accablante ; la nuit même, il n'y a aucune fraîcheur. Au lieu d'un bonnet, toutes les femmes de ce pays indistinctement portent un châle de mousseline, attaché au sommet de la tête et descendant jusqu'à la ceinture ; c'est une coiffure très-gracieuse. Leur extérieur est en général agréable ; elles ont des manières naturellement distinguées et un air de santé qu'on ne rencontre plus guère en France. Le nombre des femmes qui fréquentent les églises surpasse celui des hommes dans la même proportion qu'en France. Pour ce qui regarde les édifices eux-mêmes, ils abondent en marbres de toute espèce, en peintures et en dorures ; quelquefois il y a profusion, mais souvent l'effet est très-riche. La musique des églises est beaucoup trop théâtrale selon moi. Plusieurs messes se disent ensemble dans la même église, ce qui paraît étrange ; mais sous le rapport de la dévotion, je préfère habituellement la messe basse que chacun peut suivre sans difficulté et qui est d'une longueur modérée, à celle avec accompagnement d'une musique qui distrait. Le service du soir, quand il y en a, consiste dans la bénédiction ou exposition du Saint-Sacrement. Les jésuites semblent avoir beaucoup à faire ici ; la maison professe est entretenue uniquement par la charité privée. Quand nous sommes allés visiter le père Jourdain, il nous fit asseoir sur son lit, car il n'a pas de chaises pour ceux qu'il reçoit. Je crois qu'ils ne peuvent rien posséder en propre, pas même des souvenirs d'amitié. Il y a quelque chose dans cet ordre qui lui assure au moins le respect.

Votre tout dévoué

T. W. Allies.

Milan, 23 juillet, 1847.

Mon cher ***,

Nous sommes allés présenter hier soir notre lettre à Manzoni ; nous le trouvâmes avec madame ; il venait de dîner. Comme il mène une vie très-retirée, nous pouvons nous estimer tous les trois fort heureux d'avoir eu une heure d'entretien avec l'auteur des *Promessi Sposi* (*les Fiancés*). Il a de soixante à soixante-cinq ans; ses cheveux sont gris, son extérieur est doux et agréable. Il nous parla de James Hope et de Gladstone, mais surtout de ce dernier, disant avec chaleur que c'est un véritable plaisir de s'entretenir avec un tel homme. Il regrettait de n'avoir pas vu Newmann, à son passage par Milan. Mais il se trouvait à la campagne. Je parlai de la grande réputation dont Newmann jouit parmi nous. « Il en est de même ici, dit-il. » Je l'interrogeai pour savoir s'il pouvait nous apprendre quelque chose touchant l'*Extatique* et l'*Addolorata*, qui habitent non loin de Trente et que nous désirions voir. Il répondit qu'une personne de sa connaissance qui avait vu l'Addolorata, avait été profondément frappée et était entièrement convaincue de la réalité de son état. La suite de la conversation nous apprit que cette personne n'est autre que son beau-fils, qui visite en ce moment l'Addolorata accompagné d'un médecin, dans le but de prendre des renseignements exacts sur son état. Ce dernier revient lundi, et alors j'espère entendre son rapport. — Je demandai en outre, si le clergé de Milan est instruit; il me fut répondu que des hommes savants en font partie, mais que l'Église est tenue par le gouvernement dans un état de servitude intolérable; les évêques ne peuvent faire de visite pastorale, ni communiquer avec Rome sans permission, ni réprimander un prêtre de paroisse sans la sentence d'un tribunal composé de laïques. Cette oppression date de l'empereur Joseph II.

Ce qui semblait intéresser le plus Manzoni et ce dont il nous parla en dernier lieu, ce fut le système philosophique de son ami Rosmini, système complet, selon lui, d'une grande originalité, entièrement opposé à la philosophie sensualiste des temps modernes et qui prépare les esprits à la foi. Rosmini croit que la source de toutes les erreurs est dans la volonté et non dans l'intelligence ; il est d'une logique inexorable, faisant ressortir les conséquences de chaque principe et ne laissant jamais un point dans le doute. Manzoni paraît s'intéresser beaucoup à Rosmini : il espère de grands fruits de ses ouvrages, dont quinze volumes déjà sont publiés, et qui commencent à fixer l'attention publique. Il s'animait de plus en plus durant le cours de notre visite. Son italien me parut clair et facile à comprendre ; il ne nous adressa jamais la parole en langue française que sa dame (sa seconde femme) semble préférer. Il parla avec pitié du misérable état où l'incrédulité a réduit la France, et trouva juste ma remarque sur le changement profond qui paraît s'opérer partout dans les esprits, et sur le retour du christianisme qui se manifeste chez ceux-là même, qui s'en éloignaient au dernier siècle. « L'Église, dit-il, est la meilleure alliée de tout gouvernement, car il faut en vérité qu'ils soient bien mauvais, pour que le clergé ne les soutienne pas ; cependant leur attitude à l'égard de l'Église est celle de la défiance. » — Quand nous saluâmes Manzoni pour nous retirer, il s'avança cordialement vers nous ; en disant : « Serrons-nous la main ; » ce furent les seuls mots qu'il ne dit pas en italien ; nous le quittâmes très-satisfaits de notre visite, avec l'espoir de le revoir lundi.

Hier, nous avons passé plusieurs heures à la cathédrale ; et ce matin à cinq heures, nous sommes montés au sommet pour voir lever l'aurore. Quand le ciel est serein, cette vue est admirable : elle embrasse la chaîne des Alpes sur une étendue de 200 milles. Aujourd'hui, l'horizon ne se découvrait qu'en partie, précisément vers le nord ; malgré cela, le spectacle qui s'offrit à nos regards était magnifique. Les vers de Shelley sur les monts Euganéens sont parfaitement applicables à l'Italie, et rendent cette scène, autant qu'elle peut être rendue par la parole :

> Beneath is spread, like a green sea,
> The moveless plain of Lombardy,
> Bounded by the vaporous air,
> Islanded by cités fair;
> Underneath day's azure eyes,
> Ocean's nursling, Venici lies, etc. » (1)

Quant à décrire l'intérieur ou l'extérieur de la cathédrale de Milan, il est inutile de l'essayer. Il suffit de dire que la plus grande de toutes les cathédrales gothiques a le droit d'être une œuvre magnifiquement irrégulière, parce que, nonobstant ses contrastes et ses défauts, elle présente quelque chose de si grand et de si profondément religieux, qu'il faut renoncer à toute critique. Quand nous nous promenions ce matin sur ces coupoles couvertes de marbre, et que nous admirions cette multitude de flèches aériennes se dessinant si nettement sur l'azur d'un beau ciel, je pensais qu'il serait tout aussi impossible à Walter Scott, à Victor Hugo, ou à tout autre maître en l'art d'écrire, qu'il l'est à moi-même, de donner à celui qui ne l'aurait jamais vu, une idée de ce monument. Le langage humain étant donc réellement si pauvre et si impuissant, n'est-ce pas folie de s'appuyer sur un instrument si faible, pour approfondir les mystères de la Religion, de penser qu'avec l'aide du langage, nous pouvons pénétrer des vérités supérieures, quand il ne nous est pas même donné de rendre les objets qui tombent sous nos sens ! Si la cathédrale de Milan ne peut être décrite, il serait bien étrange que l'on pût, au moyen de mots, définir le mystère de la Trinité : il nous faut donc en ajourner la connaissance intime jusqu'à ce que nous soyons arrivés au seuil de l'éternité ; c'est-à-dire que nous devons avoir dépassé les bornes du temps, avant de pouvoir comprendre ce qui n'existe pas dans le temps.

(1) Au bas s'étend, comme une verte mer, la plaine immobile de la Lombardie, bornée par un horizon brumeux et parsemé de brillantes cités ; Venise, enfant privilégié de l'Océan, se déploie sous un ciel d'azur, etc.

On peut prier dans cette église sans aucun intervalle, au moins pendant le jour; quand nous entrâmes, une messe était déjà commencée : elles se succèdent sans interruption depuis l'aurore jusqu'à midi. J'avoue néanmoins que je préfèrerais un seul service divin par jour, auquel assisteraient tous ceux qui le désirent et spécialement le clergé, qui devrait non-seulement y être présent par respect pour le sacrifice, mais encore prendre part à sa célébration ; et à ce propos, je dois avouer que le respect des catholiques romains pour leurs mystères contraste singulièrement avec nos habitudes d'indifférence. D'un autre côté, il faut le reconnaître, le système adopté par l'Église romaine nous montre un culte qui n'est jamais interrompu ; le temple semble une offrande perpétuelle faite à Dieu: le jour et la nuit présente en expiation la passion de son Fils et le mérite de ses saints. Je ne sais si cette muette intercession vous impressionne davantage, lorsque l'église est remplie de fidèles, ou lorsque, telle que nous la vîmes hier soir à huit heures, deux simples lampes brillent dans son immense obscurité, et que les dernières lueurs du jour se voient à peine au travers des vitraux coloriés. Nous nous tenions debout sous la coupole, quand nous entendîmes une voix à l'autre extrémité de l'église : « *Si chiude, si chiude.* » On peut à peine s'empêcher d'avoir le désir de passer là toute la nuit. Il faudrait certainement pour cela beaucoup de courage, mais je pense que j'en serais capable, si je croyais pouvoir obtenir ainsi la réponse à une ou deux questions qui me tourmentent. La châsse de saint Charles Borromée, qui fut à la fois neveu d'un pape, gentilhomme, archevêque et cardinal, et que les austérités avaient vieilli à 46 ans, me paraît très-propre à faire naître les grandes pensées de l'éternité ; le lieu où Ambroise enseigna, où Augustin se convertit, et qui se trouve particulièrement placé sous la protection de la sainte Vierge, est sans doute un endroit favorable pour la recherche de la vérité.

Nous nous proposons de nous diriger mardi sur Venise, de nous arrêter à Vérone et de pénétrer par le nord dans le Tyrol pour voir l'*Addolorata*. Je ne sais si vous en avez entendu parler. Elle vit depuis plusieurs années presque sans nourriture, ayant aux mains, aux pieds et au côté les marques des plaies de notre Sauveur, et à la tête une suite de piqûres représentant la couronne d'épines ; le sang coule de toutes ces plaies le vendredi. A Paris, j'ai parlé de cela avec un témoin oculaire. La chose paraît assez merveilleuse pour justifier un détour d'une centaine de milles.

A vous de tout cœur,

T. W. ALLIES.

RELATION

*d'une visite à l'*ADDOLORATA *et à l'*EXTATIQUE *du Tyrol.*

TRENTE, 1ᵉʳ AOUT 1847.

Monsieur,

Depuis la dernière fois que je vous ai écrit, j'ai été témoin de deux spectacles plus extraordinaires que tous ceux que j'ai observés jusqu'à ce jour, ou que je pourrai voir dans la suite. Je me propose de vous en donner une relation aussi courte qu'il le faut pour en avoir une idée exacte.

Marie-Dominique Lazzari, fille d'un pauvre meunier aujourd'hui décédé, habite Capriana, village des Alpes, dans le Tyrol italien ; nous y arrivâmes après quatre heures de marche dans les montagnes. Elle naquit le 16 mars 1815 ; jusqu'à l'année 1833, elle mena l'existence ordinaire des campagnards ; sa vie était pieuse et sans reproche, mais n'offrait rien de remarquable. Au mois d'août 1833, elle eut une indisposition, qui dans les commencements ne parut pas d'une nature extraordinaire, mais qui plus tard prit le caractère d'une fièvre intermittente, la retint constamment au lit et enfin lui contracta les nerfs des pieds et des mains de manière à lui en rendre l'usage impossible. Le 10 janvier 1834, elle reçut aux pieds, aux mains et au côté gauche les marques des cinq plaies de notre Seigneur ; les premiers indices qu'on en aperçut, furent une rougeur qui se montra peu à peu sous la peau à ces différentes places; l'empreinte devint plus marquée un jeudi, et le jour suivant les plaies s'ouvrirent, le sang coula, et depuis lors elles n'ont jamais subi de changement essentiel. Trois semaines après, sa famille la trouva, un matin, le visage couvert d'un mouchoir, rayonnante de joie, et ravie dans une espèce d'extase ; en ôtant le mouchoir, on y remarqua des caractères tracés avec du sang, et le front de Dominica portait une empreinte visible de la couronne d'épines ; c'était une ligne de petites piqûres distantes environ d'un quart de pouce, et d'où le sang coulait. On lui demanda qui l'avait meurtrie de la sorte (*chi l'aveva cosi pettinata*)? elle répondit qu'une fort belle dame était venue pendant la nuit et l'avait ainsi parée.

Le 10 avril 1834, elle but un peu d'eau avec un morceau de pain qu'on y avait trempé ; depuis ce jour, elle n'a pris aucune nourriture, sauf le Saint-Sacrement, qu'elle reçoit une ou deux fois par semaine en aussi petite quantité que possible. Il y a quelques années, elle fut prise de convulsions soudaines après avoir reçu l'hostie et se trouva incapable de l'avaler; le prêtre essaya plusieurs fois de la retirer, mais inutilement, car les convulsions revenaient à chaque tentative. L'hostie resta ainsi sur sa langue pendant quarante jours, après lesquels elle fut enlevée intacte. Ceci nous fut assuré par le prince-évêque de Trente. Depuis le mois de janvier 1834, où elle reçut les stigmates, jusqu'à ce jour, les plaies ont saigné chaque vendredi, répandant d'une à deux onces de sang ; cela commence le matin de bonne heure et seulement le vendredi ; aujourd'hui le sang coule en plus petite quantité qu'autrefois. Les renseignements qui précèdent, nous furent donnés en grande partie par M. Yoris, chirurgien de Cavalese, qui est le principal village du district où Capriana est situé. Nous lui remîmes une lettre de M. S. Stampa, beau-fils de Manzoni, que nous rencontrâmes à Milan dimanche dernier, et qui revenait d'une visite qu'il avait faite à Dominica, précisément une semaine avant nous. Il nous parut fortement impressionné de ce qu'il avait vu et nous en fit un récit dont nous avons pu ensuite reconnaître l'exactitude par nous-mêmes.

Nous partîmes de Neumarkt pour arriver à Cavalese, le jeudi, ayant eu un soin particulier d'arranger notre voyage de manière à ce que nous puissions voir Dominica d'abord le jeudi soir, et ensuite le vendredi matin, afin d'être à même d'observer ce merveilleux flux de sang qu'on dit avoir lieu les vendredis. M. Yoris s'offrit de très-bonne grâce à nous accompagner ; en conséquence, nous quittâmes Cavalese peu après une heure, le jeudi, et arrivâmes à Capriana par un sentier sauvage à travers une vallée montagneuse, en quatre heures de temps. Quand nous fûmes près de l'endroit, M. Yoris nous dit : « Je vais vous raconter un exemple curieux de la finesse de l'ouïe de Dominica. Ma femme et moi nous allâmes un jour lui rendre visite ; quand nous fûmes à quatre-vingt ou cent *yards* de son habitation, je dis tout bas à ma femme de marcher doucement, afin de lui faire une surprise. Nous le fîmes, mais à notre grand étonnement, elle nous reçut avec un sourire, et nous dit qu'elle n'avait pas été surprise, faisant allusion aux paroles mêmes dont je m'étais servi. » Il nous montra la place où se passa le fait, qui prouve sans contredit une finesse de perception bien au delà de tout ce que je puis concevoir.

Nous allâmes droit à la cabane de Dominica et frappâmes à la porte. Sa sœur était sortie, mais au boût de quelques minutes, elle revint d'une chaumière voisine et nous fit entrer. A l'extrémité d'une chambre basse, près de la muraille, dans un lit à peine plus grand qu'une crèche, Dominica était couchée, les mains fortement entrelacées sur la poitrine, la tête un peu élevée, les jambes presque ramassées sous elle, mais cachées par les couvertures. Environ trois quarts de pouce sous la racine des cheveux, une ligne droite se dessine tout autour du front, formée de petites piqûres distantes d'un quart de pouce ; au-dessus la chair est de couleur naturelle, parfaitement nette et nullement souillée de sang ; au-dessous le visage est couvert jusqu'au bas du nez, et à la même hauteur sur les joues, d'une croûte sèche ou, pour mieux dire, d'un masque de sang. Sa poitrine se soulevait convulsivement et ses dents s'entre-choquaient. A l'extérieur des deux mains, quand elles sont jointes, sur la même ligne que le second doigt et à environ un pouce de la jointure, on voit une forte cicatrice de couleur sombre, qui s'élève au-dessus de la chair, elle a un demi-pouce de longueur sur environ trois huitièmes de largeur ; les bords de la plaie étaient légèrement rouges, mais on n'y voyait pas de sang. Par suite de la position des mains, il n'est pas possible de bien voir le dedans, mais en me penchant à droite de son lit, je pus assez bien distinguer une incision répondant à celle de l'extérieur et probablement plus profonde. Je me penchai sur sa tête à la distance d'un pied de la couronne tracée sur le front, et j'observai de près les plaies. Elle nous regarda très-fixement, mais c'est à peine si elle dit quelques paroles. Nous l'entendîmes seulement s'écrier plusieurs fois : « *Dio mio !* » (mon Dieu !) lorsque ses souffrances étaient plus vives. Elle parut prendre part à la conversation de M. Yoris, sourit à diverses reprises et inclina la tête. Mais c'était pour elle un effort de prêter l'oreille ; par moments ses yeux se fermaient et elle devenait insensible. Ce que sa vue offrait de plus frappant ce soir, c'était sans contredit ce masque de sang desséché descendant si régulièrement de la ligne tracée autour du front ; car il est à remarquer que le sang avait coulé en ligne droite jusqu'au bas du visage, comme si elle était debout, et non comme il devrait naturellement couler dans la position où elle se trouvait, c'est-à-dire du milieu du visage vers les côtés. Et ce qu'il y a de plus étonnant, c'est l'espace qui se voit tout autour de la figure, depuis le front jusqu'à la mâchoire, près des oreilles, et qui est tout à fait de couleur naturelle et ne présentant aucune trace de sang ; or, c'est précisément la partie vers laquelle il devrait nécessairement couler, lorsqu'elle est couchée. Au bout de trois quarts d'heure à peu près, nous nous retirâmes, nous proposant de revenir le lendemain matin, le plus tôt possible. Don Michel Santuari, le prêtre de la paroisse que nous sommes allés voir, était sorti ; il nous rendit notre visite pendant une ou deux minutes, de très-bonne heure le matin suivant, mais il devait retourner chez son frère.

VENDREDI SOIR, 30 JUILLET.

Lorsque nous visitâmes Dominica ce matin à cinq heures et demie, il s'était opéré un changement très-remarquable. Les dures cicatrices de l'extérieur des mains étaient abaissées au niveau de la chair et devenues des plaies vives et saignantes, mais sans dentelures, d'où le sang coulait en formant une raie de la longueur d'un doigt, non pas perpendiculairement, mais du milieu du poignet vers le bas. La plaie intérieure de la main gauche semblait au contraire très-profonde, le sang avait coulé abondamment, et la main paraissait déchirée ; la plaie du dedans de la main droite ne pouvait être vue. Les blessures du front étaient ouvertes, elles avaient saigné, de manière que le masque de sang était beaucoup plus épais et horrible à voir. La place la plus noire était le bout du nez, que le sang n'aurait aucunement pu atteindre en suivant la direction naturelle, puisqu'elle était couchée. Je dois faire observer de nouveau que le sang coule, comme il le ferait si elle était suspendue au lieu d'être étendue sur un lit. C'est un spectacle si affreux, qu'une personne nerveuse ne pourrait probablement pas le supporter; en effet, M. Stampa et son domestique furent l'un et l'autre obligés de quitter la chambre. Pendant que nous y étions, la sœur de Dominica, qui habite seule avec elle, se tenait à son chevet, les mains sous sa tête et la soulevant de temps en temps Nous la rafraîchîmes alternativement avec un grand éventail garni de plumes ; cela seul paraît la soulager, car elle a continuellement la fièvre, et sa fenêtre reste ouverte jour et nuit, été et hiver, même pendant les froids les plus rigoureux. Elle paraissait mieux ce matin et plus en état de parler ; elle le fit à différentes reprises. Je lui demandai de prier pour nous, elle me dit « *Questo farò ben volontieri* (1). » — « *Prega che l'Inghitterra sia tutta cattolica, che non ci sia che una religione, perché adesso ce ne sono molte* (2). » Elle répondit en se servant, je crois, des paroles mêmes du catéchisme : « *Si, non viè che una sola religione cattolica romana; fuori di questa non si deve aver speranza* (3). » Elle fit la remarque que d'autres Anglais lui avaient demandé la même chose. Elle a des yeux vifs, d'un gris clair, qu'elle fixa sur nous à diverses reprises, nous regardant l'un après l'autre avec beaucoup d'intérêt. Nous lui dîmes que l'évêque de Trente nous avait priés de l'aller voir et de lui donner de ses nouvelles, et nous lui demandâmes si elle avait quelque chose à lui dire. Elle

---

(1) Je le ferai bien volontiers.

(2) Priez pour que toute l'Angleterre devienne catholique, afin qu'il n'y ait plus qu'une religion dans ce pays divisé aujourd'hui entre plusieurs croyances.

(3) Oui, il n'y a qu'une religion catholique romaine, en dehors de laquelle il ne saurait y avoir d'espérance.

répondit : « Dites-lui que je désire sa bénédiction et que je me résigne en toutes choses à la volonté de Dieu et à celle de l'évêque. Demandez-lui de prier pour moi le maître suprême. » Je dis : « *Più si patisse qui, più si gode dopo* (1). » Elle répondit: « *Si, si deve sperarlo* (2). » Avant de nous retirer W.... répéta : « Prierez-vous pour nous ? » elle inclina la tête ; « et pour toute l'Angleterre ? » elle répondit : « *Quanto io posso* (3). » Après être restés environ une heure, nous prîmes congé de Dominica, avec l'espoir de nous retrouver tous au ciel. Il y a dans sa chambre un autel, où la messe est célébrée une fois par semaine, et plusieurs petites images de saints. Tout y dénote la plus grande pauvreté.

Il est bien dur de mener une vie comme celle de Dominica, et cela pendant treize années consécutives. L'impression qui m'est restée de son état est celle d'une personne qui souffre, avec la plus entière résignation, une étonnante et inexplicable maladie, où les stigmates de la passion de notre Sauveur sont imprimés d'une manière miraculeuse et vraiment saisissante. Les circonstances de son état qui sont en dehors de la nature et contraires à ses lois, sont les suivantes :

1° Pendant treize ans, elle n'a rien bu ni mangé, si ce n'est cette parcelle d'hostie qu'elle reçoit une ou deux fois par semaine.

2° Aux mains et aux pieds, tant à l'intérieur qu'à l'extérieur, elle porte les plaies de notre Sauveur ; le sang coule des deux côtés ; on ne sait si les plaies sont de part en part ; au côté gauche, il y a une plaie qui saigne aussi.

---

(1) Plus on souffre ici-bas, plus on aura de joie là-haut.
(2) Oui, oui il faut l'espérer.
(3) Autant que je pourrai.

3° Elle porte au front, comme je l'ai vu et l'ai décrit, et même tout autour de la tête à ce que je crois, la marque de la couronne d'épines, consistant en une suite de piqûres et une ligne rouge comme si quelque chose serrait la tête.

4° Toutes ces plaies saignent actuellement et ont saigné ainsi pendant treize ans, régulièrement le vendredi de bonne heure, et ce jour-là seulement.

En joignant le premier fait au quatrième, nous trouvons un phénomène qui contredit, de la façon la plus absolue, toute science physique, et qui me semble une œuvre manifeste du Tout-Puissant et de nul autre pouvoir. « Les hommes de l'art, » dit M. Yoris, « sont venus la voir en grand nombre et ont étudié son état ; mais aucun n'a pu en donner la moindre explication. » Il m'assura que cent fois il avait vu les plaies de ses pieds et que le sang qui en découlait, remontait vers les doigts, de la même manière que nous l'avons vu au nez. Depuis deux ans, ses jambes se sont tellement contractées et repliées par la maladie, que l'on ne peut plus voir les pieds. La plaie du côté n'exigeant pas de traitement médical, elle n'a permis à aucun homme de la voir, mais elle a consenti à ce qu'un certain nombre de femmes de son village et les épouses des médecins la vissent. Elle est très-amaigrie, mais pas autant que d'autres malades que j'ai vus. Rien n'est plus simple et plus naturel que sa manière d'être et celle de sa sœur. Leur chaumière est ouverte en tout temps. Dominica se laisse voir de près ; mais on ne peut la toucher ni la manier. Il est certain qu'autour de cette couche, on se sent pénétré de respect ; l'image d'un Dieu crucifié y est trop clairement empreinte pour que la réalité de ce spectacle ne se grave pas dans l'ame d'une manière ineffaçable. Aucun témoin oculaire, je n'hésite pas à le dire, n'aura jamais la pensée que ce soit là une imposture.

Nous retournâmes à Neumarkt le vendredi, et le samedi matin 31 juillet nous fîmes neuf milles pour arriver à Kaldern, afin de voir l'autre grande merveille du Tyrol, Marie Mörel, surnommé l'*Extatique*. En arrivant nous présentâmes la lettre de l'évêque de Trente au doyen, et au bout d'environ une heure nous fûmes conduits au couvent des franciscains : un des religieux nous mena au monastère, dans l'enclos duquel Marie Mörel s'est retirée, mais seulement comme locataire. Voici les principales circonstances de son histoire : née en octobre 1812, elle vécut dès ses plus tendres années dans une piété profonde ; vers l'âge de dix-huit ans, en l'année 1830, elle souffrit cruellement d'une maladie, dans laquelle les secours de la médecine semblèrent impuissants. Vers cette époque, elle commença, après qu'elle avait reçu la sainte communion, à tomber dans des ravissements qui furent d'abord de courte durée et à peine remarqués par sa famille. Cependant en 1832, le jour de la fête de la Purification, elle eut, après avoir communié, une extase qui dura vingt-six heures, et d'où elle ne sortit que sur l'ordre de son confesseur. En juin 1832, l'extase revint chaque jour, et au mois d'août de l'année suivante, elle devint habituelle. Sa position ordinaire est d'être à genoux sur son lit, les mains jointes sous le menton, les yeux large ouverts et fixement attachés sur quelque objet ; dans cet état, elle ne fait attention à la présence de qui que ce soit, et ne peut être rappelée à elle que par son confesseur, lorsqu'il lui parle de son vœu d'obéissance.

Voici maintenant ce que nous avons vu nous-mêmes. Le religieux nous mena en quelques minutes à la porte du jardin du monastère ; nous entrâmes dans un couloir où il nous quitta pour quelques instants ; en revenant il nous dit d'ouvrir une porte qui conduisait à une chambre à coucher ; j'en ouvris une autre et me trouvai, plus tôt que je ne m'y attendais, en présence du spectale le plus saisissant que je fus jamais admis à contempler. Dans un angle d'une chambre assez spacieuse, où la clarté du jour était tempérée par des volets fermés, Marie Mörel était agenouillée sur son lit. Entièrement vêtue de blanc, ses cheveux noirs descendaient des deux côtés jusqu'à la ceinture ; ses yeux étaient fixés au ciel, ses mains jointes comme pour la prière et pressant le menton. Elle ne remarqua pas notre entrée et ne parut faire aucune attention à notre présence ; elle se tenait fortement inclinée en avant et penchée d'un côté, position dans laquelle il devait être très-difficile, sinon impossible, de demeurer une minute, surtout dans un lit dénué de consistance. Nous la contemplâmes attentivement tout le temps qu'il nous fut permis de rester, — environ six minutes. Je pus voir un léger mouvement de l'œil et une sorte de tressaillement, j'entendis aussi un ou deux battements de cœur, sans quoi elle eût semblé une statue plutôt qu'un être vivant. L'expression de son visage était extrêmement belle et respirait une profonde dévotion. Déja avant que nous eussions songé à nous retirer, le religieux qui nous conduisait, nous témoigna son impatience. Je lui demandai de la rappeler de son extase, afin qu'elle pût se reposer sur le lit. Il s'approcha d'elle et lui dit quelques mots à voix basse ; peu d'instants après, elle se coucha en glissant sur le lit d'une façon que je ne saurais décrire, ses mains restant jointes, ses yeux ouverts, et ses genoux pliés sous elle, sans que je puisse me l'expliquer.

On dit qu'elle se redresse tout d'un coup pour reprendre sa première position aussi souvent que l'extase revient, et cela sans disjoindre ses mains ; nous aurions bien désiré de le voir, mais le religieux nous pressait de partir et en conséquence nous obéîmes. Ses manches descendant jusque sur les poignets nous empêchèrent de voir si les stigmates qu'elle a aux pieds et aux mains, étaient visibles. L'évêque de Trente me dit ensuite que nous aurions dû demander le confesseur, afin qu'il lui ordonnât de nous les montrer. Les stigmates apparurent pour la première fois en 1834.

Quoique ce que nous avons vu de l'*Extatique* justifie pleinement les relations qui en ont été données, je dois cependant reconnaître que nous ne la quittâmes pas avec cette entière satisfaction que nous avions ressentie au sujet de l'*Addolorata*. L'état de Marie Mörel par sa nature même ne peut pas donner au spectateur une conviction aussi profonde que celui de Dominica Lazzari. Si nous étions restés une demi-heure ou une heure au lieu de six minutes, nous eussions dû néanmoins nous en rapporter à ce que l'on nous disait sur la durée de ces extases et sur les intervalles qui les séparent. Personne, si ce n'est ceux qui sont journellement avec elle, ne peut connaître tous les accidents de son état. Je puis dire seulement que ce que nous avons vu était très-étrange et très-frappant, et puisque l'évêque de Trente nous assure, comme il le faisait il y a quelques heures, que ces ravissements se prolongent quatre ou cinq heures de suite, je dois l'admettre. Il avait vu les stigmates de ses mains, et elle lui avait témoigné, comme étant son supérieur, les mêmes marques d'obéissance que son confesseur reçoit d'elle. Si je puis me hasarder à tirer une conclusion de tout ce que je viens de voir, c'est qu'il me paraît que Dieu a dessein par le moyen de ces deux jeunes filles, de faire éclater en ce siècle de scepticisme et d'incrédulité, des témoignages si évidents de la passion de Notre-Seigneur, qu'aucun observateur de bonne foi ne puisse les méconnaître. Ni l'un ni l'autre de ces faits ne peut être jugé par les lois ordinaires de la nature ; tous deux semblent, d'une manière différente, mais peut-être également merveilleuse, attester la gloire de Dieu par une vive image de la passion que son Fils endura dans les divers membres de son corps (1).

Toujours à vous.
T. W. ALLIES.

(1) Marie Dominique Lazzari mourut vers Pâques, en 1848, âgée de trente-trois ans.

Hôtel de l'Europe, TRENTE, 1ᵉʳ AOUT 1847. (1)

Mon cher ***,

Je ne sais si en quittant l'Angleterre, je vous avais promis de vous écrire, mais je suis convaincu que vous vous intéressez assez à nos pérégrinations pour que je ne doive pas craindre de vous fatiguer d'une lettre. P... me dit vous avoir écrit de Paris : il vous aura sans doute donné beaucoup de détails jusqu'à ce point de notre voyage ; ce sera donc là que je reprendrai notre chronique. Nous quittâmes Paris le neuf juillet, après un séjour qui nous a laissé les plus agréables souvenirs ; la malle-poste nous conduisit à Lyon : notre voyage fut rapide, mais la chaleur le rendit très-pénible; c'était la fête de saint Irénée: un retard malheureux nous empêcha de voir l'archevêque officier selon le rite de son patron et prédécesseur. De Lyon nous descendîmes le Rhône en bateau à vapeur jusqu'à Avignon,—ce sont des paysages aussi beaux, à mon avis, que ceux du Rhin. Nous nous arrêtâmes quatre heures dans cette dernière ville. En dépit de la chaleur et de la fatigue, nous accordâmes un souvenir aux papes d'Avignon, à l'inconsolable Pétrarque et à la pieuse Laure : nous la voyions se glisser vêtue d'une robe verte, son missel bien relié sous le bras, vers l'église de Sainte-Claire. — De là, nous arrivâmes à Aix et enfin à Marseille, juste au moment du départ du paquebot de Naples. Nous côtoyons la belle route de la Corniche, et nous débarquons à Gênes, où nous plantons pour quelques jours notre tente. Nous avions une lettre pour le père Giordano au collége des Jésuites ; il engagea avec Allies une discussion fort animée sur le « *Tu es Petrus*, etc., » mais au bout de quelques instants il laissa tomber cette conversation ; il fut d'une poli-

(1) Cette lettre est d'un des compagnons de voyage du Rev. Allies.
(*Note du traducteur.*)

tesse charmante, nous offrit tous les renseignements dont nous pouvions avoir besoin, et nous ouvrit l'accès de tout ce que nous désirions voir ; grâce à sa complaisance, Gênes nous parut beaucoup plus intéressante que nous ne nous y étions attendus. C'est une ville magnifique et d'un caractère tout à fait italien. A la première vue, elle paraît avoir conservé l'aspect qu'elle dut avoir au temps de la république : ses institutions charitables en faveur des pauvres, des malades et des religieux ajoutèrent un intérêt nouveau à celui que nous nous étions promis.

De Gênes, nous nous rendîmes par Pavie à Milan, où nous arrêtâmes cinq jours. C'est une chose remarquable et digne de regret, qu'une ville aussi célèbre et aussi importante dans les temps anciens ait perdu complétement son cachet d'antiquité. Milan est aujourd'hui une ville toute moderne, sauf quelques monuments rares et isolés. La cathédrale elle-même, œuvre étonnante comme construction, et magnifique surtout vers l'extrémité du chœur, ne saurait être jugée trop sévèrement aux yeux d'un amateur de l'art gothique : ce n'est après tout qu'une brillante fantaisie, d'un style batard et plein de caprices. Mais la beauté des matériaux, le fini précieux des sculptures, les riches proportions de chaque partie envisagée isolément, et surtout le caractère imposant et somptueux de l'ensemble, ont pour effet de désarmer complétement la critique : l'intérieur offre le coup-d'œil le plus grandiose surtout lorsque, comme dimanche dernier, le chœur est occupé par des chanoines aux robes écarlates, et la nef presque entièrement remplie de fidèles des deux sexes et de toutes les conditions : en cet instant, le monument n'avait rien à craindre du voisinage de Saint-Charles-Borromée, dont le corps repose sous ses voûtes, et qui, pour le dire en passant, doit être rangé selon moi, parmi les plus grands réformateurs du XVIe siècle. — L'église de Saint-Ambroise existe encore, mais je crois que peu de parties datent de son temps : ce sont, outre quelques ornements de peu d'importance, l'atrium, la chaire et le siége de l'évêque. Les battants de la porte par où saint Ambroise fit sortir l'empereur, s'y voient également, mais à l'époque où le fait eut lieu, elles appartenaient à une autre église. On nous montra aussi la fontaine où l'on dit que saint Augustin reçut le baptême, et le jardin dont il parle dans ses Confessions et où se seraient passées les scènes de sa conversion. Quant à ces derniers souvenirs, ils ne peuvent invoquer, selon moi, qu'une grande probabilité, basée il est vrai sur une parfaite concordance avec tout ce que l'on sait sur ce sujet, mais la tradition concernant les lieux actuels s'était perdue et n'a été retrouvée que depuis deux ou trois siècles.

De Milan, nous sommes partis pour Trente, afin de voir par nous-mêmes les deux étonnants phénomènes dont lord Shrewsbury a publié une relation, il y a quelques années, — l'*Estatica* et l'*Addolorata*.

Nous quittâmes Milan le lundi; la route qui est magnifique s'étend au pied des Alpes jusqu'à Desenzano sur le lac de Garda; là on prend le bateau à vapeur jusqu'à Riva, d'où l'on arrive à Trente. Nous nous présentâmes chez l'évêque, et nous lui dîmes que nous étions trois prêtres et professeurs d'Oxford, qui venions demander à Sa Grandeur (il est prince-évêque) de nous donner des lettres pour Caldaro, l'Extatique n'étant visible qu'avec la permission de l'évêque. Il nous reçut avec la plus grande politesse et nous donna sur-le-champ la lettre d'introduction dont nous avions besoin, en nous priant de venir lui communiquer nos impressions à notre retour à Trente. Il nous parla beaucoup de Wiseman, Newmann et Pusey, et par rapport à ce dernier, il nous fit la remarque qu'il « *scrive come cattolico* (1). » Il nous dit qu'il était Allemand de naissance, et que les Anglais surtout étaient les bienvenus

(1) Il écrit en catholique.

chez lui en leur qualité de compatriotes de saint Boniface, l'apôtre de son pays natal.

Nous partîmes le mercredi de Trente pour aller à Neumarkt à vingt milles de distance; le jeudi, nous arrivâmes à Cavalese, après avoir traversé les beaux paysages que renferment les montagnes du Tyrol : nous avions une lettre pour le médecin de l'endroit, qui a soigné l'Addolorata depuis le commencement de sa maladie ; nous devions cette lettre à la bonté du beau-fils de Manzoni, que nous avions rencontré chez ce dernier à Milan, et ce ne fut pas une légère satisfaction pour moi de faire la connaissance de l'auteur des « *Promessi Sposi*. » Le médecin nous accompagna jusqu'à Capriana, où demeure Dominica Lazzari ; la distance est d'environ douze milles.

Je regarde l'état de cette jeune fille comme un prodige surnaturel du plus haut intérêt pour tous les membres de l'Église : aussi je remplirai tout ce qui me reste d'espace, de la relation de ce que j'ai vu.

Marie-Dominica Lazzari est âgée de trente-deux ans : elle est fille d'un pauvre meunier de Capriana qui eut cinq enfants : elle demeure avec une de ses sœurs, car ses parents sont morts; elle a une autre sœur mariée dans le village et deux frères ; mais aucune de ces personnes n'a rien dans le caractère qui les distingue.

Depuis son enfance, Dominique s'est toujours fait remarquer par sa vertu, sa piété et le soin qu'elle mettait à remplir tous ses devoirs ; elle travaillait comme les autres filles du village, mais elle se distingua toujours par son adresse naturelle et son attachement à la religion. En 1833, elle fut atteinte d'une fièvre intermittente qui l'affaiblit beaucoup : ce fut à la suite de cette fièvre qu'elle commença à ressentir des douleurs dans les mains, les pieds et la tête. En avril 1834, elle but pour la dernière fois un peu d'eau et mangea un petit morceau de pain ; depuis ce temps, elle n'a plus rien bu ni mangé, si ce n'est la sainte hostie. La même année, elle reçut de véritables stigmates, qui existent chez elle d'une manière très-apparente *tous les vendredis* sans exception, et jamais les autres jours ; un sang abondant coule de ces plaies.

Ce fut afin d'être témoin de ce fait que nous nous arrangeâmes de manière à arriver ici un jeudi et à pouvoir renouveler notre visite le lendemain. Nous arrivâmes à Capriana vers les cinq heures du soir ; nous allâmes directement à la demeure de Dominica ; c'est une petite cabane de paysan presqu'entièrement construite en bois, qui s'élève à l'extrémité du village ; la seule personne qui prenne soin d'elle, est sa sœur, villageoise pleine de naturel et de simplicité. Nous trouvâmes Dominica très-souffrante, couchée dans un lit qui n'avait que la longueur d'un berceau d'enfant : une contraction musculaire, suite de sa maladie, a réduit sa taille qui autrefois était grande, à environ trois pieds. Dans les premiers moments de notre entrée, elle ne fut pas en état de nous parler, mais notre compagnon (le médecin) agita quelque temps sur elle un grand éventail, ce qui parut la soulager, et peu après elle sembla revivre. Pendant qu'elle était dans cet état, je l'examinai de très-près. Les stigmates sont *parfaitement* visibles aux deux côtés des mains et au front, autour duquel on remarque un cercle très-régulier : les plaies étaient complètement sèches, les mains pures et blanches, sauf les traces des stigmates qui sont à peu près de la grandeur d'une pièce d'argent de quatre pences (un demi franc) ; les plaies du front sont comme celles que ferait la pointe d'un canif ; le sang qui en avait coulé vendredi dernier était séché et lui couvrait le visage jusqu'à la partie supérieure des narines, ce qui lui donnait l'apparence d'un masque de sang ; il est à remarquer que ce sang ne suit pas le cours naturel que devrait lui imprimer la position dans laquelle elle est couchée : il suit au contraire la ligne *qu'il prendrait sur un corps qui serait suspendu*, et le même fait s'observe pour les plaies des pieds. La plaie du côté se trouve à gauche. Nous restâmes dans la chambre environ trois quarts d'heure ; nous nous retirâmes ensuite pour revenir le lendemain matin, à cinq heures.

Nous la trouvâmes beaucoup mieux que la veille : les plaies du front et des mains étaient tout ouvertes, et le sang en coulait. Elle parlait avec plus de facilité : elle nous pria de saluer en son nom l'évêque de Trente, et de lui demander pour elle sa bénédiction et ses prières auprès de « l'évêque suprême ; et moi de mon côté, disait-elle, je prierai pour Sa Grandeur autant que mes forces le permettent. » Nous nous recommandâmes à ses prières ainsi que toute l'Angleterre, en lui disant qu'aujourd'hui il y avait dans notre pays beaucoup de religions différentes, mais que nous devions prier pour que toutes n'en formassent plus qu'une seule. Elle répondit : « *E una religione sola, Cattolica Romana; fuori di questo non si deve aver speranza* (1). » réponse qu'elle avait trouvée, je crois, dans son catéchisme. Elle ajouta que tous les Anglais qu'elle avait vus, lui avaient parlé de la même manière de leur patrie, et promit de prier pour nous et pour l'Angleterre « *quanto io posso* (2). » Nous vîmes son confesseur pendant quelques minutes, et j'aurais bien voulu m'entretenir avec lui, mais il se disposait à aller rendre visite à son frère qui demeure au fond de la vallée, et nous ne voulûmes pas le retenir plus longtemps. En causant avec M. Yoris et avec des habitants de Capriana et des environs, nous apprîmes encore beaucoup d'autres circonstances concernant Dominica, mais l'espace me

(1) Il n'y a qu'une seule religion, la religion catholique romaine, en dehors de laquelle il n'y a point d'espérance.
(2) Autant que je pourrai.

manque pour vous les écrire ; du reste, ce que je vous ai dit, suffira pour vous donner une idée de ce prodige extraordinaire, dont tout témoin oculaire, faisant taire sa raison et son jugement, reconnaîtra, j'en suis certain le caractère surnaturel ; tous les médecins, les savants, les évêques sont d'accord pour déclarer que le phénomène ne peut s'expliquer par aucune loi physique, et quant à moi, je ne puis y voir autre chose qu'une représentation fidèle de la passion de Notre-Seigneur, que Dieu aurait permise pour l'édification de son Eglise et la conversion des pécheurs.

Les caractères surnaturels de ce fait sont d'après moi : 1° l'abstinence de toute nourriture depuis plus de treize ans, pendant lesquels les cheveux, les ongles, etc., n'ont cessé de croître ; 2° l'existence des cinq plaies ; 3° l'effusion périodique d'une certaine quantité de sang, à chaque jour de la passion de Notre-Seigneur ; 4° la direction suivie par le sang qui coule des plaies, en opposition avec les lois naturelles qui régissent les fluides.

Je vous assure que ce spectacle a fait sur nous une vive impression ; le fait m'a paru d'autant plus remarquable, que dans les cas antérieurs où les stigmates ont apparu (comme chez saint François d'Assises, sainte Thérèse ou sainte Catherine), ils étaient le témoignage d'une sainteté consommée ou la récompense d'une méditation assidue des mystères de la passion, tandis que dans le cas actuel, rien ne fait supposer que l'un ou l'autre de ces états se rencontre chez Dominica à un degré extraordinaire. L'impression que j'emportai de ma visite, fut très-profonde, je l'avoue ; mais celle qui en était l'objet me frappa plutôt par ses cruelles souffrances et sa parfaite résignation que par des marques extraordinaires de grâces. Il faut donc admettre, quoiqu'on serait tenté de croire le contraire, qu'il n'y a pas de rapport nécessaire entre les phénomènes surnaturels que présente son corps et un état de sainteté parfaite. Sa vie fut toujours un modèle de vertu et de piété ; le peuple l'appelle « *bonissima ragazza* (1) ; » et ses longues et cruelles souffrances semblent avoir épuisé son ame, de telle sorte qu'on peut la regarder comme parfaitement préparée à la mort ; mais je n'ai rien vu en elle qui me fasse croire à ces contemplations sublimes, à cette ferveur spirituelle ou à cette affection surhumaine de l'ame pour Dieu, que l'on s'attend à rencontrer dans une sainte. Loin de moi cependant la pensée de vouloir sonder les desseins de Dieu par rapport aux faits extraordinaires dont nous avons été témoins : peut-être Celui qui conduit toutes choses pour ramener à lui la pauvre humanité, a-t-il simplement destiné cette jeune fille à offrir une image vivante de la passion du Fils de Dieu, et à ne servir à d'autre but que celui que nous nous proposons en élevant un crucifix ; mais lors même qu'il en serait ainsi, l'homme de foi ne manquera pas d'en tirer de grands profits pour son ame, et à la vue de cette image de la passion de Notre-Seigneur, il remerciera le ciel pour ce témoignage de la bonté divine, tandis que le même spectacle servira bien des fois, nous l'espérons, à avertir les sceptiques railleurs, qu'un jour viendra où ils auront à regarder de la même manière celui qu'ils ont percé de clous. »

Je ne vous ai rien dit jusqu'ici de l'Extatique que nous avons vue hier : quoique je ne puisse pas dire que son état soit moins intéressant, les détails que je vous communiquerai, reposent plutôt sur les récits que l'on m'a faits, que sur mes observations personnelles.

Marie Mörel est la fille d'un gentilhomme de Caldaro : la ferveur de sa dévotion s'est élevée par degrés jusqu'à l'extase ; elle n'a plus le sentiment de la vie réelle et se trouve continuellement absorbée dans cet état que les

---

(1) Une très-bonne fille.

écrivains ascétiques appellent la « vie d'union ; » l'extase se prolonge pendant quatre ou cinq heures et ne cesse que par la fatigue corporelle ou sur l'ordre de son confesseur. Elle parle seulement avec ses directeurs et ses supérieurs spirituels ; elle mange rarement et sa seule nourriture consiste en un morceau de pain et quelques raisins. Cet état dure depuis plusieurs années : toute son existence se passe en actes de dévotion. Elle vit très-retirée dans un couvent de Franciscains, et personne ne peut la voir sans y être autorisé par une lettre de l'évêque. Nous la trouvâmes telle qu'on nous l'avait dépeinte, ravie dans l'extase la plus complète, et certes je n'ai jamais vu de figure qui offrit d'une manière plus belle et plus saisissante le type de la dévotion. Cependant comme par la nature même du fait, son extase doit cesser du moment où elle entre en communication avec le monde visible, ce ne fut pour nous qu'un simple spectacle.

Me voici au bout de mon papier, et je crains de vous avoir ennuyé déjà de mon *Epistola Tridentina*, dont la longueur me rend vraiment confus. Nous venons de voir l'évêque : il a été pour nous d'une extrême obligeance et nous a donné plusieurs détails concernant les faits dont je viens de vous parler. Trente est une fort jolie ville ; les montagnes du Tyrol l'entourent comme un amphithéâtre : au-delà on voit des cîmes couvertes de neige, et l'Adige vient se précipiter des hauteurs en flots bouillonnants et rapides. Je ne puis m'empêcher de songer aux délicieuses heures de repos que les éminences de 1545 ont dû y passer après les rudes travaux du Concile. Pardonnez-moi ma longue causerie et croyez-moi pour toujours.

Votre dévoué,

John H. Wynne.

TRENTE, *Hôtel de l'Europe*, 1ᵉʳ AOUT, 1847 (1).

Mon cher***,

.... De Milan, nous sommes partis pour Desenzano, et nous avons entrepris une excursion dans le Tyrol, afin de voir une merveille étonnante, dont je veux vous donner la relation. Nous faisons en poste la route jusqu'à Desenzano, située au sud du lac Garda : là, nous prenons le bateau à vapeur pour traverser cette magnifique nappe d'eau jusqu'à Riva. A Riva, nous montons dans un misérable véhicule, que par politesse on veut bien appeler la Poste, et qui nous conduit à Roveredo et de là à Trente. D'abord il faut vous dire qu'un de nos amis de Paris, nous avait donné une lettre d'introduction pour Manzoni à Milan : son beau-fils revenait justement d'une visite qu'il avait faite à l'une des deux personnes qui étaient l'objet de notre pèlerinage, — l'*Addolorata* et l'*Estatica* dont lord Shrewsbury a donné une relation, il y a trois ou quatre ans. — La première a reçu les stigmates de la passion, qui saignent tous les vendredis : la couronne d'épines, les trous des clous aux mains et aux pieds et la plaie au côté gauche. La seconde vit dans une extase continuelle. Nous avions rencontré à Paris une dame catholique romaine qui les avait vues et qui nous en avait beaucoup parlé, mais d'une manière qui ne nous satisfit guère. Nous résolûmes donc d'aller les voir par nous-mêmes, si la chose était possible.

M. Stephana Stampa à Milan nous donna les instructions les plus complètes, tant sur la route à suivre que sur les autres détails de notre voyage. Arrivés à Trente, nous allâmes rendre visite à l'évêque ; car l'une des deux personnes en question, Marie Mörel, l'Extatique, habite

(1) Lettre du second compagnon du Rev. Allies. (*Note du traduct.*)

un couvent et ne peut être vue sans une lettre de l'évêque. Nous osions à peine espérer d'obtenir cette lettre, vu notre qualité d'anglicans. Cependant nous fîmes remettre nos cartes après y avoir écrit les mots : *Artium Magister*, *Oxford*. L'évêque nous reçut fort poliment et nous accorda sur-le-champ notre demande : il nous pria, si cela nous était possible, de venir le voir à notre retour et de lui faire connaître notre opinion sur les faits en question : « Car dit-il, nous ne pouvons nous prononcer sur aucun de ces cas, et surtout sur l'Extatique, tant que les personnes vivent encore et que leur fin est incertaine ; » il désirait d'ailleurs que tous ceux qui avaient l'occasion de les voir, pussent se former à ce sujet un jugement entièrement libre. A la fin de notre entrevue, il nous donna sa bénédiction. A midi nous roulions en omnibus vers Neumarkt, en remontant la vallée de l'Adige : cette rivière, dont le cours est rapide, est bordée de rochers élevés couverts de broussailles, dont quelques-uns ont de 1200 à 1700 pieds de haut. Neumarkt est une pauvre petite bourgade : nous y fûmes cruellement ennuyés par les notables de l'endroit, qui auraient mieux fait de nous laisser immédiatement continuer notre route.

Le lendemain, jeudi, 29, nous prîmes une voiture jusqu'à Cavalese, petite ville dans les montagnes, distante d'une poste et demie : après notre déjeûner, nous allâmes trouver M. Yoris, médecin, pour lequel M. S. Sampa nous avait donné une lettre d'introduction. Il se montra très-poli et offrit de nous accompagner jusqu'au village de l'Addolorata, dont le nom est Dominica Lazzari. L'endroit s'appelle Capriana ; nous fîmes la route, en nous promenant, en moins de quatre heures : la distance est, je pense, de neuf à dix milles. La route côtoie une ligne de montagnes et remonte une vallée traversée par une branche de l'Adige : les cîmes sont couvertes de forêts de hêtres et de pins, d'un aspect magnifique. Nous arrivâmes à Capriana vers 5 heures de l'après-midi. Le reste de mon récit sera un abrégé des notes que j'ai écrites le même soir.

Arrivés à Capriana vers 5 heures, nous nous rendîmes directement à la maison de Dominica, — c'est presque la dernière du village et la plus pauvre de toutes ; au bout de quelques minutes la sœur arriva et nous fit entrer. La chambre au premier abord paraît si sombre, qu'on ne peut apercevoir que le corps de la jeune fille replié dans le lit, et sa figure toute noire de sang jusqu'à la racine du nez et un peu plus bas sur les joues. Le médecin écarta les rideaux : nous vîmes alors très-distinctement les stigmates sur le revers des mains et les marques autour du front, qui est coupé au milieu par une ligne droite à environ un pouce des cheveux. Ces marques sont distantes d'à peu près un quart de pouce sur une même ligne, sauf trois ou quatre qui sont un peu plus bas : elles s'étendaient d'une tempe à l'autre, et le médecin me dit qu'elles font tout le tour de la tête. Il y en avait d'autres au-dessous des premières vers les sourcils, mais je ne saurais dire si elles étaient régulières, à cause du sang séché qui couvrait la face. Le sang a coulé tout droit vers le bas de la figure et pas une goutte ne s'est dirigée de côté, vers le lit. Les plaies ont saigné abondamment cette semaine. Ses mains sont très-maigres : elle les tient continuellement jointes au-dessus des draps de lit ; les stigmates (les trous des clous) s'y trouvent un peu plus haut qu'au centre : l'escarre, légèrement rouge, a un demi-pouce ou trois quarts de circonférence. La plaie est cicatrisée : on voit au milieu un point noir de sang séché. Les mains étant jointes, j'eus de la peine à voir l'intérieur : je crus remarquer cependant dans la paume de la main gauche une grande plaie blanchâtre ouverte dans la chair, et du sang séché tout autour. Le sang qui a coulé sur le visage est tout noir et couvre aussi toute la peau, à partir des marques des épines jusqu'au nez. C'est absolument un masque de couleur sombre. Elle a la poitrine bombée ; les jambes par suite de convulsions se sont contractées et presqu'entièrement repliées sous elle. Le médecin raconte qu'elle était autrefois aussi grande que moi. Depuis douze ou treize ans, elle n'a rien mangé, si ce n'est la sainte Hostie, et encore la lui donne-t-on sous la plus petite parcelle possible.

Les dates suivantes indiquent exactement les changements qui se sont opérés en elle :

Depuis le 10 avril 1834, elle n'a plus rien mangé.

Le 10 janvier 1834, apparaissent les stigmates aux mains, aux pieds et au côté.

Le 31 janvier, la couronne d'épines.

Un autel est dressé dans la chambre : l'évêque permet d'y célébrer la messe une ou deux fois par semaine, selon que le prêtre en a le temps, et les jours de fête.

Nous lui parlâmes de l'évêque. Elle prit un vif intérêt à toutes les paroles du médecin. Il se mit à l'éventer avec un grand éventail de plumes : c'est la seule chose qui la soulage. C'est le jeudi que ses souffrances sont les plus vives. L'effusion du sang, le vendredi, n'est pas accompagnée de douleur : c'est plutôt un soulagement. Une femme et un petit garçon viennent la voir. Quand elle souffre moins, elle montre de la gaîté (mais elle n'est jamais sans souffrance). Nous lui dîmes que nous étions Anglais. Elle regarda attentivement l'un de nous. Ses yeux sont d'un bleu clair ou bleu gris ; elle a de beaux cheveux d'un brun clair ; son visage est d'une maigreur effrayante ; mais son sourire est plein de douceur. Quand ses souffrances deviennent très-vives, on l'entend s'écrier : « *Dio mio! Dio mio!* Mon Dieu ! mon Dieu ! »

Le vendredi, dès cinq heures du matin, nous nous rendîmes de nouveau près d'elle. Elle paraissait dans un état d'insensibilité, d'où elle sortait par intervalle. Les mains étaient toujours jointes, mais elle secouait la tête et claquait des dents. Un sang frais et d'un rouge vif coulait de toutes les plaies du front, mais vers le bas de la figure, il était généralement caillé, car elle souffrait d'une fièvre brûlante. Les plaies des mains étaient ouvertes et saignaient : à l'extérieur (au dos) le sang avait coulé en large traînée tout le long du revers de la main et s'était arrêté un peu au-dessous du poignet : un petit courant avait coulé en travers jusqu'à la paume. Ce sang était coagulé. Je me baissai pour regarder le plus près possible l'intérieur de la main gauche. Il me parut voir une plaie ouverte et beaucoup plus profonde : elle était longue et avait à la partie supérieure des lèvres qui ressortaient ; le sang avait coulé en abondance à l'intérieur de la main, jusqu'au poignet et dans toute la paume. Ses dents étaient au complet mais les deux du centre étaient très-écartées. Le haut, le bas du visage, où le sang n'avait pas coulé, étaient d'un bon teint et nullement livides. Sa voix, lorsqu'elle parlait, était beaucoup plus forte qu'hier. Elle vit que j'essayais de dessiner le contour de son visage, ce qui lui fit supposer qu'on voulait publier son portrait. Nous lui demandâmes de prier pour nous et pour toute l'Angleterre. Tous les Anglais qui l'avaient vue, nous dit-elle, avaient fait la même demande. Elle sollicita par notre entremise la bénédiction et les prières de l'évêque « *il vescovo di tutti,* » ce qu'elle dit d'une manière très-peu distincte.

Telles sont en substance les notes que j'ai prises sur les lieux. Je dois y ajouter que tous les vendredis depuis la date ci-dessus, et seulement le vendredi, les plaies ont saigné ; que le médecin nous dit que cent fois il avait vu ses pieds, qui sont marqués comme les mains, mais le sang coule en remontant vers les doigts, tout comme nous l'avons remarqué au nez. La plaie qu'elle a au côté a été vue par plusieurs femmes, entre autres par sa sœur avec laquelle nous causâmes longtemps ; celle-ci était fort simple, ne voulut pas d'argent et ne voyait dans sa sœur qu'une malade ordinaire. La présence du Dr Yoris nous fut, je pense, très-utile. Elle fit disparaître la réserve, qui eût pu exister sans cela et nous permit de la voir d'une manière plus complète et de rester plus longtemps, d'écarter le rideau, etc. L'impression que je ressentis à sa vue fut celle d'un profond respect : la circonstance du vendredi, les faits surnaturels de la perte de sang chez une personne qui ne prend aucune espèce de nourriture, la direction que suit le sang, mais surtout la vue du sombre masque qui lui couvre la figure, furent ce qui me frappa d'abord le plus péniblement. La simplicité et l'évidente rusticité de son langage, son sourire et ses réponses aux questions du médecin, appelèrent ensuite mon attention. Comme il le disait, elle répond à une demande qui a pour objet des choses terrestres avec l'accent de ce monde, à celles qui regardent la religion avec celui de l'autre. Elle paraît ne voir dans son état qu'un châtiment de Dieu pour ses péchés, c'est pourquoi elle est très-réservée et ne se laisse voir ou ne parle d'elle-même qu'autant qu'il le faut pour répondre à des investigations sérieuses. La plaie du côté n'exigeait pas de traitement médical, aussi refusa-t-elle de la montrer à aucun homme, mais elle permettait à un certain nombre de femmes, épouses de médecins, de la voir si elles le désiraient. Elle ne paraît pas croire que dans l'état où elle se trouve, elle soit d'une manière extraordinaire ou miraculeuse l'instrument de la grâce divine ; mais elle est extrêmement patiente et s'efforce, comme elle le dit, de faire en tout la volonté de Dieu. On ne rapporte rien de remarquable sous le rapport religieux de ses dispositions antérieures. Le médecin la nommait « *una buona ragazza*, » mais rien de plus ; surtout il ne l'appelait pas « *bigotta*. » Tout ceci ne nous prouve-t-il pas évidemment que Notre-Seigneur se montre à nous dans la personne de ceux qui souffrent pour lui, et cela afin de réaliser les enseignements de la foi et de confondre ainsi l'orgueil de l'esprit. « Vos voies sont dans la mer, vos sentiers dans les grandes eaux, et les traces de vos pas nous échappent. »

Le lendemain matin, nous allâmes à Kaldern, beau village distant d'environ huit ou neuf milles de Neumarkt, et grâce à la lettre de l'évêque de Trente, nous vîmes Marie Mörel, l'Extatique, mais il ne nous fut permis de la contempler que pendant cinq minutes. Elle était à genoux sur son lit, les mains jointes sous le menton : elle se tenait penchée en avant et inclinée vers la droite dans une position que je ne pourrais conserver sans appui ; et à en juger d'après l'inclinaison du corps, je ne crois pas que cette attitude soit conforme aux lois de la nature. Son visage est plein de beauté ; elle a de grands yeux noirs, des cheveux de même couleur et fort longs, et sa peau est aussi pâle que celle d'un corps mort ou d'une figure de cire ; pas un muscle ne se mouvait ; et sauf la respiration et une très-légère oscillation, que je remarquai de temps en temps, il n'y avait en elle aucun signe de vie ; cependant je vis une fois la paupière s'agiter faiblement. Le religieux franciscain qui nous accompagnait, lui dit de se coucher, ce qu'elle fit après quelques instants, en se laissant seulement tomber en arrière dans le lit, les jambes demeurant immobiles à partir des genoux. Elle fit entendre deux légers soupirs. Ses mains restèrent comme elles étaient auparavant, et ses yeux étaient fixés à la même place. Après une courte visite, le religieux nous fit sortir ; il nous parlait un allemand qu'aucun de nous ne put comprendre. Quand nous fûmes à la porte de la maison, nous lui demandâmes en latin si nous pourrions la revoir ; il répondit, « *eam vidistis, eam vidistis* (1), » et nous quitta.

(1) Vous l'avez vue, vous l'avez vue.

Nous retournâmes à Neumarkt, et hier soir nous montions dans l'omnibus de Bolzano pour revenir ici. Portez-vous bien. Je vous donne cette relation merveilleuse aussi brièvement que possible.

J. H. POLLEN.

VENISE, 5 AOUT, 1847.

Mon cher ***,

... Nous nous arrêtâmes un jour entier à Vérone ; cette ville possède des églises très-remarquables, et un fleuve magnifique, l'Adige, « qui roule ses flots écumeux et rapides » comme dit Byron ; à part les réminiscences shakspeariennes, on y rencontre de beaux morceaux d'architecture du moyen âge. Mais mon voyage touche à sa fin, et un attrait plus puissant m'appelait ailleurs. Nous nous jetâmes donc hier dans un méchant omnibus, qui en six heures conduisit douze voyageurs au chemin de fer de Vicence, à trente milles de là : le dit chemin nous permit d'arriver à Venise tout juste aux dernières lueurs du jour. L'approche de Venise, par un pont de deux milles jeté sur les Lagunes, offre un tableau ravissant, parce qu'elle est si bien en harmonie avec l'aspect général d'une ville qui ne ressemble à nulle autre. La soirée n'était pas favorable, car il pleuvait, ce qui nous était arrivé fort rarement jusqu'alors : néanmoins, nous étions pleins d'impatience, et je ne crois pas qu'il y ait une ville qui m'ait inspiré une curiosité aussi vive, si ce n'est lorsqu'en entrant à Rome, il y a treize ans. Je pouvais à peine en croire mes yeux. Quoiqu'il ait plu aujourd'hui pendant une grande partie de la journée, Venise n'a pas trompé mon attente. Le palais du Doge, la Piazza et la Piazetta de Saint-Marc, et l'église de ce nom, n'ont pas de pareils en ce monde ; j'en dis autant du Grand-Canal avec sa rangée de palais moyen âge. Nous sommes allés voir aujourd'hui les Puits et les Plombs, qui sont les anciennes prisons de la République ; les premières sont effrayantes par l'obscurité, les autres par la chaleur qui y règne : elles laissaient rarement sortir leurs prisonniers, si ce n'est pour marcher à la mort ; et quelle mort affreuse par les circonstances qui l'accompagnaient, dans les cas de crimes politiques! Les cellules étaient toutes construites en bois ; recevant à peine une faible lumière; mais lorsque le prisonnier politique avait avoué son crime et avait été condamné, on le transférait au milieu de la nuit dans un autre cachot, un prêtre étranger était admis auprès de lui pour entendre sa confession et l'absoudre. Le prêtre sortait ensuite par la gauche, le criminel par la droite, et arrivé au détour d'un angle à quelques pas de là, on le faisait asseoir sur un siége, on lui passait une corde au cou et il était étranglé. En même temps, une porte s'ouvrait derrière le siège, une gondole (car la prison touche à l'eau), recevait le cadavre et le transportait au cimetière sans que personne, ni femme, ni enfants, apprît autre chose de sa destinée, si ce n'est que l'invisible inquisition d'État avait mis la main sur lui, et qu'il n'était plus de ce monde. Je dis au guide qui était un beau type vénitien : « Vous n'êtes pas fâché, je pense de ne pas vivre en ce temps-là. » — « Certes, j'en suis fâché, répliqua-t-il, Venise était alors une république ; le commerce florissait davantage, et nous vivions dans une plus grande aisance; ce fut précisément grâce au système plein de sagesse dont elle fit usage envers les criminels, que Venise put se maintenir si longtemps ; et si elle l'avait conservé jusqu'à la fin, elle ne serait pas tombée. J'appartiens moi-même à une très-ancienne famille vénitienne. Du reste, ajouta-t-il, ce n'est qu'à des étrangers qu'il est nécessaire de dire tout cela ; car les historiens ont débité d'énormes exagérations relativement à ces prisons. »

Quelque étonné que je fusse de cette saillie de l'ancien caractère venitien, je ne pus partager l'opinion du vieillard, à la vue de ces lieux où pendant la longue existence de ce terrible gouvernement, des centaines d'êtres humains perdirent la vie, ensevelis dans les ténèbres d'un obscure passage, qui devait paraître plus effrayant à la pensée que les regards avides d'une multitude en fureur ou la torture elle-même. Les prisons que nous venions de voir sont situées sous le même palais ducal, qui occupe parmi les palais le même rang que les vastes cathédrales dédiées à Notre-Dame parmi les églises du moyen âge; au-dessus sont les appartements qui servaient au Doge pour les réceptions solennelles; et au-dessus de ces dernières se trouvent ces autres prisons appelées les Plombs, — étrange disposition pour les salons du chef d'un État !

Les églises d'Italie ne ressemblent aux nôtres que par le nom. Elles abondent en pavements et en parois de marbre, en peintures, dorures, reliquaires, images et flambeaux; le service divin s'y célèbre sans interruption, et la plupart sont rarement dégarnies de fidèles. L'église de Saint-Marc surpassa complètement mon attente. Elle a cinq dômes couverts de mosaïques et de statues richement dorées, on y voit des colonnes du marbre le plus rare, des bronzes, une multitude d'objets précieux, mais ce qui l'emporte sur tout cela, elle a un cachet de majesté, qui fait que l'on se sent dans un temple, dans un lieu consacré à l'adoration, ou l'homme se prosterne devant l'Infini, où il ne se glorifie pas lui-même dans une partie de son être qui a participé à la chute, en d'autres termes, où il ne déifie pas sa raison. Telle est, à mon avis, la différence profonde qui existe entre les églises catholiques et celles des autres cultes. Et puis, cette image de la Vierge et de son enfant, si souvent reproduite et sous tant de formes différentes, renferme des consolations inexprimables. Il me semble réellement que plus on arrête sa pensée sur le dogme de l'Incarnation, et plus on finira par associer à

Notre-Seigneur la Vierge et les Saints ; loin de procéder par voie d'analyse ou d'exclusion, on cherchera plutôt à toucher les bords de sa robe de gloire, dans la personne de tous ceux qui ont souffert et combattu en son nom, et principalement dans la personne de sa mère qui vécut et qui vit encore avec Lui dans une union si ineffable. Le protestant voit en elle « une femme morte que l'on adore; » le catholique salue dans Marie la mère de tous les chrétiens ; les saints sont pour le protestant « des pécheurs déifiés, » et pour le catholique, des membres vivants du corps de notre Sauveur, dans lesquels sa vertu réside maintenant sans rencontrer l'obstacle de notre nature corrompue. En un mot, je crois que Keble s'exprime avec autant de vérité que de poésie, en disant :

> « *Wat is this silent migt, making our darkness ligt,*
> *New wine our waters, heavenly Blood our wine?*
> *Christ, with His mother dear, and all His saints, is here,*
> *And where they dwell is heaven, and what they touch divine* (1). »

Eh bien, c'est là l'idée que fait naître l'aspect d'une église d'Italie.

Notre appartement donne sur l'extrémité du Grand-Canal : un mauvais pas nous enverrait à quelques cinquante pieds au fond de ses eaux. C'est un des endroits les plus fréquentés et une des plus belles vues de Venise. Des gondoles y passent continuellement : je me suis promené aujourd'hui pour la première fois en gondole pendant plusieurs heures, en croisant en tous sens le Grand-Canal. Je ne puis pas dire que j'éprouve la moindre sympathie pour le génie gouvernemental de l'ancienne Venise, mais c'est quelque chose que de maintenir si longtemps dans un coin de terre le siége d'un empire. Je sens que cette

---

(1) « Quelle est cette puissance mystérieuse qui change nos ténèbres en lumière, l'eau en vin nouveau, et le vin en sang divin. Le Christ est en ce lieu avec sa mère bien-aimée et tous ses saints ; le ciel est là où ils habitent, et tout ce qu'ils touchent porte l'empreinte de la divinité. »

excursion me remplira le cœur pour toute l'année prochaine, et cela ajoute beaucoup à l'agrément qu'elle me procure.

Trente nous plût beaucoup à tous : elle est dans une situation ravissante au milieu des montagnes, avec l'Adige qui la traverse dans sa course rapide et sauvage. L'église dans laquelle se tint le célèbre concile inspire nécessairement un vif intérêt. Nous avons vu deux fois l'évêque : d'abord pour lui demander l'autorisation de voir l'Extatique ; ensuite pour lui rendre compte de notre visite. Il nous reçut avec la plus grande politesse, nous parla des affaires religieuses de l'Angleterre, et il éprouva peut-être de la surprise, sinon du bonheur, en voyant trois prêtres anglicans tomber à ses genoux pour recevoir sa bénédiction.

J'espère que vous avez reçu ma longue lettre du 1er août, qui donne le détail de notre visite à Capriana et à Caldaro. Tous nous nous rappelons cet épisode avec une profonde satisfaction.

6 AOUT.

Venise s'offre à nous, ce matin, dans toute sa splendeur ; nous venons d'arrêter une gondole pour toute la journée, afin d'aller voir les églises et les tableaux, — car les chefs-d'œuvre du Titien sont ici. Nous prenons le café le matin et le soir à la Piazzetta de Saint-Marc, c'est l'endroit le plus fréquenté. Il est impossible de faire quelque pas à Venise sans se voir suivi d'un décrotteur qui vous supplie de lui laisser nettoyer vos souliers. S'il arrive qils soient crottés, le pauvre diable est aussi difficile à repousser qu'une moustique affamée ; il tourne et bourdonne autour de vous, jusqu'à ce qu'enfin vous soyez forcé de vous arrêter et de lui laisser gagner quelques sous.

Votre tout dévoué,

T. W. ALLIES.

MILAN, 14 AOUT 1847.

Mon cher ***,

J'ai quitté Venise, hier matin, pour prendre le chemin du retour, et, à mon grand regret, je reviens seul, car mes deux compagnons se dirigent vers Bologne et Florence, et ne seront en Angleterre que vers la fin de septembre. Ce me semble une chose toute différente de voyager ainsi tout seul, et la seule pensée qui me console, c'est que chaque pas me rapproche de la maison. Je ne me dispose pas à perdre beaucoup de temps en route, et j'espère me trouver auprès de vous au jour fixé dans ma dernière lettre (mardi, 26 courant).

Je m'étais proposé de vous écrire une seconde fois de Venise ; mais nos journées s'y passaient très-rapidement, et quand nous rentrions le soir, j'étais trop fatigué pour prendre la plume.

Venise restera dans mon souvenir comme un rêve tout à la fois magnifique et extraordinaire. Après tout ce que l'on en a entendu raconter, il faut la voir par soi-même, pour pouvoir se figurer une ville sortant de toutes parts du sein des eaux, une ville dont les rues sont des canaux, dont les portes des maisons s'ouvrent sur l'eau par le perron de l'escalier, dont les voitures enfin sont des gondoles, le plus agréable moyen de transport dont j'aie jamais fait usage : on s'y couche parfaitement à l'aise, et comme les mangeurs de lotos, dont parle Homère, on voit dans une espèce de songe, glisser tout doucement devant soi les palais, les églises et toutes sortes d'édifices bizarres du style le plus varié ; de temps en temps se présentent un débris d'architecture semi-orientale, de riches fenêtres en ogives, des arcades gracieuses, dont la vue me ravissait, surtout quand notre gondole devait s'engager dans des canaux étroits, sales, pleins d'eau stagnante, qui semblaient parfaitement appropriés pour recevoir les immondices, ce qui est sans doute leur destination habituelle.

Nous eûmes encore un spectacle auquel vous auriez été heureux de pouvoir assister. Dimanche après-midi, comme nous entrions dans notre barque, le gondolier nous avertit qu'il ne pouvait nous prendre ce soir-là au prix accoutumé, depuis six heures jusqu'à huit, parce que c'était le moment où il faisait les meilleures recettes, tout le monde se rendant alors au Grand-Canal pour y entendre la musique. Par conséquent, après avoir été contempler quelque temps les monts Euganéens et les montagnes du Frioul, qui forment une vue superbe au nord de Venise, nous chargeâmes notre homme de nous mener entendre la musique sur le Grand-Canal. Sa largeur est d'environ 200 pieds : il serpente de la manière la plus gracieuse à travers toute la ville, passe vers le milieu de son cours sous le pont du Rialto, et coule entre deux rangées de palais magnifiques. Nous rencontrâmes bientôt la gondole de l'Archiduc ; elle était suivie d'une foule d'autres embarcations qui couvraient toute la largeur du canal, se heurtant et se repoussant les unes les autres, tandis que les gondoliers s'encourageaient par des cris : chacun surveillant la gondole de son voisin comme si c'était la sienne, et lançant un mot d'éloge ou de blâme suivant les circonstances. Chaque barque est montée par un homme qui se tient sur un petit pont près de la poupe, où il se balance avec une adresse étonnante et ne s'occupe qu'à diriger la gondole, tenant lieu tout à la fois de rame et de gouvernail ; un second batelier se tient vers la proue. Dans le milieu les dames sont assises sur des coussins, et il n'est pas d'équipage à Hyde-Park qui puisse aussi bien faire ressortir la beauté et l'élégance, que ces barques de Venise, où tant de méfaits se sont abrités depuis des siècles. Aujourd'hui toutefois on avait enlevé cette partie de la gondole qui sert d'après les circonstances de retraite ou d'abri pour prendre le frais, — sorte de cabine couverte de tentures, — et l'on voyait à découvert les personnes assises sur les coussins. Nous passâmes comme les autres au milieu de cette foule pressée de petites galères ; la scène changeait à chaque instant, les gondoliers poussant des cris, les barques semblant se heurter continuellement, tantôt étroitement serrées les unes contre les autres, tantôt s'élançant dans un espace de quelques pieds où la circulation était libre, et toutes se livrant à côté de nous aux évolutions les plus diverses. A chaque instant des gondoles plus hardies arrivaient du côté opposé, et c'était merveille de les voir se frayer un chemin à travers la multitude de barques qui semblaient leur opposer une ligne infranchissable. Quelques gondoliers étaient vêtus de livrées bizarres, ce qui ajoutait beaucoup à l'effet. Les dernières lueurs du jour éclairaient cette scène, et nous dûmes avouer que nous n'avions jamais assisté à un spectacle aussi intéressant et aussi original. Un seul gondolier, debout sur son petit tillac, saura conduire sa barque avec un art admirable, et quoiqu'elle ait près de quarante pieds de long, il la fera tourner dans les angles des canaux les plus étroits, et glisser à travers les gondoles qu'il rencontre, sans en toucher une seule. A cet effet, quand il approche d'un coin qu'il doit tourner, souvent à angle droit, et par conséquent sans savoir ce qui vient de l'autre côté, il se met à chanter en temps opportun *Stali* ou *Staprimi*, mots répondants à babord et tribord ; et de la sorte on évite ordinairement les chocs, mais il faut ajouter que les bateliers se conduisent en général d'une façon grossière et brutale envers leurs confrères d'un rang inférieur, et les abordent comme s'ils avaient la conviction qu'ils jouent le rôle de pot de fer contre le pot de terre. Ces canaux présentent encore un autre danger, que nous fûmes sur le point d'expérimenter à nos dépens. Hier soir, comme nous passions sous un des mille ponts que l'on y rencontre, une violente secousse fut imprimée à la barque et me fit tressaillir. C'était une bouteille à vin qui dans sa chute s'était brisée sur le dos de W.... Heureusement la blessure ne fût pas grave, mais je pensai que ma tête, qui se trouvait découverte en ce moment, eût pu tout aussi bien être atteinte, et il est certain qu'elle se fût fendue sous le coup. Je suppose que ce fut une étourderie, mais nous ne pûmes en découvrir l'auteur.

La plus grande partie de nos journées se passait en plein air, sauf quelques visites aux galeries de tableaux et aux églises. Nous fûmes tous singulièrement frappés du grand nombre de personnes qui assistent au service divin les jours de la semaine. Les messes se succèdent sans interruption, depuis le matin de bonne heure jusqu'à midi passé, quelquefois deux ou trois se disent en même temps à différents autels ; et chacune réunit un cercle de fidèles, tant hommes que femmes. En outre, on voit de toutes parts des personnes agenouillées. Dans la plus grande église de Venise, S. Giovanni e Paolo, temple magnifique où sont les superbes tombeaux des anciens Doges, il y eut pendant cinq jours exposition du Saint-Sacrement ; le maître-autel était tendu tout autour de tapisseries rouges et éclairé d'un grand nombre de cierges: au milieu était l'hostie exposée dans un ostensoir ; les prie-Dieu occupaient un large cercle dans l'église. Je m'y rendis presque tous les jours, et j'y vis chaque fois un grand nombre de personnes agenouillées et en prières. Dimanche, à Saint-Marc, nous avons entendu un sermon sur les divers systèmes de philosophie sensuaste et sur les erreurs dont ils fourmillent. — Le matin et le soir nous prenions notre café, et quelquefois des glaces, à la place Saint-Marc, qui est le soir un lieu de réunion très-fréquenté : en été, les dames y reçoivent leur société comme si elles étaient chez elles. Nous allions ensuite nous promener sous les galeries du Palais du doge, discourant du passé, du présent et de l'avenir, mais c'étaient les deux premiers sujets qui nous intéressaient le plus. Nous étions en général parfaitement d'accord pour admirer les mêmes monuments, les mêmes tableaux, pour approuver les mêmes principes, et nous n'étions pas moins unanimes pour détester ces variétés infinies de barbes et de moustaches, qui se montrent avec autant de profusion dans la « Jeune Italie » que dans la « Jeune France. »

Nous avons mis vingt-trois heures à faire le trajet de Venise à Milan : la chaleur et la poussière étaient insupportables. Demain, je verrai la fête de l'Assomption, que nous passâmes ensemble à Amiens, il y a quatre ans, vous vous en souvenez sans doute. J'ai arrêté pour lundi ma place pour Lucerne : c'est un voyage qui se fait en trente-deux heures, de sorte qu'il sera nuit quand je commencerai à franchir les Alpes par le passage du Saint-Gothard, pour descendre vers ce lac si ravissant, et pour lors le pire de mon voyage sera passé.

15 AOUT.

Je viens de voir le lever du soleil du haut de la cathédrale. Lorsque j'y entrai, il n'était pas encore cinq heures, et déjà un bon nombre de personnes, surtout de la classe pauvre, s'y trouvaient réunies. A cinq heures, un prêtre vint donner la communion au peuple devant la grille d'un autel dans le transept. Cela se passe très-rapidement : après avoir donné la bénédiction, il prend dans le tabernacle qui se trouve sur l'autel, le ciboire où l'hostie se conserve, et tenant celle-ci entre les doigts et le pouce, il fait le signe de la croix en disant en latin : « Que le corps de Notre-Seigneur garde ton ame pour la vie éternelle, » puis il la dépose sur la langue. Quand je redescendis dans l'église une heure après, la foule s'était considérablement accrue, et après avoir célébré la messe, le prêtre recommença à donner la communion ; de cette manière un grand nombre de personnes peuvent la recevoir en une matinée à différents autels, sans devoir trop longtemps attendre. Quant à l'impression produite par cette scène, elle se comprend facilement : les cierges brûlant sur les autels et devant, l'obscurité si profondément religieuse qui règne sous le Dôme, surtout à cette heure matinale, tout concourt à la rendre aussi solennelle que possible. Elle se prolongea sans interruption jusqu'à onze heures, où commença la grand'messe. Il est certain qu'il y a là quelque chose qui me paraît devoir entraîner la conviction.

Votre tout dévoué,

T. W. ALLIES.

Paris, *Hôtel de Windsor*, rue de Rivoli.

18 juillet.

Me voici depuis neuf jours en France et l'empressement de mes amis ne m'a pas laissé un instant de liberté pour annoter mes observations dans mon journal. Il est certain qu'un changement aussi radical dans les habitudes et dans les choses qui vous passent sous les yeux, vous laisse plus d'impressions que des semaines entières d'un travail sédentaire. Mais aussi quand on a été profondément ému, soit par un service religieux, soit par une conversation, soit même par l'aspect d'une place publique ou d'un monument, il y a un grand effort à faire pour rasseoir et recueillir ses pensées et pour tourner en quelque sorte ses regards au-dedans de soi-même. Du reste nous étions ordinairement si fatigués à la fin de la journée, qu'un pareil effort d'esprit nous devenait physiquement impossible.

Nous avons quitté Southampton le 8 juillet à cinq heures de relevée. — Beaucoup de vent et la mer houleuse. — Traversé à Portsmouth la flotte composée de dix vaisseaux de guerre : un vaisseau à trois ponts, le *Saint-Vincent*, de 104 canons, quatre à deux ponts et cinq frégates. Le spectacle était vraiment majestueux ; rien d'imposant comme ces vaisseaux impassibles sur les flots qui les caressent. Je n'ai jamais pu voir un vaisseau de guerre, sans sentir mon cœur bondir ; Byron a parfaitement exprimé les sentiments que l'on éprouve alors :

« Le vaisseau dit-il, se promène sur les ondes comme un être plein de vie, et semble vouloir provoquer les éléments au combat! »

A cinq heures, nous étions au quai du Hâvre. La douane y est d'une telle politesse qu'elle garde nos bagages jusqu'à huit heures, politesse qui est encore poussée plus loin par la police, puisque le visa des passeports ne peut commencer qu'à onze heures. Je proposai donc de faire une promenade à Graville, où l'on voit une belle église de Sainte-Croix, à mi-chemin de cette délicieuse côte qui domine l'embouchure de la Seine et les sites élevés de Honfleur et de Caen. La vue dont on jouit du haut de la terrasse du vieux prieuré est vraiment charmante; derrière l'église, un cimetière qui ne manque pas de pittoresque, s'étend sur le flanc escarpé de la colline ; un peu à l'ouest de l'église, se trouve une belle croix qui attire l'œil du voyageur. L'église était vide, et nous récitâmes notre office anglican devant un de ses autels. Je n'aime pas l'effet de deux fenêtres dans l'abside, qui symbolisent, je crois, les deux natures du Christ ; du reste cette église est un beau modèle d'église paroissiale en style normand. Malheureusement sa nef vient d'être défigurée par des bancs d'un aspect tout protestant, et sous la tour, juste devant le chœur, on voit maintenant un banc pour les notables avec des pupitres recouverts de drap. La chapelle et le tableau de la sainte Vierge nous frappèrent particulièrement. — A trois heures, nous partîmes pour Ivetot ; nos amis (1) nous y reçurent de la manière la plus cordiale : ils nous logèrent dans une maison qu'ils avaient achetée tout récemment, située dans un jardin ; pour la première fois de ma vie, j'eus l'honneur de me servir d'un bassin et d'une aiguière d'argent. Nous prîmes le souper avec M. le supérieur, à une table dressée au milieu du réfectoire. On garde le silence pendant le repas ; un des élèves fait la lecture dans une chaire placée contre le mur. Les élèves servent alternativement la table.

LUNDI, 10 JUILLET.

Nous avons entendu deux sermons, un le matin et un autre l'après-midi, prêchés par M. P. L. Labbé à cinquante-neuf enfants admis à la confirmation. La manière de parler de notre ami était douce et paternelle en même temps que pleine de cœur et d'onction. Le texte de son discours du matin était le suivant : « Vous n'avez pas reçu l'esprit de servitude pour craindre encore désormais, mais vous avez reçu l'esprit d'adoption par lequel nous crions : Mon Père, mon Père ! » — Il distinguait la crainte servile et la crainte filiale, la servitude des Juifs et l'adoption chrétienne, conjurant toujours ses auditeurs de ranimer dans leurs cœurs le sentiment de l'amour paternel de Dieu. « Jamais, disait-il, nous ne saurons combien Dieu nous a aimés ; » puis il les supplia, si jamais ils tombaient dans le péché, d'aller immédiatement à Dieu pour lui en demander pardon ; il les pria de ne jamais manquer de confiance quelle que fût leur propre indignité, leur rappelant que le tribunal de la pénitence leur était toujours ouvert. — Le soir, il prit pour texte : « Vous recevrez la force, lorsque le

---

(1) Les professeurs du petit séminaire dirigé par M. Labbé.
(*Note du traducteur*)

Saint-Esprit sera descendu sur vous, et vous rendrez témoignage de moi. » Il développa comment, dans la confirmation, il y avait une communication plus intime de l'Esprit-Saint que dans le baptême, — ce que c'était que de rendre témoignage à Dieu, et de lui rendre témoignage par toute notre vie et nos paroles. — Ces deux discours me plurent beaucoup, tant à cause du charme de la parole que pour le sujet en lui-même.

Nous eûmes l'avantage de dire notre office anglican dans la chapelle, où une lampe solitaire indique la présence du Saint-Sacrement. Quel bonheur immense que cette présence corporelle du divin Maître dans son temple! Quelle magnifique réalisation du mystère de l'Incarnation! La chapelle est une imitation fort gracieuse du style gothique; elle fut bâtie sur les dessins de M. Robert, qui, après avoir fait ses études à l'école polytechnique, renonça à tous les avantages du monde pour embrasser la vie dure et pénible du prêtre dans un petit séminaire. Et non-seulement lui, mais tous ceux qui demeurent là avec lui, semblent y mener une existence alimentée par une source de charité qui coule au fond de leur cœur; et la grande abnégation qui fait le fond de leur être, ne semble leur peser en aucune façon, car ils ont toujours à l'esprit la récompense qui les attend. — Pendant les cinq jours que nous passâmes à Ivetot, nous eûmes à chaque instant l'occasion d'admirer l'esprit de charité toute fraternelle qui régnait parmi tous les membres de cette maison. Il n'y avait chez eux ni préoccupation de succès temporels, ni désir d'amasser des richesses : leur unique but était d'élever les enfants confiés à leurs soins comme des membres du Christ et des héritiers de son royaume. Cette pensée seule dominait toutes leurs actions. Dans la soirée, Mgr. l'archevêque de Rouen arriva en compagnie de son vicaire-général, M. Surgis. Les professeurs soupèrent ce soir-là en particulier avec le prélat et nous autres. Je fus tout confus de me trouver placé à sa droite, aussi bien que P... qui était à sa gauche. Néanmoins sa grande affabilité, sa bonté naturelle et l'aisance de ses manières envers son clergé, nous eurent bientôt enlevé tout embarras.

MARDI, 11 JUILLET.

La confirmation eut lieu à neuf heures. Les enfants se formèrent en procession le long du corridor jusqu'à la chapelle : soixante à quatre-vingts d'entre eux portaient des aubes ; ils étaient suivis de leurs maîtres et de quelques autres membres du clergé ; puis venait l'archevêque lui-même précédé de la croix et de la crosse. Nous nous tenions derrière eux et nous montâmes à la tribune grillée au bout de la chapelle. A cette hauteur, la réunion vue dans son ensemble, toutes ces aubes blanches, l'autel préparé pour le saint sacrifice, le superbe costume de l'archevêque, tout cela formait un coup d'œil magnifique. Il dit la messe et donna la communion à une centaine d'élèves. Rien de plus solennel que le moment où ils s'agenouillèrent deux à deux dans toute la longueur de la chapelle, et vinrent successivement recevoir la communion de ses mains. Il y eut un instant qui nous toucha particulièrement : ce fut quand l'archevêque prit sa crosse et que, debout devant l'autel, il dit : « *Benedicat vos omnipotens Deus, Pater, et Filius, et Spiritus Sanctus.* » Il semblait être le suprême Grand-Prêtre en personne bénissant son peuple. Après la messe, il se plaça devant le milieu de l'autel, fit asseoir les jeunes gens et leur adressa une allocution qui dura environ vingt minutes. Ses manières étaient un mélange de grâce et de simplicité pleine de charmes : tout son maintien, en un mot, représentait admirablement le prêtre, le père et l'évêque ; il y avait autour de lui comme un parfum de la hiérarchie céleste, dans les rangs terrestres de laquelle il prenait place. Il s'étendit dans son discours sur la triple bénédiction répandue sur nous par la sainte Trinité, dans la création, dans la rédemption et dans la sanctification. Puis il parla de la sainte Eucharistie comme d'un développement de l'Incarnation, et du Christ, qui par ce sacrement, est réellement, substantiellement et personnellement présent en nous. Son vicaire-général nous dit que, depuis deux mois qu'il était chaque jour avec lui en tournée de confirmation, il ne l'avait jamais entendu se répéter, et qu'il savait varier chacune de ses allocutions. Il ne se servait pas de notes et parlait sans aucun effort. Il fit ensuite lui-même l'examen des jeunes enfants admis à la confirmation pendant environ trente-cinq minutes. Il choisit les enfants au hasard et leur fit des questions sur les principes de la foi, les sacrements, etc., mais d'une voix si basse que je pus à peine saisir le sens général de ses paroles. Puis vint la confirmation proprement dite, dont la cérémonie, de même que la nôtre, est très-courte. L'archevêque debout au milieu de l'autel, et étendant ses mains vers le peuple, appela sur les confirmés à genoux devant lui, les sept dons du Saint-Esprit :

« L'Esprit de sagesse et d'intelligence. — Amen.

« L'Esprit de science et de vraie piété. — Amen.

« L'Esprit de conseil et de force. — Amen.

« Remplissez-les, ô Seigneur, de l'esprit de votre crainte et marquez-les du signe de la croix jusque dans la vie éternelle ! »

La répétition de l'*Amen* par les confirmés donne à cette prière un caractère de solennité que la nôtre ne possède pas. Les confirmés vinrent ensuite deux à deux s'agenouiller près de son fauteuil devant l'autel, et il leur signa le front avec le saint chrême les nommant chacun par leur nom de baptême, au moment où il disait : « Je te marque du signe de la croix et te confirme avec le chrême du salut, au nom du Père, et du Fils, et du Saint-Esprit. Amen. » L'office dura trois heures ; mais dans les villages, il n'est pas d'ordinaire précédé de la messe.

Puis, nous assistâmes à un grand dîner, à une table placée au milieu du réfectoire ; plusieurs prêtres, amis de la maison, étaient au nombre des invités. La conversation fut très-animée, la règle du silence étant suspendue par la présence de l'archevêque.

Dans la soirée, il y eut un salut solennel : l'archevêque n'officia pas, mais il y assista assis sur un siége près de l'autel.

Après le dîner, deux élèves, l'un de la division supérieure, l'autre de la division inférieure de l'école, récitèrent des vers devant l'archevêque, et toute la classe parut ravie des paroles affables qu'il leur adressa. J'entendis notre ami leur rappeler dans une de ses allocutions que l'archevêque était le chef suprême de la maison, et, en effet, ils en semblaient tous profondément pénétrés.

Dans la soirée, on nous réunit tous d'une façon un peu mystérieuse, pour nous faire assister à une espèce de représentation qui devait avoir lieu dans une grande salle au bout de laquelle on avait étendu un tapis et placé un fauteuil pour l'archevêque. J'interrogeai M. Robert sur ce qui allait se passer, et il me répondit : « Nous autres Français, vous le savez, nous sommes des fous, il faut que nous riions. » Je ne dis pas que le divertissement vérifia la première assertion, mais certes il disait vrai quant à la seconde. M. Picard, prêtre de la cathédrale de Rouen, prit un papier, et commença à lire quelques vers qu'il avait composés et où il racontait la récente chute de cheval de l'un des professeurs. A chaque couplet, les enfants répétaient en chœur et chantaient le refrain avec un entrain indicible. Cela dura environ vingt ou trente couplets. Les enfants comprenaient à demi-mot. Il serait dangereux, pensais-je en moi-même, pour la discipline d'Eton (1), de réunir ainsi les jeunes gens dans la grande classe, pour y célébrer la chute de cheval de mon ami C. ou A., en supposant toutefois qu'ils en eussent fait une. Le refrain :

> « Quel est ce cavalier-là ?
> Qu'il mène bien son dada !
> Tra-la-la, tra-la-la.... »

chanté par 250 voix résonne encore à mes oreilles. Ce chant fut suivi d'un autre exécuté de la même façon, et ayant pour sujet le zèle et l'ardeur que mettait M. Robert à observer la lune.

Nous soupâmes comme la veille au premier, et nous eûmes quelques moments de conversation très-intéressante avec l'archevêque.

MERCREDI, 12 JUILLET

L'archevêque nous a fait demander ce matin : il s'informa du but de notre voyage en France, et nous donna à chacun une Imitation de Jésus-Christ et une petite croix bénie de sa main. Il nous exprima de la manière la plus affectueuse le plaisir qu'il avait éprouvé à nous voir, et nous pressa de lui faire une visite à Rouen. Nous dînâmes de bonne heure. M. P. L. Labbé voulut ensuite nous conduire à l'ancienne église et abbaye de Fécamp. Nous fîmes la route en partie par chemin de fer, et comme la diligence devait attendre le train du Hâvre, nous fîmes près de trois milles à pied, et à Goderville nous prîmes un char-à-bancs. Nous fûmes d'abord au presbytère de Fécamp, mais le curé étant en train de rebâtir sa maison, nous logeâmes tous chez M. l'abbé Lefèvre, l'ancien curé qui a quitté le ministère, pour vivre retiré chez sa sœur.

(1) Un des collèges de l'Université d'Oxford.

Jeudi, 13 juillet.

M. Beaucamp, le curé de Fécamp, fut notre guide dans la magnifique église de l'abbaye ; elle fut construite du dixième au douzième siècle, et compte environ 400 pieds de longueur. Il fit ressortir les diverses transformations du style et de la construction. Il serait grandement à désirer qu'on enlevât le badigeonnage qui la dépare.

Tel fut l'emploi de notre soirée d'hier. Ce matin M. Beaucamp nous a fait faire un pèlerinage à Notre-Dame-du-Salut, chapelle bâtie par notre Henri 1er ; il y a encore trois chapelles sur ce côteau. La vue s'étendait au loin sur les campagnes et la mer était vraiment admirable ; la cîme où nous étions avait 400 pieds de hauteur. Les pauvres femmes des pêcheurs montent parfois la côte à genoux pour accomplir des vœux formés pour l'heureux retour de leurs maris. Le pays de Caux est une contrée magnifique ; sauf quelques intervalles boisés, la vue s'étend au loin sur de vastes plaines d'un sol riche et fertile. Fécamp est enfoui dans une profonde vallée entourée de collines verdoyantes. Nous fûmes particulièrement charmés de la cordiale hospitalité de M. Lefèvre. Nous le quittâmes pour aller souper à Ivetot. Le temps est délicieux, le soleil brillant et l'air vif.

Vendredi, 14 juillet.

M. P. L. Labbé voulut mettre le comble à sa complaisance en nous conduisant à Rouen, pour y loger chez M. Picard, curé de Notre-Dame. La route par chemin de fer jusqu'à Rouen est par intervalles très-pittoresque. — Vers onze heures, nous nous trouvions dans la chapelle de Notre-Dame, à la cathédrale, où nous pûmes réciter notre office, sans crainte d'être interrompus. M. Labbé passa toute la journée avec nous et nous conduisit en différents endroits. Il nous mena entre autres au couvent des carmélites, où nous entendîmes sans la voir une sœur qui y avait passé quatorze ans : autrefois elle avait été sa pénitente, mais depuis cette époque, il ne l'avait plus vue. La règle veut que le rideau de la grille derrière laquelle la sœur parle aux visiteurs, ne soit levé que pour une mère, un père, une sœur, ou un frère. — Elle nous raconta que ses neveux, lorsqu'ils étaient encore enfants, pouvaient la voir, quand avec leur mère, ils venaient la visiter, mais qu'une fois arrivés à un âge plus avancé, cela ne leur fut plus permis : ainsi la mère s'asseyait d'un côté avec le rideau levé entre elle et sa sœur, mais les enfants étaient de l'autre côté et pouvaient seulement l'entendre sans la voir, cela leur faisait tant de peine, qu'ils n'aimaient pas de venir la visiter. La conversation de cette religieuse n'était rien moins que triste : elle nous parla d'une manière très-intéressante d'une carmélite récemment décédée à Tours, qui avait prédit tous les désastres dont la France souffre aujourd'hui, en les attribuant à l'impiété générale surtout au blasphème du saint nom de Dieu et à la profanation du jour du Seigneur. Elle nous donna des prières composées à cette intention. Quand M. Labbé lui dit que nous n'appartenions pas à l'Eglise romaine, elle fit une longue pause et sembla respirer comme si un poids soudain fût venu lui oppresser la poitrine ; puis elle nous dit qu'elle prierait instamment pour nous, et ajouta que chaque jeudi dans leur couvent on célébrait une messe spéciale à l'intention de la conversion de l'Angleterre. Elle alla chercher la supérieure qui s'entretint aussi quelque temps avec nous : elle avait un timbre de voix excessivement pur et agréable, on éprouvait un véritable plaisir à l'entendre.

Dans l'après-midi, M. le curé et M. Labbé nous conduisirent chez l'archevêque. Il se montra très-affable, nous invita à dîner le jour même, et quand nous lui dîmes que nous venions de dîner, il renouvela son invitation pour le samedi en y comprenant M. Picard et son vicaire, M. de la Haye. M. Labbé ne pouvait rester aussi longtemps. Avant de le quitter, Monseigneur insista pour nous faire voir son palais. Il y a une suite de beaux salons terminée par une superbe bibliothèque ; c'est Mgr qui a recueilli les portraits de ses prédécesseurs, il est le quatre-vingt-neuvième archevêque de Rouen. Son palais est entretenu aux frais du département, qui meuble aussi trois chambres ; il nous raconta que, tous les ans, on venait faire l'examen du mobilier. Ce palais est un ancien édifice très-vaste et bâti comme une forteresse. L'archevêque nous montra une fenêtre de laquelle il avait vu tout récemment construire une barricade dans la rue, et un homme y avait été tué sous ses yeux. En dernier lieu, il nous mena à la chapelle bâtie dans le style grec et d'une architecture très-simple. On y a déposé provisoirement les restes de l'impératrice Mathilde récemment découverts à l'abbaye de Bec. Ce ne fut que grâce à ses instantes prières, que l'empereur son époux consentit à ce qu'elle fut enterrée dans un monastère : il disait qu'elle était d'un sang trop illustre pour être enterrée autre part qu'à Rouen. L'archevêque nous dit qu'il n'officiait pas souvent en public dans la cathédrale, environ quatre fois par an : « Mais, » ajouta-t-il, « par la miséricorde de Dieu, je dis la messe tous les jours dans ma chapelle. »

M. le curé a l'habitude de dîner à midi ; avant cette heure il ne prend rien, et il soupe à huit heures. Il invita deux ou trois prêtres à chaque repas pendant les trois jours que nous restâmes avec lui. La raison pour laquelle il ne prend rien avant midi, c'est qu'après avoir dit la messe, il est tellement occupé de ses paroissiens, que souvent il lui serait impossible de déjeûner : c'est pourquoi il a pensé qu'il valait mieux en faire une règle générale. Le confessionnal est un très-lourd fardeau : il absorbe en moyenne une couple d'heures par jour, et la veille des grandes fêtes quelquefois sept heures de suite. M. Labbé nous raconta qu'une fois il confessa pendant vingt-trois heures consécutives. C'est là un devoir qu'ils peuvent être appelés à remplir à toute heure du jour et de la nuit. M. Picard et son vicaire, M. De la Haye, trouvèrent à peine le temps de dîner avec l'archevêque le samedi soir à sept heures, et s'esquivèrent aussitôt que possible.

SAMEDI, 15 JUILLET.

Ce matin, notre excellent M. Labbé est retourné à Ivetot, il m'avait cédé sa chambre. Dans l'après-midi, M. Picard nous fit parcourir l'hôtel de ville et l'ancienne abbaye des bénédictines de Saint-Ouen ; dans la bibliothèque publique du monastère, on nous montra un magnifique graduel plein d'admirables miniatures ; on l'employait déjà un siècle avant la Révolution, et d'après ce qu'on nous dit, il était, je crois, unique dans son genre. Les jardins et les corridors étaient occupés par la garde nationale, mais la présence de M. le curé nous fit accorder l'autorisation de voir l'église. Cet admirable édifice est un chef-d'œuvre du style gothique ogival de la deuxième et de la dernière période : la partie qui fait corps avec le portail des Marmousets et d'une beauté incomparable. A Saint-Vincent, nous vîmes onze fenêtres à vitraux peints des plus brillantes couleurs ; elles entourent le chœur et s'aperçoivent toutes à la fois. Nous fîmes ensuite une promenade au mont Sainte-Catherine, où l'on jouit d'une vue charmante de Rouen et des collines qui l'environnent. J'ai toujours considéré la position de cette ville comme une des plus belles que je connaisse et aujourd'hui, aux rayons du soleil de juillet, elle me fit la même impression. Nous allâmes à l'église de Notre-Dame-de-Bon-Secours, qui est sur le point d'être achevée : l'intérieur et la façade de l'ouest me plurent beaucoup. Cette dernière a trois portails à l'instar des grandes églises que le moyen âge dédiait à Notre-Dame : tout y est bien proportionné, et l'ensemble est fort harmonieux. L'intérieur est dans le style du temps de notre Edouard II ; l'effet général est fort satisfaisant : toutes les fenêtres sont en vitraux peints, qui ne sont pas tous également bons, mais dont l'ensemble flatte agréablement l'œil. Cette église a coûté 40,000 livres, somme qui fut quêtée ou donnée par le curé : excellente œuvre en vérité. — Les ex-voto sont maintenant placés dans l'aile du nord.

Nous aurions voulu nous y arrêter beaucoup plus longtemps, mais il fallait se presser pour aller dîner chez l'archevêque. Nous dînâmes à sept heures et demie, dans une vaste salle. Mgr s'excusa de nous offrir un dîner maigre, mais en présence des différentes sortes de poissons qu'il fit servir, on n'aurait pu désirer un meilleur repas. Nous étions neuf : l'archevêque, moi à sa droite, P. à sa gauche, MM. les abbés Picard, De la Haye, Surgis, deux autres encore, et enfin M. Barthélemi, l'architecte de Bon-Secours. Ce dernier avait une conversation fort intéressante. Il nous parut être un architecte chrétien, chose rare et précieuse de nos jours. Le soir, l'entretien roula sur l'état déplorable de la France, la chute des fortunes, la stagnation générale du commerce, et les excès effrayants de la dernière lutte. L'archevêque nous parla d'un homme qui, arrêté les armes à la main, était sur le point d'être fusillé par les soldats, quand un officier général intervint et par ses instances lui sauva la vie. Le scélérat saisit un pistolet à sa ceinture, ne dit qu'un mot : « Merci, colonel ! » et il lui brûla la cervelle. Il fut immédiatement mis en pièces. Tout le monde semble d'accord pour reconnaître que la république ne peut durer et qu'il faut une monarchie ; mais les esprits sont si aigris, les passions si excitées, que la France ne peut arriver à ce résultat final que par la lassitude résultant de la souffrance. Personne ne sait ce que le lendemain lui réserve. Rouen souffre beaucoup, — les marchands ne vendent rien, — les ouvriers sont sans travail. Les magasins du Havre regorgent de marchandises qui ne trouvent pas de débit. La propriété foncière, lorsqu'on est forcé de la vendre, n'atteint pas la moitié de sa valeur. Personne ne peut dire combien de temps cela durera, ni quelle sera la fin de la crise. La France est frappée d'une paralysie complète. La source de toutes ces misères réside dans l'incrédulité qui a gagné toutes les classes et à laquelle vient se joindre la fièvre des jouissances matérielles qui sont l'objet des convoitises les plus ardentes.

Le train de maison de l'archevêque me parut convenable et digne, sans être en aucune façon celui d'un grand seigneur. Je l'aimais et le respectais beaucoup plus ainsi, que s'il eût eu les vingt domestiques en livrée de son prédécesseur, le cardinal-archevêque prince de Croï, lorsqu'il était grand-aumônier de Charles X. Il est le chef grave et laborieux d'un clergé pauvre et accablé de fatigues, mais plein de charité et de dévouement. Le seul espoir de la France repose désormais sur cette vérité, dont ses enfants devraient se pénétrer dès le berceau : « *Via crucis, via regis.* »

DIMANCHE, 16 JUILLET.

Fête du Sacré-Cœur de Jésus. Après avoir dit le matin notre propre office, nous sommes allés passer près de six heures dans la cathédrale, en comptant la grand'messe du matin, les vêpres, le sermon, les complies et le salut du soir. Il est certain que la clef de tous les offices de l'Eglise romaine se trouve dans cette parole : « Le Verbe s'est fait chair et il a habité parmi nous. » — Le dogme de l'Incarnation plane comme un esprit sur toutes les choses; il donne le motif de chaque génuflexion devant l'autel, il donne la vie à chaque hymne, et forme l'harmonie de cette admirable série de Saints, avec la Vierge-mère à leur tête, qui intercèdent auprès de la sainte Trinité, et unissent leurs louanges à celles des chœurs célestes à la faible voix de l'homme soutenant les combats de la chair. Autour de l'Incarnation, pénétrant ainsi tous les instants de la vie, offerte sans cesse aux yeux et au cœur, poussant le pénitent au confessionnal et exaltant le prêtre à l'autel, vient se grouper tout le culte ; les enfants y puisent la vie sans le savoir; les mères y retrouvent et y contemplent leurs enfants jusqu'à ce que l'amour maternel lui-même devienne plus profond, plus ardent et plus sanctifié. Dans l'Incarnation, le prêtre trouve la force de mener une vie de labeur et de renoncement à lui-même, et son fardeau lui devient si léger que la charité semble être le pain dont il subsiste. Et le secret de tout ceci, c'est cette union journalière du prêtre avec le Saint des saints ; c'est qu'il reçoit tous les matins Celui qui déifie en quelque sorte et la chair et le sang.

Telle fut l'impression que me laissèrent les offices de cette journée : c'était bien là de la dévotion, c'est-à-dire, l'élévation du cœur vers son Maître et son Seigneur, — non par un effort continuel pour exciter son intelligence, mais l'élévation vers Dieu d'une faculté supérieure de l'ame, par laquelle nous sommes tous égaux.

La journée du catholique s'ouvre dès le matin par le saint-sacrifice, et le soir elle finit encore par l'exposition de ce redoutable Sacrement, qui est l'incarnation de l'amour. « Le Verbe s'est fait chair et il a habité parmi nous, » voilà le commencement et la fin de tout. Le Verbe vient à nous au milieu d'une nuée de saints, qui sont puissants parce qu'ils sont les siens, dont les œuvres sont grandes, parce qu'il travaille en eux, dont les prières sont efficaces, parce qu'étant chair et sang, ils sont devenus participants du Verbe fait chair, celle-là surtout dont il a pris la très-pure substance pour en faire à jamais la sienne propre, de telle sorte que cette chair qu'il lui a empruntée demeure en union hypostatique avec Dieu et est Dieu. A ce point de vue, la communion des saints est une réalité qui embrasse notre vie de chaque jour en mille points différents, c'est le développement et la conséquence du dogme de l'Incarnation, qui en forme le soutien et la raison d'être. Pour ceux qui n'admettent point cette redoutable présence au Sacrement de l'autel, les saints et les saintes ne peuvent être qu'autant de pécheurs et de pécheresses divinisés, et ceux qui les honorent des idolâtres. Combien cette erreur diminue pour eux la somme de la vérité ! combien ils sont loin d'en comprendre toutes les faces ! Ils divisent en quelque sorte le mystère de l'Incarnation, pour n'en conserver qu'une fraction, et ils se vantent ensuite d'être seuls à le comprendre. Ces prières et ces hymnes répétées ne leur semblent que des formes mortes, l'inflexion du corps n'est pour eux qu'une momerie, car ils n'aperçoivent pas celui qui s'avance entre les candélabres d'or : pour eux tout n'est que vanité, car lui n'est point là.

L'archevêque avait eu la bonté de nous faire donner une place dans le chœur, tout près du sanctuaire.

Nous dînâmes à midi : M. le curé avait invité M. Surgis, M. De la Haye et ses deux autres vicaires, dont l'un prêcha dans l'après-dîner sur la nécessité de la croix pour les justes d'abord, pour les pécheurs ensuite : il insista sur les mille moyens dont Dieu se sert pour amener à lui les uns et les autres, en leur envoyant les souffrances, les humiliations, etc.

Le soir, M. le curé nous mena présenter une dernière fois nos respects à l'archevêque. Nous entendîmes encore beaucoup parler de l'état déplorable de la France. Mgr nous reçut avec beaucoup de cordialité, il exprima l'espoir que nous ne nous trouverions pas à Paris trop près d'une barricade et nous témoigna sa satisfaction d'avoir fait notre connaissance.

LUNDI, 17 JUILLET.

J'ai fait une paisible promenade autour de Saint-Ouen jusqu'à la chapelle de la Vierge. Je comprends aisément que ce soit une consolation pour bien des existences accablées de fatigue et de souffrance, de pouvoir une fois par jour se retirer dans cette église. Hier, après les services, nous crûmes ne pouvoir rien faire de mieux que de monter sur la tour, afin de contempler de là-haut les grandes œuvres de Dieu qui environnent le spectateur. A deux heures, nous nous sommes fait conduire en voiture à l'établissement de M. l'abbé Lambert Bois-Guillaume. Il appartient à une famille riche et entra à l'école polytechnique pour satisfaire au désir de son père ; il y étudia quelque temps, mais aussitôt que son père y consentit, il devint prêtre, suivant la vocation qu'il avait toujours eue, et sacrifia sa fortune à bâtir un collége destiné aux jeunes gens des classes supérieures. Il a choisi un bel emplacement situé au sommet d'une colline au nord de Rouen et entouré d'un jardin, d'un verger et d'allées de vieux hêtres. Il a maintenant cinquante-deux élèves ; huit prêtres et lui-même leur donnent l'instruction. Le but de cette institution est de donner une éducation vraiment chrétienne, sans toutefois diriger vers les ordres sacrés des jeunes gens, dont les parents appartiennent à une classe, qui, d'ordinaire, n'aime pas de voir entrer ses fils dans les rangs du clergé. Outre le dimanche, ils n'assistent donc que deux fois par semaine à la messe. Nous causâmes longtemps avec le directeur. Il semblait déplorer le besoin d'indépendance que l'éducation française avait développé chez la jeunesse ou qui du moins existait en elle. Bien que la maison lui appartienne, un inspecteur du gouvernement vient chaque année la visiter. Cet inspecteur avait fait des objections contre les rideaux qui garnissaient les lits des élèves, comme rendant la surveillance plus difficile. Je racontai à M. Lambert quelle avait été ma surprise en trouvant à l'établissement de M. Poiloup, près de Paris, une règle qui défendait que deux enfants malades fussent jamais laissés seuls ensemble à l'infirmerie. Il me répondit qu'une telle règle n'avait pour lui rien d'extraordinaire.

Il s'informa avec intérêt de tout ce qui concerne le caractère fier et énergique des Anglais. J'ai pu me convaincre dans cette maison de l'immense avantage que la loi du célibat offre à l'Église pour l'éducation de la jeunesse. Il y avait seulement huit maîtres pour cinquante-deux élèves et la pension ne s'élevait qu'au prix modique de mille francs. A Éton, où le prix de la pension est presque quadruple, un nombre d'enfants proportionnel exigerait vingt-six maîtres au lieu d'environ seize. Mais ici, on renonce à tout avancement personnel ; on n'a pas de famille toujours plus nombreuse à soutenir ; les bénéfices et les honneurs ne sont jamais le motif ou l'un des motifs qui soutiennent le zèle ; on a tout simplement un but plus élevé, celui de remplir un grand devoir et de gagner une couronne immortelle. Ce dévouement si complet et si absolu semble devoir nécessairement trouver son tombeau dans les liens du mariage, au point que les plus nobles travaux du sacerdoce et de l'éducation deviennent impossibles.

Dans la situation actuelle des rapports entre l'État et l'Église par l'univers entier, c'est une question de savoir jusqu'à quel point un corps sacerdotal engagé dans les liens les plus étroits avec le monde, peut faire face aux exigences des temps et conserver les libertés les plus nécessaires et les plus fondamentales de l'Église, soit à l'égard du dogme, soit à l'égard de la discipline. Les masses semblent être tombées aujourd'hui dans un tel état d'irritation et d'ignorance, elles sont si imbues de préjugés, que rien n'est capable de faire sur elles une impression forte et durable, si ce n'est le spectacle d'un généreux et continuel renoncement à soi-même et du zèle et de l'étude réunis à la pauvreté, et il faut que cet exemple soit donné par des hommes sortis du peuple lui-même ou qui ont renoncé à un rang plus élevé pour s'identifier avec lui. Plus j'y réfléchis et plus il me semble que le sacerdoce et les colléges ecclésiastiques de France renferment en eux cet élément de succès.

Le collége de M. Lambert est une construction quadrangulaire dans le style des vieux châteaux du temps de Louis XIV. Deux ailes sont à peu près achevées : le plan en est dû à M. Robert; ce sera un fort bel édifice en rapport parfait avec sa destination. Les jeunes gens couchent aujourd'hui dans deux dortoirs, qui, comme tout le reste de la maison, sont d'une propreté scrupuleuse; les maîtres y dorment également : un peu plus d'espace laissé entre le lit du maître et le lit voisin, voilà la seule différence qui distingue la couche des professeurs de celles des élèves.

Dans le courant de la journée, je demandai à une personne parfaitement à même d'en juger, si les colléges de l'Université étaient maintenant dans un état plus satisfaisant quant à la moralité des élèves. On me répondit qu'il était à craindre qu'ils ne fussent encore pires que par le passé.

L'après-midi, après avoir fait nos adieux à notre excellent hôte, M. Picard, nous prîmes le chemin de fer pour Nantes. Le pays est fort beau sur tous les points de la route. La vue de Rouen est d'une beauté ravissante, quand on passe le pont de Notre-Dame-de-Bon-Secours : les rives de la Seine s'élèvent jusqu'à quatre cents pieds de hauteur et vous accompagnent presque tout le long de la route. A peu de distance de la ville, on passe deux fois sous un tunnel, et soudain l'on se trouve ramené aux bords paisibles de la rivière. Les plans du paysage sont coupés sur une vaste et large échelle, ce qui contraste singulièrement avec les perspectives plus limitées et plus étroites de l'Angleterre. Nous atteignîmes Nantes assez à temps pour voir la belle église de Notre-Dame : elle est digne des souverains qui la firent bâtir, saint Louis et Blanche de Castille.

MARDI, 18 JUILLET.

Ce matin, à six heures, nous avons assisté à une messe basse dans la chapelle de la Vierge à Notre-Dame ; il y avait beaucoup de monde ; des sœurs de Charité, des frères de la Doctrine chrétienne et d'autres personnes encore y communiaient. Cette église est d'un style très-pur et très-correct : tout y respire le symbolisme. L'œil rencontre constamment les nombres trois et sept dans les fenêtres et les travées. Il y a sept travées dans la nef, et sept autour de l'abside ; sept grandes fenêtres à rosaces s'élèvent au-dessus du triforium voûté, autour de l'abside ; elle renferme un grand nombre de belles fenêtres à dessins géométriques avec des trèfles disposés en triolets. A chaque travée de la nef, le triforium a trois travées plus petites formées par des colonnettes fort élégantes. La façade occidentale jusqu'à la galerie est vraiment majestueuse et d'une rare beauté.

Nous arrivâmes à Paris à dix heures et un quart, et peu d'instants après, nous étions en route vers l'hôtel de Windsor : les soldats bivouaquaient dans la gare du chemin de fer. A peine installé, je me mis à rédiger mon journal depuis le premier jour ; j'en eus pour plus de cinq heures. Le soir, nous nous rendîmes par les quais à Notre-Dame et à l'hôtel de ville. Les passages étaient encombrés de gardes nationaux et d'une population de flaneurs et d'oisifs. Malheur à la nation dont voilà les gouvernants !

MERCREDI, 19 JUILLET.

Nous sommes allés au séminaire d'Issy pour voir M. Galais; il n'était pas chez lui. En revenant nous nous arrêtâmes chez M. l'abbé Ratisbonne ; nous eûmes une longue conversation avec lui. Je lui exposai les motifs de mon voyage à Paris ; il fut étonné d'apprendre qu'il y eût encore parmi nous des personnes instruites et de bonne foi qui pussent croire que les catholiques romains adorent la sainte Vierge et la mettent en quelque sorte à la place de Notre-Seigneur. Il ajouta qu'il n'était pas honorable de leur imputer de pareilles choses ; que la sainte Vierge était une simple créature élevée par Dieu à l'honneur le plus insigne qu'il soit possible d'imaginer en devenant la mère de Notre-Seigneur Jésus-Christ. Quand même il n'y aurait pas d'autre objection contre le protestantisme que son mépris pour la sainte Vierge, cela seul suffirait pour le lui faire repousser et pour l'en dégoûter. Les apôtres, en présence du Christ, tournèrent-ils le dos à sa mère ? « Si j'avais, dit-il, l'honneur de connaître votre mère, comme j'ai celui de vous connaître, j'aurais bien soin en vous parlant de ne pas lui tourner le dos. » — La conversation tomba ensuite sur la primauté du Pape au point de vue historique et surtout comme nécessité morale ; quand j'émis l'opinion que l'épiscopat était une chambre des pairs dans laquelle le Pape tenait le premier rang, il se rangea de mon avis et ajouta qu'il était *primus inter pares*. Il me parla de la manière défectueuse dont on a écrit l'histoire et me fit remarquer combien les historiens modernes qui citent des auteurs originaux, méritent peu de confiance : il en avait souvent fait l'expérience en écrivant sa *Vie de saint Bernard*. Je m'informai de son frère qui est actuellement diacre dans une maison de Jésuites du département de la Sarthe, si je ne me trompe. Nous sommes convenus d'une autre entrevue avant mon départ.

Après le dîner, nous retournâmes par le quai à Notre-Dame, mais l'église était déjà fermée. Comme l'espace qui entoure la Sainte-Chapelle fait partie du palais de justice, il était occupé par les troupes, et nous ne vîmes aucun moyen d'y pénétrer. Partout des masses de gardes nationaux ont pris possession des grands édifices, comme autant de garnisons en pays ennemi. Nous remontâmes la rue Saint-Jacques, il y restait fort peu de traces du combat acharné qu'on dit y avoir été livré ; il semble vraiment inconcevable que l'on ait pu prendre une rue aussi étroite et aussi escarpée. Si elle était occupée dans tout son parcours par les insurgés, ce doit avoir été un champ de bataille bien meurtrier.

Nous sommes allés chez M. l'abbé de Noirlieu, mais il était à la campagne.

LUNDI, 20 JUILLET.

Nous avons présenté une lettre d'introduction à Monseigneur Parisis, évêque de Langres. Il est petit et peut avoir soixante ans : ses traits expriment une grande décision de caractère. Nous eûmes un assez long entretien dans lequel il promit de m'être utile de toute manière dans mes recherches sur tout ce qui a rapport au catholicisme ; il envoya chercher un abbé pour nous conduire en différents endroits, mais comme on ne le trouva pas chez lui, il nous pria de revenir à sept heures du soir. Quand je lui dis que l'adoration de la sainte Vierge était généralement imputée aux catholiques romains, il sembla étonné et dit qu'il croyait que cette opinion était passée. « Nous la considérons, » me dit-il, « comme une simple créature, qui a reçu de Dieu la grâce la plus éminente, celle d'être la mère de Notre-Seigneur. Mais tout ce qu'elle possède, elle l'a reçu de Dieu ; avoir la vie par soi-même ou la tenir d'un autre sont deux choses essentiellement distinctes. » Je parlai du D^r.... et de son livre ; je dis combien il me semblait avoir peu saisi l'idée catholique. Ainsi par exemple, il va jusqu'à s'imaginer que c'était un devoir pour les évêques français de défendre le trône de Louis-Philippe, plutôt que la foi catholique. — « Il est vraiment étonnant, » répliqua l'évêque, « qu'il ait pu supposer cela, car nous avons été engagés, moi surtout, dans une lutte continuelle avec Louis-Philippe. » Il nous indiqua différentes choses que nous devions visiter. — « Il ne faut pas, dit-il, étudier notre foi dans la masse du peuple de Paris, car il l'a perdue, mais allez dans les maisons religieuses, les missions étrangères, les institutions catholiques, etc. Vous n'avez pas eu de martyrs, je pense, dans ces vingt dernières années ; nous en avons eu beaucoup, et c'est une chose bien digne de remarque que les scènes des premiers âges se sont fidèlement reproduites : l'esprit du Christ a inspiré précisément les mêmes réponses aux questions posées comme autrefois aux martyrs par l'esprit malin ; les chairs ont de nouveau été déchirées et mises en lambeaux et des tourments tout aussi terribles ont été supportés sans fléchir. Il n'y a pas longtemps que, dînant aux missions étrangères, je dis que la vie d'un missionnaire en Chine n'était pas bonne, et tous les assistants s'écrièrent à la fois, en battant des mains : « Oh ! sans doute qu'elle est bonne ! elle est très-bonne ! » — « Des missionnaires français, ajouta-t-il, ont longtemps subsisté sans avoir même du pain ; du pain, c'est déjà beaucoup pour nous, mais pas pour vous autres, car vos missionnaires partent avec leurs femmes et leurs enfants pour faire le commerce. » Je lui parlai avec admiration de la vie de Monseigneur Borie, et de ce qu'il avait eu le courage de manger des rats, comme les indigènes de la Cochinchine. Il parla avec enthousiasme du martyre du dernier archevêque de Paris et rappela affectueusement le souvenir de M. Dalgairn, qu'il avait lui-même ordonné prêtre.

A sept heures, nous fîmes une nouvelle visite à l'évêque de Langres, qui s'arrangea avec l'abbé Des Billiers pour nous introduire chez différentes personnes, et particulièrement chez le père de Ravignan.

VENDREDI, 21 JUILLET.

A dix heures et demie, nous étions chez l'évêque de Langres : il nous parla du nouveau concordat entre le pape et le czar, qui se dispose, paraît-il, à reconnaître l'autorité des évêques catholiques romains beaucoup plus largement que ne le fait le gouvernement français. Il semblait y voir un grand progrès. M. Des Billiers nous mena ensuite chez le P. de Ravignan. Nous le trouvâmes avec M. De Cazalès, membre de l'Assemblée nationale ; nous eûmes une conversation très-animée avec eux, pendant près d'une demi-heure. Le père de Ravignan et M. de Cazalès étaient tous deux d'avis que la théorie du développement des idées chrétiennes de M. Newmann était un vaste champ qui venait de s'ouvrir. « Tout chemin mène à Rome, » dit ce dernier. « Je sais par expérience combien il est difficile d'arriver à la vérité, combien elle est lente à se faire jour; c'est la grâce de Dieu, et non l'étude, qui nous y fait atteindre. Nous ne pouvons donc avoir que des sentiments de charité pour le grand mouvement de l'Angleterre. » — Ils ne semblaient pas croire que la théorie de M. Newmann et celle du cardinal Bellarmin s'excluassent réciproquement, et comme nous étions cinq, l'occasion ne se présenta pas pour exprimer notre manière de penser sur ce point. Le père de Ravignan est doué de l'extérieur le plus agréable et le plus sympathique que j'aie jamais rencontré : je le regarde comme le Manning de la France. Il nous pressa beaucoup de revenir le lendemain, n'importe à quelle heure, entre sept heures et midi, nous assurant qu'il ne croyait pas que ce fût du temps perdu que de causer avec nous. Il parla avec beaucoup de respect du Dr Pusey.

M. Des Billiers nous mena ensuite aux *Missions étrangères*, rue du Bac ; l'un des professeurs nous accompagna à la *Salle des Martyrs* ; tout autour de cet appartement sont rangées des peintures faites par des chrétiens chinois et représentant le martyre de Monseigneur Borie, celui de M. Cornay, et les tortures infligées aux chrétiens indigènes ; d'un côté se trouvent cinq armoires à panneaux et portes de verre : celle du milieu contient presque tout le squelette de Mgr Borides ; deux côtés sont les ossements de M. Cornay et de M. Jaccard, ceux d'un prêtre chinois martyr, et des reliques de saint Prospère, envoyées de Rome. De l'autre côté de la salle, se trouvent de longues armoires contenant des souvenirs de plusieurs martyrs : des chaînes, une lettre écrite par Mgr Borie, après sa condamnation à mort, son étole, des fragments de la cangue de prêtres indigènes qui ont été martyrisés ; et dans une autre armoire, la cangue complète de Mgr Borie, effrayant instrument de supplice, quand il est fixé au cou et qu'on est obligé de le porter jour et nuit, comme il le fit depuis sa condamnation jusqu'à sa mort, c'est-à-dire depuis juillet jusqu'en novembre 1838. Les jeunes missionnaires visitent cette salle chaque soir, et prient devant les reliques de leurs frères pour solliciter leur intercession, — admirable préparation au ministère si laborieux qui les attend. Au-dessus de la porte, il y avait un tableau, représentant « les soixante-dix serviteurs de Dieu » martyrisés en Cochinchine et dans les pays voisins, pendant ces dernières années.

Il y a dans cette maison environ cinquante jeunes missionnaires, qui se préparent aux missions orientales ; une vingtaine environ partent chaque année ; bon nombre de ceux qui y viennent sont déjà prêtres et arrivent munis des recommandations pressantes de leurs séminaires ou de leurs évêques respectifs. Le temps nécessaire pour s'assurer de leur vocation et pour les instruire, n'est pas fixe. Etre disposé à renoncer aux liens de la famille, de l'amitié et de la patrie, c'est déjà un pas vers ce parfait renoncement, qui est requis pour cette mission glorieuse.

Nous fûmes présentés à M. Voisin, qui a passé huit ans en Chine et qui en revint en 1834. Son opinion sur les Chinois est qu'ils sont admirablement disposés à recevoir la foi chrétienne ; que la notion de l'autel, du sacrifice et du prêtre leur est très-familière ; qu'ils ne voudraient en aucune façon d'une religion sans cérémonies. Chaque maison possède un autel, où ils brûlent de l'encens devant des tablettes qui contiennent ces cinq mots : « Ciel, Terre, Parents, l'Empereur, le Maître. » Il nous montra une de ces tablettes, et une autre tablette chrétienne. Cette dernière établissait l'existence d'un seul Dieu, éternel, infiniment sage et bon, qui a tiré toutes choses du néant. Le gouvernement seul fait obstacle à la conversion des Chinois. M. Voisin ajouta que la ressemblance remarquable avec les rites et les dogmes catholiques, qu'on rencontre au Thibet, date du XIIIe siècle, où des missionnaires dominicains et franciscains travaillèrent avec fruit à la conversion de ce pays. Les plus anciens manuscrits des Chinois ne semblent pas remonter au delà de 150 ans après Notre-Seigneur, de sorte que toutes les analogies avec les mystères chrétiens que l'on rencontre dans leurs croyances, peuvent s'expliquer par des semences de foi antérieurement répandues en Chine. Ils admettent sans hésiter les mystères de la sainte Trinité et de l'Incarnation, mais ils élèvent mainte objection contre celui de la virginité de la sainte Vierge.

Nous avons vu un professeur qui a été sous le poids d'une condamnation à mort en Cochinchine, mais qui parvint à s'échapper. — M. Galais nous conduisit le soir par les jardins du séminaire à Issy. Je l'interrogeai sur ce qu'il pensait de la dernière révolution. Il répondit qu'il flottait entre deux opinions, et qu'il ne savait à laquelle donner la préférence : d'un côté, il croyait qu'il entrait dans les desseins de la Providence de punir d'une façon rigoureuse la corruption, la sensualité et l'incrédulité de la riche bourgeoisie, de la classe moyenne, qui voulait bien admettre la religion, mais seulement comme un frein pour les classes inférieures et non comme une règle de conduite pour elle-même ; et, à ce point de vue, il redoutait pour l'avenir les catastrophes les plus terribles. Mais d'autre part, il n'était pas sans espoir, et de même que l'Église au cinquième siècle s'empara des barbares, les régénéra par l'influence du christianisme et leur ouvrit pendant tant de siècles des destinées si glorieuses, de même si, de nos jours, elle remplit fidèlement sa mission, si on voit ses prêtres se dévouer avec une ardente charité à convertir et à instruire les masses, qui vivent sans Dieu, le cœur rempli de préventions contre son église, un résultat semblable pourra être obtenu et l'on sauvera peut-être la société des horreurs qui la menacent. Si le nouvel archevêque de Paris sait organiser des institutions pour pénétrer jusqu'au cœur des masses, le clergé de la capitale compte un grand nombre d'hommes animés d'une charité sans bornes, qui seraient prêts à seconder ses desseins et à les mettre à exécution.

SAMEDI, 22 JUILLET.

Le père de Ravignan nous a reçus ce matin avec la plus grande cordialité. Notre conversation dura une heure entière ; elle n'eut aucun caractère de discussion, car, sous le charme de cette charité fraternelle qui le distingue, la pensée de discuter ne vient jamais à l'esprit. Il semble considérer l'avenir de la France comme incertain au plus haut degré ; il croit que pour l'Église il y a peu à espérer du faux libéralisme du jour, et qu'on maintiendra aussi longtemps que possible la sujétion dans laquelle elle se trouve. J'observai que dans cet état de choses, le saint-siège offrait seul une défense pour les évêques, que sans cela l'Assemblée nationale pourrait bien se mettre en tête de se mêler de doctrine. « Elle ne fera pas cela, elle se briserait. » L'extrême pauvreté des évêques a déjà eu, du reste, un bon résultat : on sait maintenant qu'ils n'ont pas la centième part de ce qu'il leur faudrait pour le bien de leurs diocèses : rien pour les petits séminaires, et très-peu pour les grands ; mais ils sont largement assistés par les ames charitables. Il parla de la joie qu'il éprouvait en voyant dans les saints Pères, que le catholicisme de leur temps était le même que celui de nos jours. Je lui demandai s'il trouvait chez eux toutes ses croyances ; ainsi, par exemple, l'un de nos plus éminents théologiens et prédicateurs m'avait dit avoir cherché dans tout saint Augustin, du commencement à la fin, pour trouver une seule mention de la sainte Vierge ; qu'il s'était servi à cet effet de l'index des bénédictins, et qu'il ne lui avait pas été possible d'y découvrir un seul endroit où son pouvoir d'intercession fût reconnu, ni même la mention d'un rapport quelconque entre elle et l'Église, sauf le rapport historique. Il me répondit que saint Augustin ne s'était pas proposé de parler de la sainte Vierge, qu'il avait écrit contre les hérésies de son temps, de même que les autres pères avaient écrit contre les pélagiens, les donatistes, les manichéens ; que néanmoins il rappelle les fêtes de la sainte Vierge, ce qui suppose nécessairement son culte. D'ailleurs saint Jérôme, qui vécut un peu plus tôt, a écrit sur ce sujet dans son livre contre Jovinien. — Je demandai des nouvelles de M. Alphonse Ratisbonne. Il me dit qu'il avait été son confesseur peu de temps après sa conversion.

Les faits qui l'ont accompagnée ne sauraient être révoqués en doute, pas plus que les circonstances qui l'ont suivie, tels que le sacrifice qu'il a fait de sa fiancée, de sa fortune et de tout ce qui l'attachait au monde, sa conversion soudaine de juif obstiné en chrétien, etc. Il fut baptisé dans l'église de l'ordre des Jésuites à Rome, après une retraite de huit jours.

En nous quittant, le père de Ravignan nous donna à chacun une copie de sa brochure : « *De l'existence des jésuites* » Je lui demandai la permission de venir le revoir : « Revenez dix fois, dit-il, revenez autant de fois qu'il vous plaira. » — Nous fûmes charmés du calme et de l'affabilité de ses manières. Il parle lentement et semble peser chacune de ses paroles. On dit que la force logique forme le plus grand mérite de ses sermons.

M. Des Billiers nous conduisit chez les pères lazaristes : nous eûmes une longue conversation avec M. le supérieur général. Il fut assez bon pour nous faire connaître le but pour lequel sa congrégation avait été fondée. — Il y a environ deux siècles, une dame désirant que les pauvres qui habitaient ses terres fussent mieux instruits et mieux élevés dans la religion, proposa d'affecter une fondation à cette œuvre; il se trouva qu'aucune société religieuse existante alors ne voulut accepter ses propositions, et saint Vincent de Paul fut conduit de cette manière à établir sa congrégation de prêtres. Le but primitif fut donc d'instruire les pauvres qui habitaient les terres de cette dame. Peu à peu des secours plus abondants lui arrivèrent, et son institution se développa en conséquence. Elle en arriva à se proposer quatre fins principales : d'abord de former de bons prêtres pour les paroisses rurales : à cette époque les prêtres de la campagne, en France, étaient en général fort ignorants ; le peuple, dont l'éducation était très-négligée, connaissait à peine les premiers éléments de la foi : les séminaires n'avaient pas encore été établis conformément au décret du concile de Trente. En second lieu, comme on ne peut former de bons prêtres sans discipline, saint Vincent de Paul s'attacha à en préparer, dans les séminaires, à la mission d'évangéliser les pauvres ; jusqu'à ce jour, ajouta le supérieur, nos prêtres se consacrent exclusivement aux pauvres, ils ne prêchent jamais dans les villes, si ce n'est dans les hôpitaux. En troisième lieu, il voulut que ses prêtres pussent diriger à perpétuité les sœurs de Charité ; la principale tâche de ses sœurs étant de soigner les malades, et au besoin de les instruire et de les convertir, le saint croyait qu'il était de la plus haute importance que leurs besoins spirituels fussent confiés à un ordre religieux spécialement chargé de ce soin ; en conséquence, il réunit ses deux congrégations sous un seul chef : le supérieur général des pères lazaristes est en même temps supérieur général des sœurs de Charité. Le quatrième objet, qui découle des trois précédents, ce sont les missions étrangères : partout où il y a des sœurs de Charité, on trouve aussi des lazaristes, travaillant d'accord avec elles et se dévouant comme elles au soin des pauvres. Ils sont maintenant 600 missionnaires ; le plus grand nombre se trouve en Orient. Leurs travaux embrassent la Syrie, Smyrne, Constantinople, la Chine, le Brésil, les États-Unis. A Constantinople, ils ont dans leurs écoles 1200 enfants de différentes religions ; on ne fait aucun effort pour convertir ces enfants ; ils sont libres de refuser l'instruction religieuse ; mais, ajoutait le supérieur, en général ils sont fort heureux de la recevoir. Il croit que dès l'instant où la liberté de conscience serait accordée en Turquie, les conversions seraient très-nombreuses parmi les Turcs. Déjà ils sont très-portés pour les catholiques ; les Grecs leur inspirent un profond mépris, tandis qu'ils témoignent aux catholiques du respect et de la confiance. Dans une foule de transactions financières, la Porte choisit un catholique. Je m'informai si l'Église grecque orthodoxe (qu'il appelait lui, schismatique) n'avait pas de missions. « Elle n'a, dit-il, ni missions, ni écoles ; — elle est complètement morte ; — les prêtres sont d'une ignorance profonde. Ce peuple a péché contre le Saint-Esprit. » Il étendit cette accusation d'ignorance aux prêtres russes. J'observai que je tenais d'un témoin oculaire que l'Église russe avait conservé sur les masses le même pouvoir qu'elle avait exercé sur l'Europe au moyen âge ; lui au contraire semblait convaincu que les prêtres aussi bien que le peuple étaient plongés dans les ténèbres les plus épaisses. « Il y a, dit-il, beaucoup de conversions au catholicisme parmi les arméniens et les autres sectes ; mais elles sont très-rares parmi les Grecs schismatiques ; je crois néanmoins qu'ils renonceront au schisme, aussitôt qu'ils auront plus d'instruction. »

Les pères lazaristes dirigent dix séminaires en France ; les sulpiciens en ont vingt ; la société de la rue Picpus deux ; les maristes, aussi un ou deux ; les autres sont dirigés par les prêtres diocésains choisis par l'évêque.

En nous levant pour prendre congé, je lui demandai si la sœur de Charité qui avait été favorisée de la vision de la sainte Vierge vivait encore. Sa réponse fut affirmative. « Mais vous avez sans doute, ajouta-t-il, entendu parler du miracle arrivé tout récemment. » — Nous lui dîmes que non. Il nous raconta alors ce qui suit : Le 30 avril dernier une jeune novice des sœurs de Charité, en donnant ses soins à une sœur malade, se fit une luxation des plus violente à la colonne vertébrable. Le chirurgien regarda le cas tellement grave et dangereux, qu'il refusa de la traiter sans l'aide d'un de ses confrères. La tête était complètement tournée et se trouvait pour ainsi dire collée contre l'épaule gauche ; le côté gauche était entièrement paralysé, et le côté droit commençait à l'être également. Le chirurgien pensait qu'une opération était praticable, mais que les chances de non-réussite étaient de quatre-vingt-dix-neuf sur cent.

La sœur se trouvait dans cet état depuis plusieurs jours, lorsqu'on s'adressa à la supérieure de la communauté à l'effet d'obtenir une autorisation écrite de tenter l'opération. La supérieure refusa d'accéder à la demande, à moins que la malade elle-même n'en manifestât le désir.

On résolut entretemps de commencer une neuvaine en l'honneur de saint Vincent de Paul. On célébrait alors la fête de la Translation des reliques du Saint. La neuvaine commença le dimanche 7 mai. Dès ce moment, la malade exprima le plus vif désir d'être portée dans la chapelle de Saint-Vincent de Paul, et d'être placée en face de la châsse contenant les reliques du Saint. Elle avait la plus intime conviction qu'elle serait guérie par son intercession. Son confesseur, ainsi qu'il me l'a dit lui-même, s'y opposa de toutes ses forces ; — il désespérait de son état et devait lui administrer les derniers sacrements le jour suivant. Sur les instances réitérées de la sœur, on en référa au supérieur général qui consentit à ce qu'elle fut transportée sur son lit dans l'église entre quatre et cinq heures du matin. Le supérieur, comme il me l'a raconté lui-même, se disait que le cas était désespéré, et que si la patiente mourait pendant le trajet, sa situation n'en aurait pas été aggravée. Elle fut donc portée à l'église le mardi, 9 mai, et placée devant l'autel. Pendant la messe, à l'Évangile, elle saisit sa tête de ses deux mains et lui imprima un mouvement tel, qu'en lui faisant quitter la place qu'elle occupait sur l'épaule gauche, elle la fit incliner trop fortement à droite. A l'élévation elle essaya de se lever, mais ne put y réussir. Elle reçut la sainte communion avec la plus grande difficulté et au milieu de cruelles souffrances, mais avant que le prêtre eût terminé la messe, elle se leva elle-même du lit où elle était couchée, et se sentant complétement guérie, elle alla se mettre à genoux. Elle resta à l'église pendant qu'une seconde messe se célébrait en action de grâce, et elle retourna à pied à la maison des sœurs de Charité, rue du Bac (la distance est d'environ dix minutes de marche). L'évêque de Carcassonne qui se trouvait au même moment dans l'église pour y célébrer le saint sacrifice, fut averti par le supérieur général de ce qui venait de se passer. Il dit aussitôt à la novice : « Vous avez sans doute prié avec ferveur ? — Non, Monseigneur, répondit-elle, je ne priais pas, je croyais. »

Après ce récit, je demandai au supérieur général s'il nous serait permis de voir la jeune fille et de lui parler, « car en Angleterre on ne voudra pas y croire. » Il y consentit, et envoya chercher un prêtre qui nous conduisit à la maison des sœurs de Charité, avec prière à la supérieure de nous laisser voir la novice, — ce prêtre était son confesseur ; il nous confirma le récit qui précède, nous dit combien le cas avait paru désespéré, et combien était vive l'insistance qu'elle mettait à être portée devant la châsse de saint Vincent, ce qu'il avait combattu de toutes ses forces. Nous vîmes aussi la supérieure qui nous donna les mêmes détails. Enfin la novice elle-même fut introduite, et nous raconta l'événement de la manière la plus simple et la plus naturelle. Elle disait que son état de souffrance était si douloureux, qu'elle n'essaya pas même de prier dans l'église ; elle entendit une espèce de craquement dans le cou, et aussitôt elle tourna la tête du côté gauche vers le côté droit, de manière que la sœur qui se trouvait avec elle, dût la remettre à sa véritable place. Son état de faiblesse et de souffrance continuait pourtant, et ce ne fut que peu d'instants après avoir reçu la sainte communion, qu'elle se trouva tout à fait bien. Depuis ce moment, elle n'avait plus jamais éprouvé la moindre atteinte de son mal. Je lui demandai comment l'accident lui était survenu. Elle me répondit qu'elle avait pris la sœur malade dans ses bras pour la soulever, et que par accident, le poids de tout le corps avait pesé sur le cou. D'autres personnes me dirent que la confiance de la novice dans sa guérison était si grande, qu'avant d'être transportée à l'église, elle avait dit à la sœur qui la soignait : « Vous pourrez mettre mon couvert demain au réfectoire, car je reviendrai de l'église à pied. » — Lorsque le chirurgien vint peu après le retour de la novice pour la voir, la sœur lui dit que la malade n'avait plus besoin de ses services. « Quoi ! s'écria-t-il, est-elle morte ? — Non, répliqua la sœur, elle est guérie. — Guérie ! et comment ? » — Il demanda aussitôt à la voir, et fut obligé d'avouer que la guérison était parfaite. M. Hervé bégaie un peu, et son agitation en voyant une personne aussi gravement malade, guérie d'une façon si inattendue, rendait sa parole plus embarrassée que de coutume. On me dit qu'il fit mouvoir la tête de la sœur dans toutes les directions, en s'écriant : « C'était cassé ! c'était cassé ! c'était cassé ! » L'authenticité de cette guérison est établie par l'attestation du supérieur général des pères lazaristes de la supérieure des sœurs de Charité, du confesseur de la malade, de la novice elle-même, et en outre par le témoignage des Sœurs qui nous en ont parlé.

Le soir, nous nous sommes fait conduire à Notre-Dame, à Saint-Gervais et à la Madeleine. Cette dernière église était éclairée ; beaucoup de fidèles se trouvaient en prières devant le Saint-Sacrement, d'autres allaient à confesse.

DIMANCHE, 23 JUILLET.

Nous avons dit notre office à la maison. — Entendu une partie de la grand'messe à Saint-Thomas d'Aquin. Les églises de Paris ont un air quelque peu apprêté. Je préfère celles de province. M. Des Billiers nous conduisit à la société de la rue Picpus, et nous présenta au supérieur, l'archevêque de Chalcédoine (précédemment archevêque latin de Smyrne). Il nous fit connaître en quelques mots l'origine et le but de cette société.

En 1794, l'abbé Coudrin, voyant toutes les institutions pieuses détruites ou dispersées, eut l'idée de fonder une société religieuse qui aurait à la fois pour but de réparer par l'adoration perpétuelle du Saint-Sacrement de l'autel, le jour comme la nuit, les désordres, les crimes et les profanations de toute espèce, qui désolaient le monde, — d'élever la jeunesse dans la connaissance des vérités du salut, en même temps que des éléments de la science profane ; —

de former par les études théologiques de jeunes lévites au service des autels, — de ramener à Dieu, par la prédication, un peuple égaré, — et d'évangéliser les infidèles. A cette époque, l'abbé Coudrin, se voyant tous les jours menacé de perdre la vie, se tenait caché dans une grange. Vers la fin de 1794, une ame pieuse, madame Aymer de la Chevalerie, qui venait de sortir de prison où elle avait été jetée avec sa mère, pour avoir caché chez elle un prêtre catholique, offrit son concours à l'abbé Coudrin, à l'effet de réaliser ses projets parmi les personnes de son propre sexe. C'est ainsi que furent fondées les Dames des Sacrés-Cœurs de Jésus et de Marie, qui se consacrent à l'adoration perpétuelle du Saint-Sacrement, à l'éducation des jeunes personnes, et qui comptent aujourd'hui plus de vingt établissements en France, et deux au Chili, l'un à Valparaiso et l'autre à Santiago. Tous ces établissements sont dirigés par des prêtres de cette Congrégation.

L'abbé Coudrin rassembla peu à peu autour de lui un nombre assez considérable de jeunes gens, et parvint à ériger sa congrégation qui fut reconnue en 1817 par Pie VII. Il mourut en 1837, après avoir été témoin de l'érection de plusieurs maisons de son ordre en France et de la fondation de celle de Valparaiso; il avait aussi eu le bonheur de voir ses prêtres évangéliser les îles de la Polynésie, et deux de ses enfants, promus à la dignité épiscopale : Mgr Bonamie, d'abord évêque de Babylone, plus tard archevêque de Smyrne, et Mgr Rouchouze, vicaire-apostolique de l'Océanie orientale. A la mort de M. l'abbé Coudrin, Mgr Bonamie fut appelé par le Chapitre général de l'ordre, à la direction de la Congrégation.

En ce moment, la Congrégation, outre ses trente-quatre maisons en France, en possède deux au Chili et deux en Belgique, l'une à Louvain et l'autre à Enghien, pour l'instruction de la jeunesse, cent missionnaires, prêtres et catéchistes aux îles Sandwich, aux Marquises, dans l'Océanie et ailleurs.

Le but de l'institution est de retracer les quatre périodes de la vie du Sauveur : son enfance, sa vie cachée, sa vie évangélique et sa passion.

Pour correspondre à l'enfance de Notre-Seigneur, la société Picpus tient des écoles gratuites pour les enfants pauvres et d'autres écoles plus grandes, où un certain nombre d'enfants sont admis sans rétribution, suivant les ressources de chaque maison. Les jeunes gens qui se destinent à l'état ecclésiastique y sont élevés pour le ministère sacerdotal.

Pour ce qui regarde la vie cachée du Sauveur, tous les membres de la congrégation s'efforcent de la reproduire par l'adoration perpétuelle du très-saint Sacrement, le jour et la nuit, en réparation des outrages faits aux Sacrés-Cœurs de Jésus et de Marie par les péchés des hommes.

Les prêtres imitent la vie évangélique du Sauveur par la prédication de l'Evangile et par les missions étrangères.

Enfin tous les membres de la congrégation doivent rappeler, autant qu'il est en eux, la vie crucifiée du Sauveur en pratiquant avec zèle et prudence les œuvres de mortification chrétienne, surtout la mortification des sens.

En 1833, Grégoire XVI confia à la société de Picpus les missions de l'Océanie orientale.

Il y a des maisons pour le noviciat à Issy, près de Paris, à Louvain, et à Gavre, près de Villefranche. Le noviciat ne dure pas plus de dix-huit mois et pas moins de douze. On y reçoit des prêtres et des jeunes gens destinés au sacerdoce, qui s'y préparent à vivre sous les lois de l'obéissance religieuse, dans le but de se consacrer soit à l'instruction de la jeunesse, soit aux missions, soit à la direction des ames, dans le poste qui leur sera assigné par leur supérieur, soit enfin à des études plus approfondies, qui leur permettront de servir la cause de la religion, dans la mesure des talents dont Dieu les a doués.

On y admet également des jeunes gens et des adultes qui, sans être appelés à l'état ecclésiastique, désirent se consacrer à Dieu pour l'avancement de sa gloire et pour assurer leur propre salut par la pratique des vertus religieuses.

Enfin, on y reçoit, en qualité de pensionnaires, des prêtres et des laïques qui, ne voulant pas rester dans le monde, désirent se préparer par la retraite et par la pratique des vertus de leur état, au redoutable passage du temps à l'éternité.

La société vient de s'adresser au gouvernement, à l'effet d'obtenir la permission d'envoyer quelques-uns de ses membres comme aumôniers, pour accompagner les insurgés de juin qui vont être déportés. Je ne connais pas d'acte de charité plus sublime ; plusieurs autres prêtres se sont également présentés pour offrir leurs services.

Dans la chapelle, nous vîmes un des frères faisant l'adoration perpétuelle du Saint-Sacrement.

L'archevêque nous parla avec un profond mépris de l'ignorance des Grecs ; il croyait que les Turcs se convertiraient en grand nombre du moment où la liberté de conscience leur serait accordée. Il venait précisément d'envoyer des missionnaires en Océanie.

Chemin faisant, nous passâmes près de l'endroit où Mgr Affre reçut le coup mortel; c'est à l'entrée de la rue du faubourg Saint-Antoine. La maison voisine était fortement endommagée, et en maint endroit, tout le long de la rue Saint-Antoine et du faubourg, on remarquait encore la marque des balles : toutefois l'insurrection a laissé bien moins de traces qu'on ne s'y serait attendu.

En retournant, nous nous sommes arrêtés un instant dans la Sainte-Chapelle, cette incomparable merveille créée par saint Louis en l'honneur de la couronne d'épines : c'est une vraie pierre précieuse du XIIIe siècle; la chapelle inférieure est au moins aussi belle. La restauration n'a pas fait un pas depuis l'année dernière. Tout près de là, les travaux étaient en pleine activité au palais de justice, bien que ce soit aujourd'hui dimanche. Sous ce rapport, l'aspect de Paris est vraiment celui d'une ville païenne (1).

A quatre heures, nous sommes allés à un salut chez M. l'abbé Ratisbonne, qui nous y avait invités. Les psaumes furent parfaitement chantés par sa congrégation de juives converties. Il n'y a pas, selon moi, de cérémonie plus solennelle ni plus touchante que celle où le prêtre prend l'ostensoir entre ses mains et bénit le peuple en disant : *Benedicat vos omnipotens Deus, Pater et Filius, et Spiritus Sanctus*. L'on croit entendre les paroles de Dieu.

Nous nous rendîmes ensuite au parloir avec M. Ratisbonne, Lady..... et M....., ministre écossais. La conversation roula sur différents sujets, tels que le magnétisme, les vrais et les faux miracles, etc. On me questionna sur

(1) Depuis que l'auteur a écrit ces lignes (1848), un progrès notable a été réalisé à Paris pour l'observation du repos dominical. Les travaux publics y ont cessé et un grand nombre de magasins ferment le dimanche.

(*Note du traducteur*).

ma visite aux stigmatisées du Tyrol, et Lady..... raconta une histoire dont une particularité, quoique bizarre, me paraît de nature à frapper l'esprit.

Nous venions de parler de cette pratique de la sorcellerie égyptienne par laquelle il est possible, dit-on, de voir une personne inconnue dans la main d'un enfant. Lady.... raconta que M. Laborde avait acheté ce secret, et qu'il avait réussi à produire le fait; mais depuis sa conversion, il s'est abstenu de le renouveler. Lord..... avait raconté, paraît-il, à Lady.....: qu'un membre de la famille, M...., était revenu d'Italie avec la ferme persuasion qu'il ne vivrait pas au delà d'une certaine date. Cette conviction prenait sa source dans la prophétie d'une sorcière vénitienne, faite à lui et à deux de ses amis, qui tous deux périrent de mort violente à l'époque indiquée. Lord..... traita cette idée de M..... de chimère, mais celui-ci promit de lui rendre visite au jour fixé. Après avoir été en Angleterre, M... retourna à Paris, et Lord..... le rencontra de nouveau. Un jour, des amis qui se trouvaient avec Lord..... lui annoncèrent que M..... était malade de la fièvre et que, bien qu'il eût l'intention d'aller à un bal de Lady Granville, ils avaient mauvaise opinion de son état. Peu de temps après, M..... mourut.

Quelques jours s'étaient écoulés. Lord..... venait d'achever son dîner et le dessert avait été enlevé, lorsque la porte s'ouvrit et le spectre de M..... entra dans la chambre. Lord..... s'écria : « Quoi! est-ce bien vous? J'ai cru que vous étiez mort. » Le fantôme fit un signe affirmatif. « Voulez-vous prendre une chaise? dit Lord..... Etes-vous heureux? » Une expression d'indicible tristesse parut sur son visage, et il secoua la tête. « Puis-je faire quelque chose pour vous? » poursuivit Lord..... L'ombre secoua de nouveau la tête. « Pourquoi donc m'êtes-vous apparu? » — « A cause de la promesse solennelle que je vous ai faite, » fut la réponse. — « Eh bien! répliqua Lord....., puisque vous dites que je ne puis rien pour vous, je ne vous demanderai qu'une chose, c'est que vous partiez et que vous ne reveniez plus jamais. » — L'ombre obéit et sortit de la chambre.

Je ne crois pas que cette histoire m'eût paru digne d'être rapportée, si elle n'avait donné lieu à quelques observations de la part de M. Ratisbonne. « Je puis fort bien admettre, dit-il, que cela ait pu arriver : car nous sommes entourés d'êtres que nous ne connaissons pas. Un sens nous manque, et si le voile qui nous cache le monde invisible, venait à disparaître, nous verrions peut-être cette chambre remplie d'êtres qui nous regardent. D'ailleurs des apparitions de ce genre arrivent fréquemment, et j'y crois, après tout ce qui m'est arrivé à moi-même. » — « A vous-même? m'écriai-je. Que voulez-vous dire? » — « J'étais, dit-il, à Strasbourg ; on m'avait appelé pour administrer l'extrême-onction à une jeune dame. Je la trouvai à l'agonie, poussant des cris affreux. Son mari la tenait entre ses bras dans le lit. Je conférai l'extrême-onction, et le sacrement fut suivi d'un effet que j'ai souvent pu constater : elle devint calme et expira dans la paix la plus profonde. Quelques jours après, je me trouvai vers midi dans ma chambre, regardant dans le jardin. Tout à coup ; je la vis à deux pas de moi, exactement semblable à ce qu'elle était pendant sa vie, mais entourée d'une grande clarté. Elle fit vers moi un mouvement plein d'une inexprimable douceur, comme si elle eût voulu me remercier d'un grand service, et aussitôt elle disparut. Au premier abord, je ressentis un frisson comme sous un choc électrique ; mais cela passa. J'ai raconté depuis cette vision à un ami et au mari de la défunte. J'avais du reste peu connu cette dame. » — Je lui demandai s'il était bien convaincu qu'il n'avait pas été le jouet d'une illusion, mais il n'avait aucun doute à cet égard. Quoique j'aie entendu beaucoup d'histoires de cette nature, celle-ci est la première qui me soit racontée par la personne même qui en fut le héros.

La chaleur a été accablante aujourd'hui ; vers 11 heures de la nuit, nous avons eu un violent orage accompagné de torrents de pluie.

LUNDI, 24 JUILLET.

P. m'a quitté à midi. Je redoute extrêmement de me trouver seul à Paris, mais eu égard à l'objet que j'ai en vue, il faut que j'essaie de me vaincre pendant quelques jours.

J'ai rendu visite à M. Bonnetty ; son accueil fut très-cordial. Il m'interrogea sur le mouvement religieux en Angleterre et sur l'état des esprits. J'ai été voir également M. Gondon pour lui remettre la lettre de M. N. J'eus avec lui une très-longue conversation au sujet de la situation des esprits en Angleterre. Il blâma vivement le journal *the Tablet*. Il me dit encore que le docteur Wiseman possède une quantité de lettres émanant de personnes, qui lui demandent quelle position il leur restera, si elles deviennent catholiques. M. Gondon me parla avec admiration du grand sacrifice que faisaient ceux qui abjuraient, puisque, dans le cas surtout où ils étaient mariés, tous moyens de subsistance leur étaient enlevés, et que souvent leur famille les repoussait. Il me demanda ce que faisaient ceux qui s'étaient convertis. Je lui dis que je croyais que plusieurs se trouvaient dans une grande gêne. — Louis Philippe, disait-il, avait pendant son règne nommé plus de la moitié ou près des deux tiers des évêques français : sa pensée était d'avoir des « évêques complaisants, » mais il avait eu la main malheureuse. A l'exception de trois ou quatre, tous les évêques qu'il avait nommés avaient fait preuve d'énergie et de courage, et s'étaient refusés à sacrifier les intérêts de l'Église à la faveur d'un de ses sourires. — Je lui demandai si le dernier archevêque de Paris n'avait pas été dans le principe trop imbu d'idées libérales. « Louis-Philippe, dit-il, l'avait nommé avec cet espoir; mais le prélat avait toujours opposé la plus grande fermeté aux entreprises du roi, au point que dans la suite celui-ci l'appelait un véritable porc-épic, parce qu'on ne savait par quel côté le prendre. Deux fois ses discours au roi ne furent pas insérés au *Moniteur*, ce qui était le plus grand affront qu'on pût lui faire. » — Je fis remarquer que c'était un grand bonheur pour la France d'avoir des évêques fermes et courageux. M. Gondon parla avec enthousiasme de la nomination de l'évêque de Digne au siége de Paris; on n'aurait pas osé espérer un choix aussi heureux; c'était un homme d'une grande énergie, qui n'aurait toléré aucun abus. Le dernier archevêque penchait quelque peu du côté du gallicanisme, mais le nouveau est ultramontain.

J'ai passé quelque temps ce soir à la Madeleine. Cette église n'est jamais plus imposante que quand la lampe solitaire brûle devant l'autel, et qu'un petit nombre de fidèles viennent çà et là, dans le silence du soir, y offrir leurs prières. Je remarquai plusieurs simples soldats qui entraient aussi, s'agenouillaient quelques instants, et puis s'en allaient.

A neuf heures, j'allai avec M. Des Billiers rendre visite à l'évêque d'Amatha, vicaire apostolique de la Calédonie occidentale. Il logeait dans une maison des Maristes, rue du Mont-Parnasse; il avait toute la simplicité d'un missionnaire. Il nous reçut dans sa chambre à coucher qui n'était pas même passablement confortable. Nous eûmes une conversation d'une heure avec lui. Sa société n'a été que récemment établie; le supérieur général actuel en est le fondateur; elle a formé son nom de celui de la sainte Vierge; ils prononcent trois vœux, et sont spécialement astreints à pratiquer la pauvreté. L'objet de leur institution ressemble beaucoup à celui de la société de la rue Picpus. Ils sont maintenant quatre évêques dans la Calédonie occidentale. « Ce n'est pas que nous ayons choisi cette sphère pour nos travaux, » dit l'évêque, « c'est le pape qui nous l'a assignée. » L'évêque, qui a été récemment massacré dans ces contrées, appartenait à leur Société. L'évêque d'Amatha a en tout vingt-six missionnaires sous ses ordres ; il est sur le point de partir avec onze d'entre eux ; et aujourd'hui même, après bien des démarches infructueuses, il venait de recevoir la promesse d'un passage gratuit sur le prochain vaisseau du gouvernement, pour lui-même et pour ses compagnons. Comme le passage coûte 2000 francs par personne, c'était pour lui un objet de la plus grande importance, vu que la société de la propagation de la foi lui a donné 40,000 fr. pour partir lui et ses missionnaires, et qu'il ne leur est plus rien accordé au delà pour se soutenir dans la suite. Aussi cherchent-ils à subvenir à leurs besoins en cultivant la terre ; ce n'est qu'en les voyant travailler que les naturels sont poussés à se livrer eux-mêmes au travail. Quand nous lui demandâmes si les sauvages étaient plus enclins au protestantisme qu'au catholicisme, il répondit : « Ils sont prêts à suivre le premier venu, mais à la longue nous remplaçons les protestants. Les naturels voient que nous sommes conséquents et invariables dans ce que nous enseignons, que nous venons nous établir au milieu d'eux sans femmes ni enfants, que nous ne faisons pas le commerce, de sorte qu'il leur est impossible d'assigner à notre conduite un motif autre que la charité, et cela finit par toucher leur esprit. » Suivant ce que nous raconta l'évêque, lui et ses missionnaires vivent au milieu des sauvages.

Il paraît âgé de trente-huit à quarante ans, se dit fait pour « endurer la fatigue » et accepte de tout cœur un état de pauvreté tout à fait apostolique. Il connaissait l'évêque Broughton et en parlait dans les termes les plus flatteurs ;

il avait également entendu les rapports les plus favorables sur l'évêque Selwyn. Je lui dis qu'il n'y avait pas sur la terre un évêque au cœur plus catholique et animé d'une plus grande charité. Il répondit qu'il avait ouï dire qu'il avait aboli le commerce parmi ses missionnaires et qu'il avait introduit parmi eux quelque discipline. « Il mène, lui dis-je, exactement la même vie que celle que vous venez de décrire, cultivant la terre avec ses missionnaires. » L'évêque continua en ces termes : « Nous essayons de faire des hommes de ces sauvages et puis après des chrétiens. Nous avons été calomniés, lorsqu'on nous a représentés comme des agents du gouvernement français; ceci vous prouvera, dit-il, si l'accusation est fondée; » et il me lut une lettre officielle qui lui refusait le passage gratuit. — « Il n'en aurait pas été ainsi, ajouta-t-il, si nous étions des agents du gouvernement. » Il parla avec estime des missionnaires anglicans, mais il blâma vivement les missionnaires méthodistes. « Ceux-ci font tout leur possible pour nous expulser, et à cet effet tous les moyens leur sont bons, — mais les premiers sont des hommes d'éducation et de bonne foi, et ils agissent honorablement. » — Il nous dit encore que deux ministres anglicans à Sydney, étaient tout récemment devenus catholiques, et qu'un troisième, le meilleur prédicateur de la ville, était sur le point de le devenir. Ils ont dans leur mission une superbe cathédrale, qui a coûté 40,000 liv. (un million de fr.); la population compte environ 15,000 catholiques; il y a environ 2,000 anglicans et 1,000 méthodistes. On m'a dit depuis que ces détails sont inexacts et que les chiffres des églises protestantes sont beaucoup plus considérables. — « Il ne nous faut qu'une chose, » dit-il, « pour être en état de convertir le monde entier, c'est que l'Angleterre devienne catholique; la France peut envoyer des hommes en abondance, mais c'est de vos ressources que nous avons besoin. » — Vous devez prier pour cela, lui dis-je. — « Nous prions constamment à cette fin, » répondit-il. Il parla aussi de la corruption des mœurs qui règne à Sydney. Quand nous partîmes, il exprima le regret de ne pouvoir me rendre ma visite, attendu qu'il se rendait le lendemain en Auvergne, son pays natal, pour voir sa famille avant de quitter la France.

C'est à mon avis, le plus haut degré de charité, que d'aller vivre parmi les sauvages de l'Océanie. Loin de leur patrie et de leurs amis, sans liens de famille, privés du soutien des affections domestiques, exposés continuellement au danger d'être massacrés, les missionnaires y sont sujets à toutes sortes de privations et de souffrances. Si ce n'est pas là une vie apostolique, je me demande ce qu'il faut entendre par ces mots.

MARDI, 25 JUILLET.

Assisté à une messe basse à Saint-Roch ; c'est une pauvre église, où l'on se sent mal à l'aise : je n'aime pas le maintien du peuple de Paris dans les églises, en comparaison de celui des gens de la province : on dirait qu'ils ont peur de montrer du respect.

M. Des Billiers me conduisit à l'*Hôpital Necker* pour hommes et femmes, près de la rue de Sèvres : l'aumônier, qui était de ses amis, nous en fit faire le tour ; c'est un type de l'ancien caractère français, poli et gai, avec une veine d'enjouement qui éveillait des sentiments de même nature dans tous ceux auxquels il adressait la parole. Je fus charmé de voir comment, à mesure que nous passions par les différents quartiers où se trouvaient plusieurs blessés de l'insurrection de juin, chaque figure d'homme, de femme ou d'enfant rayonnait de plaisir quand il leur adressait quelques mots. Cet hôpital est desservi par dix-huit sœurs de Charité. Après nous l'avoir fait voir dans tous ses détails, il voulut absolument nous montrer lui-même l'*Institution des aveugles*, quoique en ce moment il y eut du monde qui l'attendait dans ses appartements. Je n'ai jamais parcouru d'institution plus intéressante et plus digne d'encouragement. En y entrant, j'éprouvai un sentiment de crainte, en ne voyant autour de moi que des jeunes garçons et des jeunes filles privés du plus précieux des sens ; la charité néanmoins semble avoir réalisé ici tout ce qui est possible pour alléger leur malheur. On les occupe à toutes sortes d'exercices ou de travaux, tels que la lecture, l'écriture, la musique et même la menuiserie, l'imprimerie, le tour au ciseau, la confection de souliers et de pantoufles et une foule d'autres métiers. Les garçons d'un côté et les filles de l'autre parcouraient la maison et le jardin aussi librement que s'ils eussent été doués du don de la vue ; tous semblaient joyeux et même heureux. Nous remarquâmes avec étonnement un garçon aveugle qui travaillait au tour, en se servant d'un instrument tranchant, avec autant de précision et de sang froid que s'il eût pu voir. Plusieurs étudiaient la musique, et de temps en temps on pouvait observer un sourire qui venait tout à coup illuminer leurs traits. J'achetai pour douze francs une paire de chandeliers, tournés et polis avec la plus grande perfection et entièrement fabriqués par les aveugles ; on ne saurait découvrir la moindre imperfection dans l'exécution de l'ouvrage ; on les croirait sortis d'un des premiers magasins de Londres ou de Paris.

Après tout, ce spectacle ne laisse pas que de causer quelque tristesse, car tout en sentant partout la main de la charité qui a su, avec tant de succès, remplir l'existence des créatures affligées de cette infirmité cruelle, l'expression de chaque visage, qui est pour ainsi dire privé d'ame, fait naître une impression pénible ; les jeunes gens des deux sexes qui se trouvaient dans cette malheureuse condition, étaient au nombre de deux cents ; beaucoup d'entre eux avaient d'ailleurs les traits défigurés par quelque autre accident. Nous demandâmes à un garçon de nous lire quelque chose : il passa rapidement les doigts sur des lettres qui s'élevaient un peu au-dessus du papier, et nous lut passablement vite un passage relatif au gouvernement anglais en Amérique et où, par un singulier hasard, mon nom était cité. Nous vîmes encore employer un second mode de lecture; non par lettre, mais à l'aide d'autres signes représentatifs également en reliefs ; ce système paraissait plus difficile, ou bien le lecteur était moins exercé. Un autre aveugle écrivit une courte phrase que nous lui dictâmes, relativement à notre visite. Il se servait d'un instrument très-compliqué à seize pointes, au moyen duquel on pouvait former toutes les lettres et figures; plusieurs de ces pointes concourraient à la formation d'une même lettre, et on les touchait de la main aussi rapidement que les dentellières fixent leurs épingles. Un jeune garçon aveugle eut l'obligeance de nous faire parcourir la partie de la maison destinée aux femmes ; ils montent et descendent les escaliers et traversent les corridors sans aucune hésitation. Notre ami avait un mot affable à dire à tous ceux qu'il rencontrait, il semblait être de la maison. Il eut vraiment été impossible de n'être pas de bonne humeur en sa compagnie ; il répandait partout la gaîté autour de lui.

En sortant de là, M. Des Billiers m'accompagna aux *Enfants-trouvés*, rue d'Enfer. J'avais déjà vu antérieurement une maison de ce genre à Rouen ; la vue de celle-ci renouvela tous les sentiments d'amour et d'admiration que l'on éprouve pour saint Vincent de Paul. Si jamais le feu de la charité brûla dans une poitrine humaine, ce fut dans la sienne. Quand certaines personnes éprouvent de la difficulté à admettre certains miracles matériels, comme celui par exemple qui s'opéra devant sa châsse, elles oublient que toute la vie de ce saint fut un miracle spirituel infiniment plus étonnant. Qu'une maladie soit guérie par l'intercession d'un saint, dont on approche les reliques avec foi, ce n'est là qu'un simple exercice du pouvoir *créateur* de Dieu, se manifestant, il est vrai, par les mérites du Sauveur communiqués à ses saints; mais que le cœur naturellement égoïste et déchu de l'homme puisse devenir le tabernacle de l'amour, de la charité désintéressée, patiente, souffrante et conquérante, c'est là un miracle du pouvoir *rédempteur* de Dieu, un effet de sa volonté travaillant d'accord et en union avec la volonté de sa créature, qui doit réellement nous confondre. « En vérité, en vérité, je vous le dis, celui qui croit en moi, fera aussi les œuvres que je fais, et même en fera de plus grandes encore, parce que je m'en vais vers mon Père. » Et ces paroles ont été dictées non pas seulement aux apôtres et à ceux auxquels ils imposèrent les mains et aux premiers siècles de l'Église : elles sont et elles demeurent de tous les temps.

Dans la chambre où les enfants exposés sont reçus d'abord, se trouvent quatre-vingt-cinq berceaux; un grand nombre étaient occupés, quelques-uns par des enfants qui semblaient au moment d'expirer, d'autres par ceux qui avaient été reçus ce jour-là même; un de ces petits êtres se trouvait encore couvert des haillons dans lesquels on l'avait apporté. Trop souvent enfants de la honte et toujours, je le crains, de la misère, on ne pouvait les contempler sans la pitié la plus vive, et sans éprouver le plus profond respect pour ces sœurs de Charité (cet hôpital en compte trente-deux), qui entourent de leur dévouement ces petites créatures, véritables rebuts de la société. La sœur qui nous accompagnait nous dit qu'en moyenne on en baptisait douze par jour, quelquefois il s'en présentait jusqu'à trente. S'ils survivent aux premiers jours, ils sont placés en nourrice à la campagne, puis ils sont élevés dans différentes maisons, instruits dans différents métiers et patronés, s'il le faut, jusqu'à l'âge de vingt et un ans. Le tour est maintenant fermé pendant le jour, mais la nuit les enfants y sont reçus et souvent on les y dépose sans haillons pour les couvrir; une petite marque distinctive est attachée à chacun d'eux, et on tient note de tous les signes particuliers qui les distinguent. Pendant le jour on les reçoit sur l'attestation d'un officier public. Nous passâmes par l'ophtalmie et l'infirmerie. C'était un spectacle attendrissant que celui de ces petites créatures de différents âges, mais presque toutes souffrantes, trouvant auprès de celles qui étaient devenues leurs mères en Jésus-Christ, la pitié et les soins qu'ils n'ont pas obtenus de leurs parents suivant la nature. Je dis à la sœur que je craignais bien que leur ordre ne renfermât qu'un petit nombre d'Anglaises ; elle dut l'avouer. Quand donc ma patrie aura-t-elle repris le premier rang dans ces œuvres de la sainte charité, dans ce culte et cet amour de la croix, au milieu des péchés et des misères de l'humanité déchue ? Plût à Dieu qu'au lieu d'être l'île des grandes richesses matérielles, elle pût redevenir *l'île des saints!* Mais cela est impossible, aussi longtemps qu'elle couvrira de ses négations et de ses mépris l'honneur qui est dû à l'état de virginité de ceux qui se sont consacrés à Dieu, ou qu'elle méconnaîtra la vertu du sacrifice de Jésus-Christ communiquée par lui à ses membres.

MERCREDI, 26 JUILLET.

Nous avons eu une conversation de près d'une heure avec le père de Ravignan. Il me demanda si je connaissais le comte de Montalembert, et me dit que sa préface sur les ordres religieux dont il comptait faire précéder sa Vie de saint Bernard, avait déjà trois volumes ; il regrettait que le père Lacordaire ne se trouvât pas à Paris, afin que je pusse le voir. Je lui demandai pourquoi il avait quitté l'Assemblée nationale. « Cela nous a fait de la peine, dit-il. La générosité de son caractère lui avait fait croire qu'il aurait pu déterminer les membres libéraux que renfermait l'Assemblée à étendre leurs principes de liberté à l'Église, à se montrer favorables à la liberté d'enseignement ; mais il s'aperçut bientôt qu'il s'était trompé : c'étaient de faux libéraux, tout prêts à appliquer leurs principes en matière civile et politique, mais nullement disposés à les transporter jusque dans le domaine spirituel. Le P. Lacordaire n'était pas entré dans l'Assemblée pour y satisfaire une ambition personnelle : il y prit place sur la montagne, mais cet état de choses, cette position étroite et difficile qui lui enlevait toute liberté d'action, répugnait profondément à sa nature. C'est pourquoi il donna sa démission ; mais il eût sans doute mieux valu qu'il eût envisagé d'avance la situation telle qu'elle se présentait en réalité. Quant aux traitements donnés au clergé, le P. Lacordaire n'était nullement favorable à leur suppression. Sans doute, misérables comme ils le sont en somme, et donnés en échange des vastes propriétés enlevées par l'Etat, il serait à désirer qu'on pût s'en passer, si la chose était praticable. Mais, comme le clergé est surtout recruté dans les classes inférieures, cela est impossible, et le mince casuel qu'il reçoit pour les baptêmes, les mariages et les enterrements, est nécessaire pour augmenter quelque peu ses minces revenus. C'était une chose triste, d'après notre interlocuteur, de voir une pareille rémunération accordée à son clergé par un pays catholique, tandis que l'Angleterre traite si libéralement le sien.

Je lui demandai quels étaient les auteurs les plus solides sur la question de la primauté de Rome. Il me répondit que c'étaient les frères Bellerini et les controverses de Valemburg. Je lui fis observer que depuis près de trois ans, mon attention avait été constamment fixée sur ce sujet, que je l'avais étudié dans les Conciles et les Pères, et que j'étais arrivé à la conclusion que le pape avait incontestablement une primauté d'ordre (ou d'honneur) dans toute l'Eglise, mais qu'il n'avait pas une primauté de juridiction sur l'Orient. Il s'efforça de combattre ma thèse, en faisant ressortir la pauvreté des documents sur les premiers siècles ; mais je lui répondis que ceux qui nous sont parvenus, s'élèvent contre les prétentions de l'Eglise romaine. Admettez un instant le système de Rome, me dit-il ; ne faut-il pas reconnaître qu'il résout tous les passages ? — Je lui dis que c'était précisément de cette manière que j'avais étudié la question, et que cependant j'étais arrivé à une conclusion contraire. Il me dit qu'il comprenait l'anglais et qu'il lirait mon livre que j'avais offert de lui envoyer, et promit de me faire connaître sa réponse à la thèse que j'y ai développée.

Je fus frappé de la douceur de ses manières et de sa ressemblance avec Manning. J'allai passer une demi-heure à l'église de Saint-Vincent-de-Paul qui est tout près de là. Sa châsse est exposée à découvert au-dessus de l'autel. Je vis différents objets, tels que vêtements, livres, croix, etc., que l'on avait placés contre le verre qui couvre ses reliques, dans le dessein de les faire bénir.

A une heure, distribution des prix au petit-séminaire, 21, rue Notre-Dame des Champs. Les quatre vicaires-généraux du chapitre de Paris étaient assis au premier rang, pour couronner ceux qui avaient remporté les prix et leur remettre des livres ainsi qu'à ceux qui avaient obtenu un accessit. Il y avait beaucoup de membres du clergé et un nombre considérable de laïcs, parents ou amis des jeunes élèves. Un des professeurs lut aux élèves un discours qui dura une demi-heure, et dans lequel il passa en revue toute la vie du dernier archevêque, ses études, ses travaux, ses actes et finalement son martyre et ses funérailles, sans oublier sa sollicitude pour eux. Un des derniers actes de sa vie publique fut une visite au petit séminaire lors de la Pentecôte, quinze jours avant sa fatale blessure. Ce discours ne me plut guère : le ton et le débit en étaient également monotones ; il y a une différence bien remarquable dans l'harmonie de la langue française, quand on la lit et quand on la parle. Dans le premier cas, l'accentuation a quelque chose de particulièrement spondaïque, raide et conventionnel, tandis que dans le second, elle est aisée et coulante. La distribution des prix eut lieu ensuite. Elle se prolongea pendant une heure, ce qui ne doit guère surprendre, car il y avait près de deux cents couronnes et deux cents ouvrages en un ou deux volumes à distribuer. Beaucoup d'entre les jeunes vainqueurs reçurent plusieurs prix et couronnes : ils s'avançaient, montaient quatre ou cinq marches et étaient successivement couronnés et embrassés sur les deux joues par l'un des vicaires-généraux ; de temps en temps, ils étaient conduits près d'un parent ou d'un ami, souvent même d'une dame, qui leur remettait la couronne : on la leur plaçait sur la tête, et puis ils la portaient à la main. Je ne pense pas que le principe de l'émulation fut étouffé ; mais le nombre de ceux qui étaient récompensés, n'était pas moins considérable que le nombre des prix. Il me semblait qu'on n'en finirait jamais. Il y avait le prix d'excellence et de sagesse, de grec, de latin et de composition française, de vers latins, de philosophie, de rhétorique, de géographie, de langue anglaise, etc. ; et la plupart de ces branches étaient divisées en plusieurs classes. Aucun genre de mérite ne pouvait se plaindre d'être oublié. Il y avait un premier prix, un second, et en outre quelquefois trois accessits ; quelques-uns obtinrent neuf et même dix récompenses. Tous, j'en suis sûr, se croyaient de jeunes Grecs recevant la couronne de laurier. Il est certain qu'en montant les gradins pour recevoir leurs couronnes, ils devaient ressentir une émotion profonde.

Vers la fin de la cérémonie, un des vicaires-généraux se leva et adressa quelques mots aux élèves avec beaucoup d'aisance et de simplicité : le jour de la rentrée fut annoncé pour le jeudi, cinq octobre. Je remarquai parmi les vainqueurs plusieurs visages pleins de charme et d'ingénuité. J'avais à mes côtés un père de famille qui se livrait aux plus vifs transports, à cause des prix de son fils, garçon de treize ans.

J'allai pour quelques minutes à la délicieuse chapelle des *Dames de bon Secours*, ou des gardes-malades ; elle était toute silencieuse, et je pus me livrer à mon admiration sans crainte d'être troublé. On m'a assuré hier que les laborieuses fonctions de ces sœurs auprès du lit des malades abrégent réellement leur vie, et qu'elles entrent dans l'ordre avec la conscience que la tâche qu'elles vont entreprendre, leur est dangereuse et souvent fatale. Leur mission est de soigner les personnes malades de la classe aisée, et de profiter des circonstances que la maladie amène presque toujours, pour diriger leurs pensées vers la religion. En échange de leurs services, on paie cinq francs par jour à l'Institution.

Je suis allé voir ensuite M. Gondon, qui me conduisit à la réception du comte de Montalembert. L'évêque de Langres, M. l'abbé de Casalès, deux autres membres de l'Assemblée, ainsi que M. Bonnetty, M. de Saint-Chéron, traducteur de la Vie d'Innocent III par Hürter, et une dizaine d'autres personnes s'y trouvaient réunis. La comtesse était allée en Belgique rendre visite à sa famille. Je m'entretins quelque temps avec l'évêque. M. de Montalembert entama une conversation sur l'Angleterre, qui m'intéressa beaucoup. « J'ai bien peur pour vous autres, » dit-il ; « si vous résistez à la crise actuelle comme vous avez su résister à la première révolution et à Napoléon, ce sera une grande gloire pour votre pays ; la gloire de l'Angleterre est déjà grande, mais ce sera presque un miracle. Nous assistons à la lutte du paganisme contre la religion. Je veux bien admettre que vous ayez en Angleterre une plus grande somme de religion qu'aucune autre nation ; mais c'est *une religion bien minée*, vous en conviendrez avec moi ; il y en a bien peu parmi vous qui admettent le christianisme dans toute son intégralité ; qu'il y ait néanmoins une certaine sorte de religion, cela est positif. Et cependant, malgré cela, les masses sont devenues païennes : elles ont l'œil fixé sur vos livres et sur votre conduite, et elles se persuadent qu'il n'y a pas d'autre vie, car dans la pratique vous leur avez enseigné que tout se termine ici-bas. Aussi l'on est très-bien venu à leur dire que si la propriété était divisée entre tous, ils auraient environ onze schelings par semaine à dépenser ; quoi que l'on fasse, ils essaieront d'y arriver ; ils ne croient pas à la vie future, ils tâcheront au moins de retirer quelque chose de la vie présente. Considérez d'ailleurs la situation sur toute l'étendue du continent : si l'Angleterre traverse cette tempête sans désastres, ce sera une chose merveilleuse. Je souhaite de tout mon cœur qu'elle y réussisse, car elle seule reste encore debout. » Il semblait croire que les unités allemande et italienne, si elles parvenaient à se constituer, détruiraient l'équilibre de l'Europe. Quant à l'état de la France, personne ne peut dire ce qu'il en adviendra. M. de Montalembert et deux autres de ses amis sont les seuls membres de l'ancienne chambre des pairs, qui siégent dans l'Assemblée actuelle ; elle renferme un assez grand nombre d'anciens députés ; mais l'immense majorité est absolument indigne par son éducation, sa position, et l'absence de tout mérite, de représenter la France. Ils ne sont pas à la hauteur d'une seule des questions qui se présentent devant eux. Et c'est d'une telle Assemblée que la France doit recevoir sa constitution ! De tous les généraux français actuellement au pouvoir, M. Bedeau est le seul qui soit religieux : j'ai appris, il y a quelque temps, un trait remarquable de cet officier. Il se trouvait en Afrique et marchait à la tête d'un corps d'armée, lorsqu'il rencontra un prêtre : aussitôt il s'avança vers lui, le prit à part à quelque distance de là, et se confessa humblement : puis il retourna vers ses troupes et dit que si quelqu'un voulait suivre son exemple, il resterait à l'attendre ; ils marchaient au combat et personne ne pouvait prévoir les chances de la bataille. Combien y en eut-il qui l'imitèrent, voilà ce que je n'ai pu apprendre ?

JEUDI, 27 JUILLET.

M. Des Billiers m'a accompagné chez M. Hervé, le chirurgien des Sœurs de charité, pour lui demander le compte-rendu des faits matériels qui accompagnèrent la guérison de la novice, le 9 du mois de mai. Il était absent, mais madame Hervé nous fit le même récit que nous avions déjà entendu ; elle nous dit que si nous voulions repasser plus tard, nous pourrions voir M. Hervé. C'est ce que je fis, et il me dit alors qu'il avait déposé un rapport médical sur toute l'affaire chez les sœurs, et que je pourrais le voir, rue du Bac.

Je suis encore allé rendre visite à M. de Noirlieu, mais je le trouvai sorti. Chemin faisant, j'entrai dans la vieille église de l'abbaye de Saint-Germain des Prés ; depuis la dernière fois que j'y ai été, tout le chœur a été orné de peintures. De toutes les églises de Paris, c'est, à mon avis, celle qui plaît le mieux et qui laisse le plus d'impression. Je ne pouvais la parcourir sans me sentir ému, en songeant à cette longue suite de bénédictins qui ont glorifié Dieu sous ces voûtes, et qui ont si bien mérité de l'Eglise et du Christ, par leurs études et leurs travaux sur les saints Pères. Je vis inscrits sur un même monument trois grands noms, Mabillon, Descartes et Montfaucon ; c'est du second, je crois qu'on a dit : « *qui luce, quam indagavit, nunc fruitur.* » Jouir de cette lumière, cela comprend tout ! *O utinam!*

J'ai parcouru aujourd'hui une courte relation publiée ici « sur les soixante et dix serviteurs mis à mort en Chine, en Tong-King, et en Cochinchine, déclarés vénérables par notre saint-père le pape Grégoire XVI. » C'est une étonnante histoire : ce sont les faits glorieux et les souffrances de la primitive Eglise exactement reproduits de nos jours. Ces martyrs furent même torturés d'une manière plus sauvage encore que ceux d'autrefois par les Romains.

Quelques-uns d'entre eux n'avaient que quatre ou cinq ans de plus que moi, d'autres originaires de la Chine étaient même plus jeunes; ainsi, tandis que moi j'ai dépensé mes jours en vanités, d'autres, formés de cette même chair et de ce même sang, sont entrés dans la glorieuse armée des martyrs. Ah! si la charité détermine les places des élus dans les demeures éternelles, assurément c'est bien près du Seigneur que sera préparée la place de de ceux qui, se retirant ainsi du milieu d'une civilisation trompeuse et sensuelle, sont allés purs et sans tâche au milieu des peuples assis dans la vallée de l'ombre de la mort, au milieu des peuples les plus dégradés de corps et d'esprit, et cela pour sauver quelques ames, s'il est possible, dans cette multitude si pauvre et si abandonnée. Il semble que c'est au sein de la corruption sociale arrivée à son dernier degré, que la charité la plus élevée, la plus pure et la plus ardente, doive se produire, comme pour montrer que le bras de Dieu n'est pas raccourci, et que si nous le voulions, nous pourrions redevenir tout ce qu'ont été les martyrs d'autrefois. Les indigènes de la Cochinchine sont d'un caractère naturellement très-timide, et cependant on en a vu un grand nombre lutter de force et de courage avec les prêtres et les évêques européens, pour supporter les épreuves et les tourments les plus prolongés. N'est-ce pas une chose monstrueuse, qu'en pratique nous ayons l'air d'admettre que la croyance qui produit de pareils hommes, est une corruption de la révélation divine, et une corruption tellement profonde, qu'il ne lui reste qu'un pas à franchir pour tomber dans l'idolâtrie, si tant est qu'elle s'en distingue?

Le soir, je me suis promené au jardin des Tuileries et sur les Boulevards; la population de Paris semble s'y répandre avec délices : rien d'étonnant à cela; quelle est la grande ville qui offre un lieu de distraction aussi agréable que les jardins des Tuileries pour toutes les classes de la société? Ils me rappellent à moi le souvenir d'années depuis longtemps écoulées. Cependant je n'aime pas à me trouver seul dans cette Babylone.

VENDREDI, 28 JUILLET.

J'ai accompagné l'évêque de Langres et une société qui allaient voir la manufacture de verres peints de Gérente, 13, quai d'Anjou. Cet artiste paraît avoir trouvé les couleurs des anciens vitraux; il nous montra le procédé par lequel on donne aux verres modernes l'aspect de l'antiquité. Au moyen d'acides, il produit des ombres dans le verre qui était clair et poli, et de cette manière, il relève le ton des autres parties.

Des chimistes eux-mêmes auraient été incapables de distinguer le verre ancien du verre moderne. Il regardait N*** comme un charlatan, et disait que Waille était le meilleur artiste anglais, mais que Hardman le surpasserait bientôt.

Je suis allé pour quelques instants à Notre-Dame : malgré la beauté et la grandeur de différentes parties de cette église, je suis toujours mécontent de l'ensemble. Je suis allé voir aussi à Saint-Séverin une petite chapelle de la sainte Vierge, dont l'autel et l'image de la Vierge et de l'Enfant me plaisent beaucoup. — Porté une lettre de M. Labbé à M. Dupanloup, mais il n'était pas à Paris.— Sonné deux fois aussi chez M. Defresne, mais il était sorti. — Porté une lettre à l'évêque d'Orléans, mais il n'était visible qu'entre huit et neuf heures du matin.

Pendant la soirée, je trouvai M. A. Coppinger chez lui et nous eûmes une longue conversation ensemble. Il est d'avis qu'il n'y a pas la moindre chance de restauration pour Henri V, que le sentiment de la légitimité et même le respect pour l'autorité sont parfaitement éteints dans les masses. Les riches classes marchandes sont généralement irréligieuses, et cela au point que, pendant la répression de la dernière insurrection de juin, les révoltés se conduisirent avec plus de respect dans les églises que la garde nationale envoyée pour les combattre. La source de tous les maux de la France se trouve dans l'éducation radicalement mauvaise que les hommes ont puisée dans toutes les écoles autres que celles du clergé. Ils regardent le christianisme comme s'ils se trouvaient en dehors de la sphère de son autorité; l'Évangile est un fort beau livre, on ne saurait en douter, mais ce n'est pas un livre qui commande leur soumission. Vivant au milieu d'une civilisation qui tire toute sa force du christianisme, ils pensent qu'ils peuvent se passer de cette base de l'ordre social, et veulent asseoir la société sur les vaines théories écloses dans leurs cerveaux. La révolution de février a pris tout le monde à l'improviste, même ceux qui en furent les promoteurs; elle doit être attribuée aux sociétés secrètes qui existaient depuis nombre d'années; mais bien qu'elles eussent la conscience de leur force et qu'elles se crussent peut-être en état de renverser un ministère, elles ne songeaient nullement à abattre une dynastie. La dernière émeute avait été parfaitement organisée; elle avait un grand nombre de chefs, disposant d'autant de centaines d'hommes placés sous leurs ordres; les meneurs étaient bien payés, mais tous les autres prêtaient gratuitement leurs bras pour une cause qui était supposée la leur. Quoique près de dix mille hommes soient maintenant en prison, on ne pense pas que beaucoup de ces chefs aient été arrêtés : aussi les évènements qui pouraient surgir cet hiver sont-ils un sujet de craintes sérieuses.

SAMEDI, 29 JUILLET.

Ce matin à huit heures, je suis allé voir M. Defresne. Il me fit un accueil très-cordial, me questionna sur notre visite aux stigmatisées du Tyrol. — Il avait appris par Manzoni que nous avions été les voir. Il prit bientôt son ton habituel de conversation vive et animée. D'après lui, les évènements de février et de juin avaient eu un résultat salutaire pour le clergé, en faisant éclater son dévouement charitable pour les blessés : pour les soigner, on avait même remis de dire la messe. — Il venait précisément de dîner avec le P. Etienne, de sorte qu'il avait aussi entendu parler de la guérison de la novice. Un de ses amis qu'il dit être le poète Reboul entra pendant ma visite : nous tombâmes tous d'accord que la vie même de saint Vincent de Paul était un miracle beaucoup plus étonnant que toutes les merveilles qui s'étaient opérées par la vertu de son intercession. M. Defresne m'engagea à revenir mardi matin et nous invita à dîner tous trois ensemble.

Je me suis rendu aussi chez M. Des Billiers pour le prier de m'accompagner rue du Bac, à l'effet d'obtenir une copie de l'attestation de M. Hervé relativement à la cure miraculeuse. Il se trouva que l'original n'était plus en la possession des sœurs : il avait été cacheté et déposé avec d'autres documents auprès de la châsse de saint Vincent. Elles en avaient une copie que je demandai de pouvoir copier et porter ensuite chez M. Hervé pour qu'il la signât. C'est ce que j'ai fait, et j'espère l'obtenir demain.

Je demandai à M. Des Billiers ce qu'il pensait de la durée de la république. Sa conviction est qu'elle ne peut durer, mais son existence peut se prolonger de quelques mois à une douzaine d'années. Il croit que la France est profondément monarchique, mais le retour de la monarchie fera probablement passer le pays par de longues souffrances et par une crise violente. L'obstacle consiste en ce que les classes moyennes, la bourgeoisie, qui ont aujourd'hui le pouvoir, craignent de voir revenir avec la monarchie, le cortège de la noblesse et du clergé. Si elles pouvaient être complètement persuadées que tous les rangs seraient égaux en droits et qu'on n'essaierait pas de faire revivre les anciens privilèges, elles se déclareraient pour la monarchie; car elles ont besoin du commerce, de la confiance et d'un gouvernement stable; or, c'est ce que la république ne saurait leur donner. La personnalité du monarque ne se dessine pas aussi clairement au milieu de ces aspirations monarchiques, car quoique tous les gens qui raisonnent doivent comprendre que la monarchie doit reposer sur un principe, néanmoins le nom de Napoléon exerce encore une grande influence sur les classes populaires. La Restauration laissa échapper une occasion magnifique. Elle fut réellement très-populaire dans les commencements, et si elle avait appliqué le principe de liberté à l'Église et à la nation, elle aurait pu se maintenir; au lieu de cela, elle combla d'honneur un petit nombre d'ecclésiastiques isolés, ce qui souleva de profondes animosités contre le clergé, et, d'un autre côté, sa conduite envers l'Eglise prise en corps, fut dictée par un esprit qui n'était rien moins que libéral, puisqu'elle la tint sous clé et sous verrous.

Fait une visite à M. Gondon : nous causâmes de la guérison de la novice. Je lui dis que je m'occupais à rassembler des documents propres à servir de preuves. M. Gondon pensait que les bénédictins et les dominicains n'étaient pas appelés à prendre racine en France : et comme preuve, il cita la position du P. Lacordaire. Avec de très-grands talents et surtout le pouvoir d'entraîner ses auditeurs par son éloquence, il avait peine à maintenir une seule et très-petite maison en France. Pendant le moyen âge un homme pareil aurait pu fonder un ordre. M. Gondon avait assisté à son célèbre sermon du premier dimanche après la révolution de février à Notre-Dame. Du commencement à la fin, « c'était un délire. » Le P. Lacordaire vient de rentrer à Paris. M. Gondon fit observer encore que les derniers évènements accomplis en Angleterre, devaient prouver à tout homme réfléchi combien notre Eglise est le jouet des ministres du jour. Louis-Philippe avait essayé de jouer en

France la même comédie que celle jouée en Angleterre à la nomination des évêques, mais la grâce de la consécration avait été trop forte pour lui. Je lui répondis que cela n'était pas tout à fait exact, que nous avions aussi des hommes de courage parmi nous, et je citais l'énergique protestation de l'évêque Selwyn contre la tentative d'un secrétaire d'État, qui voulait sacrifier les droits des naturels de la Nouvelle-Zélande, protestation qui fut couronnée de succès.

Je me rendis ensuite chez les Sœurs de charité, et bientôt je me trouvais installé dans leur secrétariat, occupé, au milieu d'un groupe de sœurs, à copier l'attestation de M. Hervé. Elle est insérée dans une sorte de lettre pastorale de M. l'abbé Etienne aux sœurs répandues par tout le globe, et porte la date du 31 mai 1848. Il y exprime sa confiance que la barque de saint Vincent sortira victorieuse de la tempête révolutionnaire, comme elle en était sortie en 1830, si elles demeurent fidèles à leurs règles et remplissent avec zèle leur mission. J'appris en même temps que trois jours après cette guérison, il y en avait eu une autre d'une personne affligée de cécité depuis sept mois, et je résolus d'examiner également ce cas.

A cinq heures, les sœurs allèrent assister à la bénédiction ; je les suivis dans leur chapelle. C'était un spectacle vraiment touchant de voir un si grand nombre de sœurs et de novices adorant ensemble l'Hostie sainte. Voilà donc, pensais-je, autant de cœurs de femmes qui, chaque jour, s'offrent à Dieu en sacrifice par les œuvres de charité ; elles ont renoncé volontairement aux plaisirs du foyer domestique, aux sentiments les plus intimes de la nature humaine ; leur offrande est faite sans aucune réserve, elle est complète et ne respire que charité. Voici agenouillées devant moi, des centaines de créatures qui passent leur vie à l'hôpital et au chevet des malades, parcourant tous les pays du globe, et faisant de la guérison du corps un moyen d'adoucir les blessures de l'ame. Si jamais il y eut une institution illuminée par les rayons qui s'échappent de la face de la Divinité, sans contredit ce doit être celle-ci.

Je convins avec les sœurs de revenir lundi pour continuer mon extrait.

M. Defresne m'a raconté ce matin que les pères lazaristes possèdent un grand nombre de lettres manuscrites de saint Vincent de Paul, renfermant les avis les plus minutieux sur des cas de conscience et des détails de pratique, lettres qu'il écrivit à ses pères pendant sa longue carrière, et qui dénotent la plus merveilleuse connaissance du cœur humain et le jugement pratique le plus fin et le plus assuré. Pour donner une idée de sa profonde sagesse, il suffit de dire que pendant trente années, il se contenta pour les sœurs d'une direction purement verbale : ce ne fut qu'après ce temps qu'il écrivit pour elles les règles dont il avait éprouvé ainsi l'efficacité et la sagesse. Une constitution véritable existe avant qu'elle soit écrite sur le papier, tout comme les constitutions modèles des Français cessent d'exister, avant que l'encre qui a tracé leurs principes, ait eu le temps de sécher.

M. Des Billiers m'a raconté aujourd'hui un trait curieux d'un vieux légitimiste français de haut rang : comme la plupart des hommes de son parti, il s'abstint longtemps après l'avènement de Louis Philippe de se mettre sur les rangs pour la chambre, parce que cela impliquait un serment de fidélité à la dynastie. On finit par sentir l'inconvénient de ce système d'abstention, quand on voulait élire un député légitimiste, et l'on pressa beaucoup le vieillard de prêter le serment. Il refusa longtemps, mais finit par consentir; comme son nom fixait l'attention publique, on fut très-curieux de savoir ce qu'il allait faire. Quand il fut requis de prêter le serment, il prit la parole en ces termes :
« M. le président, permettez-moi de vous raconter une

anecdote. Je me souviens que me trouvant avec S. M. Louis XVIII, roi de France, un jeune prince se présenta devant lui, avoua ses fautes passées, et tombant aux pieds du roi, lui promit une fidélité inaltérable. Nous savons tous comment ce prince a gardé son serment. Maintenant je promets et jure (et il répéta la formule du serment) fidélité à Louis-Philippe, et je garderai mon serment comme il a gardé le sien. » Chacun éclata de rire et le président eut peine à étouffer son hilarité, mais il déclara qu'il ne pouvait permettre que le serment fut prêté avec cette réserve. Le vieillard le répéta de nouveau, sans restriction cette fois, mais l'effet était produit, et tout le monde savait comment il l'entendait prêter. — Qui saurait regretter d'ailleurs qu'un acte aussi déloyal que celui de supplanter un roi, un parent, un bienfaiteur, ait trouvé son châtiment même en ce monde !

DIMANCHE, 30 JUILLET.

Je viens d'entendre à Saint-Roch un sermon de plus d'une heure et quart, prononcé en majeure partie avec une grande rapidité et une véhémence de ton et de geste, qui auraient effrayé un auditoire anglais. Le prédicateur, l'abbé Du*** a déployé une puissance d'idées et de langage tout à fait remarquable. J'aurais préféré moins de rhétorique, tant dans le débit que dans le sujet, mais il y avait incontestablement de la puissance. « Mes idées ne sont pas vos idées, dit le Seigneur. » Il commença par dire que nous étions tous sous l'empire d'un sophisme ; ce sophisme, caché sous une multitude de formes, consiste dans la préférence donnée à la vie présente sur la vie future. Il s'étendit alors avec beaucoup de force et d'éclat sur la vie de notre Sauveur sur la terre, qui était Dieu, et qui voulut être charpentier, qui voulut travailler pour son pain quotidien. « Or, Dieu ne peut rien faire qui ne soit parfaitement bon et sage ; c'est pourquoi, lorsqu'il prit cette condition servile, ce fut une œuvre de sagesse et de bonté parfaites. Il vint pour faire la volonté de son Père. Et la seule loi qui embrasse tous les degrés de la société humaine, et seule les rend agréables à Dieu, c'est de faire la volonté de Dieu. Gloire, succès, génie admiration de nos semblables, tout cela n'est rien. Faire la volonté de Dieu, cela seul nous ouvrira les portes du royaume céleste. Jésus-Christ se tient prêt à ouvrir le royaume des Cieux à toutes les générations successives de ceux qui, marqués du sceau de la prédestination divine et travaillant avec le secours de sa grâce, font la volonté de Dieu — et à nul autre qu'à ceux-là. — Il n'y a qu'une conclusion à tirer de la situation actuelle, de ces terribles luttes, de cette incessante agitation, c'est que la vie n'est que le travail d'un jour, d'une heure, — rien en comparaison de l'éternité. Cette vie n'est pas la condition véritable de l'humanité. Elle est déchue; l'œuvre du Sauveur eut proprement pour but de la restaurer dans sa condition normale, mais cette condition normale ne sera jamais de ce monde. Ici-bas nous avons une œuvre de réparation à remplir, œuvre lente, pénible, pleine d'obstacles proportionnés à la profondeur de la chûte, mais en même temps œuvre pleine de miséricorde pour nos ames. Qui voudrait donner à un malade la même dose de nourriture qu'il pourrait prendre en état de santé? Eh bien! ici nous sommes tous les patients de Jésus-Christ — tous — et jusqu'à notre dernier moment. Nous ne retournerons jamais à notre condition normale sur la terre, mais bien dans l'éternité.

» Vous êtes tous des ouvriers et des ouvrières; la paresse est un péché capital, la paresse vous fermera le ciel; — Jésus-Christ nous a enseigné à travailler, chacun suivant son état. La tâche est une, quoique les conditions pussent différer, et cette tâche c'est de faire la volonté de Dieu. On ne nous demandera pas, si nous avons eu du génie, de la science, si nous avons pu embrasser les œuvres de Dieu par la pensée ; — on ne nous demandera qu'une seule chose, si nous avons rempli notre tâche, cette tâche-là même que Dieu nous a donnée à remplir, qui est de faire sa volonté. Et voilà la raison pour laquelle la société souffre maintenant jusque dans ses profondeurs les plus intimes. On a fait de cette vie terrestre, la fin, la limite, le but, la récompense, — et on a détourné ses regards de l'éternité. On a ôté Jésus-Christ de la pensée, au travailleur de l'art, au travailleur de la terre. Et nous souffrons, nous souffrons tous, — nous allons de souffrance en souffrance. C'est pourquoi la question du travail est insoluble. L'homme paie, à prix d'argent, le labeur de la jeune fille qui travaille jour et nuit pour soutenir ses parents, et qui se refuse dans ce but la satisfaction la plus innocente ; c'est avec quelques pièces de monnaie, qu'il paie les larmes de la mère qui s'épuise pour sa famille, ou les fatigues du père travaillant sans relâche. Ce n'est pas ainsi qu'agit Jésus-Christ : il n'a pas voulu nous donner la moindre récompense sur la terre, c'est de la vie éternelle qu'il a voulu nous payer. — Puis l'orateur traça un tableau animé des fatigues et des souffrances du prêtre passant sa vie à instruire et à bénir. Quel est le but de son existence ? C'est la vie éternelle. Plus l'humiliation et la souffrance sont grandes, plus le renoncement aux sources humaines de jouissance et de rémunération est absolu, — plus aussi la volonté de Dieu s'accomplit et plus grande aussi sera la récompense éternelle. Peu importe ce qu'a été la condition de l'homme sur la terre, peu importe la puissance de son génie, — c'est à celui qui travaille avec la grâce, sous l'inspiration de la grâce et selon qu'il aura fait la volonté divine, que le royaume des cieux est réservé. Là, et là seulement, se trouve le remède à tous les maux de la société, et si nous sommes sous l'empire d'un sophisme, c'est parce que cette vérité a été mise en oubli. »

L'auditoire passablement nombreux était composé surtout de femmes ; il s'y trouvait, je crois, peu de personnes de la haute société, — et cependant le ton du sermon n'était à la portée que des gens instruits.

Ce matin, à huit heures, j'ai assisté à la messe en la même église ; c'était une grand'messe qui ne dura pas longtemps : il y avait beaucoup de communiants. Je ne me suis jamais trouvé dans une église aussi peu commode sous certains rapports : il s'y trouve à peine quelques prie-Dieu ; il en résulte que le peuple est presque tout le temps assis ou à peine incliné le genou contre la chaise, car rien n'est moins facile que de s'agenouiller sur le sol encombré de chaises. — Je trouve qu'il y a beaucoup moins de respect dans le maintien extérieur du peuple de Paris, que dans celui des provinces.

Je suis allé au service du soir de Notre-Dame-des-Victoires ; je désirais assister à une des séances de l'Archiconfrérie du très-saint Cœur de Marie. Peu à peu une foule nombreuse finit par remplir l'église ; trente ou quarante membres environ entouraient l'autel de la Sainte-Vierge ; quant au reste des fidèles, les neuf dixièmes au moins étaient des femmes appartenant aux classes inférieures. On chanta les Vêpres, et les assistants acccompagnèrent avec un ensemble remarquable. Ce chant des fidèles donne un caractère tout particulier et vraiment attrayant aux offices de l'Archiconfrérie. Puis l'abbé Desgenette, fondateur de la confrérie, vieillard à cheveux blancs, monta en chaire et parla de la manière la plus simple et la plus pratique sur le texte : « Méfiez-vous des faux prophètes. » Par le calme de ses manières, il était tout l'opposé du prédicateur de ce matin. Il fit ressortir le contraste de la désobéissance des enfants envers leur parents, qui règne de nos jours, la licence et la corruption qui nous entourent de toutes parts, avec ce qu'il avait connu, il y avait cinquante ou soixante ans. Aussi les hommes ont été châtiés, et la verge est encore sur leur têtes; et il les suppliait donc de se repentir. Après cela, il tira un papier et lut des demandes de prières de la Confrérie pour autant d'hommes, autant de femmes, de paroisses, d'évêques, etc.; j'entendis recommander ensemble et dans la même phrase « deux cent septante protestants et soixante neuf juifs. » Il lut aussi une lettre par laquelle on remerciait les associés pour leurs prières, auxquelles on attribuait la conversion d'un pécheur endurci; chaque semaine, disait-il, il recevait des lettres semblables. Il les exhorta à prier avec ferveur pour les intentions qu'il venait d'énumérer. « Il y aura pendant la semaine, « dit-il, » trois jours spéciaux : Mardi c'est la fête de saint Pierre ès liens. » Il leur lut le récit de la délivrance de saint Pierre dans les actes des apôtres; à en juger par l'attention avec laquelle on l'écoutait, il était permis de conclure que cette lecture ne leur était pas familière. Il parla alors du pape, qui est le successeur de saint Pierre, et qui se trouve aujourd'hui dans une sorte de captivité morale. Il demanda instamment et à plusieurs reprises des prières pour lui, en rappelant ce qu'il avait à souffrir de la main de sujets ingrats qu'il avait comblés de bienfaits, — non pas que la barque de Pierre pût jamais être submergée par les flots, elle était en sûreté à l'abri des promesses divines, mais il était possible que la persécution devint si violente qu'elle aboutit pour le pape à la couronne du martyre. Plus de vingt fois depuis son avènement, le Saint-Père s'était recommandé aux prières de l'Archiconfrérie, par l'intermédiaire de personnes venant de Rome. L'orateur exhorta son auditoire à prier chaque jour pour le souverain pontife. Il annonça que mardi il se trouverait dans son confessionnal, dès six heures du matin, pour plusieurs heures, après cela de deux heures et demie jusqu'à cinq, et de sept à neuf, afin qu'on pût se préparer pour l'indulgence plénière attachée à cette église le jeudi suivant. En même temps, il annonça un nouveau service funèbre pour le repos de l'ame du dernier archevêque, qui doit avoir lieu, lundi 7 août, à Notre-

Dame. Il recommanda de prier instamment pour le saint archevêque, il était possible que son sang eût lavé ses péchés et que son ame n'eût plus besoin de leurs prières ; mais néanmoins ils devaient prier pour lui. Il descendit ensuite pour donner la bénédiction. Toute l'assistance semblait n'avoir qu'un cœur et qu'une voix pour chanter les cantiques qui terminèrent la cérémonie. Cet office, qui dura de sept à neuf heures et demie, m'a paru plein d'intérêt.

LUNDI, 31 JUILLET.

Je suis allé chez le père de Ravignan. Il me dit que depuis notre dernière conversation, il avait fait des recherches dans Tournely, — et qu'il y avait trouvé un passage sur la primauté de juridiction, qui lui semblait tout à fait convaincant. Il me donna une lettre pour le père Lacordaire : notre entretien ayant été interrompu par une visite, il me pria de revenir.

De là, chez M. Des Billiers ; il m'attaqua de nouveau sur la primauté de juridiction. Je lui dis que la doctrine ultramontaine, poussée jusqu'à ses dernières conséquences, se contentait de l'infaillibilité du pape seul ; que cette doctrine était implicitement comprise dans la primauté de juridiction, et que le pape avait exercé le pouvoir suprême en retirant leur autorité aux évêques français, quand cela lui avait paru utile pour le bien de l'Église. Il semblait ne pas vouloir admettre que la primauté de juridiction impliquât l'infaillibilité, parce que l'infaillibilité du pape n'est pas un dogme. Mais là gît précisément la difficulté. Les catholiques romains, pour défendre leur système de foi, ont besoin de l'infaillibilité d'une seule et unique chaire pontificale ; or, c'est là précisément un point de croyance qui a toujours été contesté par plusieurs de leurs grandes écoles, et qui, aujourd'hui même, n'est pas un article de foi. S'ils prétendent qu'ils constituent l'Église universelle, que leur communion seule possède la vérité, que la communion grecque et toutes les autres sont schismatiques ou hérétiques, ou l'un et l'autre ensemble, c'est parce qu'ils s'appuient sur l'infaillibilité d'un seul siége pontifical. J'ajouterai, que si l'on parvient à prouver que l'Église grecque est dans le schisme, je regarderai notre cause comme perdue (1).

Nous allâmes ensuite chez les pères lazaristes, voir M. Gabet, qui a passé dix ans dans la Tartarie centrale et dans le Thibet : il a traversé de grands dangers et subi maintes privations ; revenu sain et sauf, il se prépare à y retourner. Nous le trouvâmes avec un frère missionnaire qui va rester à Macao, jusqu'à ce qu'il le rejoigne. Son livre sur le Thibet est plein d'intérêt et renferme des faits étonnants sous plus d'un rapport. Les Thibétains ont beaucoup de pratiques catholiques, telles que l'eau bénite et le célibat religieux. Les lamas ou prêtres, sont très-nombreux. Les deux tiers des hommes du pays observent le célibat religieux, et M. Gabet croit que ce célibat est réel. Lui et ses compagnons vécurent pendant six mois dans une grande communauté de cinq mille lamas, appartenant peut-être à dix nations différentes et parlant quatre langues différentes. Pendant ce laps de temps, ils n'ont pas observé la moindre inconduite parmi eux. Ils sont religieux, prient beaucoup et manifestent un profond mépris pour ceux qui ne prient pas. Faire l'esprit fort parmi eux est un moyen sûr de perdre toute considération. Cela n'empêche pas que leur religion ne soit pleine de superstitions ; ils ne savent ce qu'ils doivent croire ou rejeter ; ils ont l'instinct religieux fortement prononcé, mais ils ne savent pas discerner la vraie religion. Ainsi, si vous leur lisez l'Évangile, ils adoreront Jésus-Christ, Pilate, Caïphe, etc. Ce n'est pas chez eux

(1) Voir ci-après, sous la date du 15 août, la conversation du Rév. Allies avec le P. Lacordaire sur le même sujet. *(Note du traducteur.)*

une « *incroyance raisonnée* » comme le protestantisme, mais un nuage de superstition qui obscurcit leur vue. M. Gabet présume que le christianisme fera de grands progrès parmi eux, à cause de leur esprit religieux. Pour le moment, il n'y a pas d'établissement religieux dans le Thibet. Dans toute l'Asie, les prêtres des différentes religions observent la continence. D'après les idées reçues, le caractère du prêtre et celui d'homme marié sont incompatibles : on exige un renoncement absolu de soi-même dans celui qui veut enseigner la religion. Il n'existe pas au Thibet de lois contre les religions étrangères, comme il en existe en Chine. Un grand nombre de femmes vivent aussi dans le célibat; elles sont moins nombreuses toutefois que les hommes. Je lui demandai comment il se rendait compte des analogies que l'on remarque entre certains de leurs usages et le catholicisme. Il me dit que quelques auteurs pensent qu'ils les ont tirés du catholicisme, mais comme les Thibétains sont extrêmement entêtés et attachés à leurs rites : il ne saurait adopter cette opinion; d'autres au contraire croient que le catholicisme les leur a empruntés : aucune de ces hypothèses n'est nécessaire. Il n'y a pas la moindre trace que jamais des missionnaires chrétiens soient venus au milieu d'eux. Toute la ressemblance que l'on constate dans leurs rites, leurs coutumes et leurs croyances, trouve son explication, quand on les envisage comme étant les débris de la seule religion véritable révélée dès l'origine à toute la terre, et transmise par la tradition. Cette foi a été gardée dans toute sa pureté parmi les juifs, grâce à une loi écrite et à d'autres institutions, mais d'autres nations l'ont également possédée, et conservée avec plus ou moins d'altérations. Les Thibétains n'ont pas de sacrifices sanglants, mais ils offrent du vin, de l'eau, du blé et surtout du papier.

M. Gabet et son compagnon avaient été généralement bien traités parmi eux. Ils avaient converti deux lamas, dont l'un lui avait tout récemment écrit; il avait envoyé la lettre à la société de la Propagation de la foi à Lyon, car il croyait qu'il n'y avait personne en France qui comprît la langue mongole. Celle du Thibet est dérivée du sanscrit, mais la ligne continue qui existe au-dessus des lettres dans cette dernière langue, est brisée pour chaque caractère thibétain. Ce qu'il y a de plus étrange dans leur culte, c'est le grand-lama, qui est tout à la fois grand-prêtre, roi et divinité. Ils croient à la transmigration des ames et enseignent que Bouddha s'incarne continuellement pour la rédemption des hommes. Quant le grand-Lama meurt, ils attendent pour le remplacer que son successeur se soit révélé à eux. Et ici, M. Gabet nous dit que tout en admettant qu'il y ait quelque jonglerie, il est impossible de ne pas conclure à une intervention diabolique dans tout ce qui se passe alors. Le grand-lama actuel est un jeune garçon âgé de dix ans, le fils d'un pauvre bûcheron à 600 lieues de la résidence du grand-lama. Le grand-lama se découvre par la révélation d'un enfant âgé de quelques mois ou d'un an, qui annonce qu'il est le grand-lama qui vient de mourir et dont l'ame est passé en lui. On procède aussitôt aux investigations les plus minutieuses. Une commission est envoyée sur les lieux, et les objets dont se servait le dernier grand-lama sont placés devant l'enfant mêlés à une foule d'autres objets semblables ; alors ils demandent à l'enfant lesquels de ces objets appartenaient au grand-lama, et il répond : « Un tel et un tel étaient à moi. » Si tout cela était simplement une fourberie combinée par ceux qui sont au pouvoir, il n'auraient garde de choisir le fils d'un pauvre homme à une telle distance de la capitale. M. Gabet n'avait pas, il est vrai, été témoin oculaire de ces faits, mais d'après tout ce qu'il avait entendu, il ne pouvait douter qu'il n'y eût ici « des prestiges diaboliques. » Au-dessous du grand-lama, il y a un roi pour l'administration des affaires temporelles et quatre ministres : ceux-ci dirigent les affaires pendant les interrègnes. M. Gabet avait vécu dans l'intimité avec l'un de ces quatres ministres. — Le missionnaire dans ces pays lointains doit être préparé à une vie d'abnégation et se tenir toujours prêt à sacrifier sa vie. — Il avait remarqué que, dans tout l'Indoustan, l'indifférence religieuse des Européens (les Espagnols et les Portugais exceptés) leur faisait un très-grand tort dans l'opinion des naturels. Pour eux la religion est le premier besoin de la vie ; quant à la forme qu'elle revêt, ils y attachent moins d'importance : il suffit de prier ; mais un homme qui ne prie pas, et qui a l'air de n'appartenir à aucune religion, est à leurs yeux un être dégradé. Les Anglais pourraient s'épargner des dépenses considérables dans l'Inde, si, au lieu d'étaler leur indifférence, ils se montraient fidèles observateurs de leur foi religieuse.

M. Gabet a un extérieur très-agréable ; il porte des moustaches et une longue barbe presque grise : il paraît jouir d'une forte santé ; cependant elle était très-délicate, quand il partit pour l'Orient. Il croit que la constitution de l'homme se plie aux rigueurs du climat. Le froid de la Tartarie est intense. Les fleuves de l'Indoustan, de la Chine et de la Sibérie prennent tous leur source sur ce plateau élevé. Les missionnaires dormaient toujours couchés par terre : jusqu'à minuit, tant que le corps était réchauffé par l'exercice de la journée, ils conservaient quelque chaleur, mais à partir de cette heure jusqu'au matin, ils gelaient. Leur seule nourriture était du froment ou de l'avoine, humecté d'un peu de thé. M. Gabet se dispose à retourner dans la Grande Tartarie. Quoique nous n'eussions pas été introduits auprès de lui, il mit une complaisance extrême à écouter nos questions et à y répondre, et il s'offrit à nous donner d'ailleurs tous les renseignements qui étaient en son pouvoir.

Nous reçûmes de lui l'adresse de la jeune personne qui a été guérie de cécité dans la chapelle de Saint-Vincent, le 12 du mois de mai, trois jours après l'autre guérison dont j'ai parlé. Nous nous fîmes conduire aussitôt pour la voir, dans une des maisons des Sœurs de charité, rue de l'Arbalète, 25. Nous racontâmes à la Sœur qui nous reçut l'objet de notre visite ; elle consentit à satisfaire notre curiosité, et alla immédiatement chercher la jeune fille. Elle a quatorze ans ; ses manières sont simples et modestes, elle a l'air d'une fille de paysan. En réponse à nos questions, elle nous dit que ce fut en entendant parler de l'autre guérison que l'idée lui vint d'aller à la chapelle de Saint-Vincent, et d'implorer son intercession. Elle y fut conduite, le Vendredi, 12 mai, à six heures et quart du matin, par la Sœur qui se trouvait en ce moment avec nous. Je lui demandai si à cet instant, elle voyait encore quelque peu. « Pas le moins du monde. » fut sa réponse ; mais « aussitôt. » dit-elle, « que j'eus reçu notre Seigneur, je vis parfaitement. » — « Ne pouviez-vous rien voir le moment avant ? » — « Pas du tout. » — « Et le moment d'après vous vîtes parfaitement ? » — « Oui. » — « La guérison ne vint donc pas par degrés ? » — « Non, elle fut instantanée. » — Son infirmité était une amaurose qui s'était déclarée depuis le mois de septembre précédent, et toutes sortes de remèdes ayant été essayés en vain, on avait renoncé depuis près d'un mois à toute espèce de traitement. La maladie était accompagnée de violentes douleurs dans la tête. Depuis sa guérison, elle voit parfaitement, et elle paraît aujourd'hui complètement délivrée de toute infirmité aux organes de la vue. Pendant qu'elle et la Sœur s'étaient rendues à la chapelle, les autres Sœurs restées à la maison s'unissaient d'intention à la messe pour obtenir sa guérison. J'exprimai le désir de copier la relation de cette guérison, rue du Bac, mais la Sœur m'offrit une copie manuscrite, afin de m'éviter cette peine. Comme cette copie contenait le rapport du médecin qui avait soigné la malade, nous la portâmes aussitôt rue Mouffetard, 94, pour obtenir sa signature. Il était sorti, mais sa femme nous reçut et il fut convenu que je reviendrais demain entre midi et une heure, pour le trouver à la maison. Du reste, le témoignage de cette jeune fille était si clair et si précis qu'il me parut impossible de douter de la réalité du fait.

MARDI, 1ᵉʳ AOUT.

J'ai eu ce soir une conversation de près d'une heure avec le père Lacordaire. Il se souvint que M. et moi nous étions venus le voir il y a trois ans. Je lui rappelai ce qu'il avait dit alors, que des personnes sincères et bien instruites ne peuvent rester en dehors de l'Église romaine. Depuis lors, j'avais particulièrement étudié la question de la primauté de Rome, et cependant la conclusion à laquelle j'étais arrivé, après un examen scrupuleux de l'antiquité chrétienne, était en faveur d'une suprématie d'ordre, mais non de juridiction. Il insista sur l'obscurité des trois premiers siècles : c'étaient des temps de persécution, pendant lesquels les papes avaient eu autre chose à faire qu'à défendre leur suprématie. Et cependant, chose remarquable, au concile de Nicée cette suprématie brilla au milieu de la tempête ! Les légats du pontife romain y présidèrent. Je fis observer que Hosius, évêque de Corduba, qui signa le premier les actes du Concile, n'est pas désigné comme légat romain, tandis que les deux prêtres qui signèrent après lui le sont ; que c'était comme commissaire impérial et ami de Constantin, qu'il présidait. Il semblait porté à croire que Hosius devait avoir été légat du pape. Je lui dis que je ne repoussais nullement la suprématie, qu'au contraire, je la reconnaissais pleinement ; ma défense reposait sur la différence entre une primauté et une monarchie absolue, car au fond la prétention à une juridiction universelle, telle qu'elle est exercée aujourd'hui, revient à cela. Il me répondit qu'ils ne considèrent nullement la papauté comme une monarchie absolue : ceux qui vivent sous son autorité savent qu'elle est limitée sous plusieurs rapports. Il y a des droits inhérents à l'épiscopat auxquels le pape ne peut toucher : il ne peut suspendre les évêques du gouvernement de leurs diocèses sans motif donné, et sans qu'un jugement ecclésiastique régulier n'ait été rendu ; il ne peut enlever au prêtre le pouvoir d'offrir le saint sacrifice, ni de confesser, sans un jugement semblable. J'objectai la révocation de tous les pouvoirs de l'épiscopat français en 1801, mesure que le pape avait cru utile au bien général de l'Église. Il admit le cas et reconnut que ce pouvoir existait, mais, tout considéré, c'était un cas exceptionnel, comme il ne s'en était jamais présenté jusqu'alors. Je répliquai que dans la controverse, il était nécessaire de pousser les principes jusqu'à leurs dernières conséquences ; qu'il était tout naturel qu'eux, nés et vivant sous la papauté, ne sentissent pas que c'était là une monarchie absolue. Il cita Bellarmin qui dit que c'est une monarchie tempérée par une aristocratie et une démocratie. Le pape ne peut supprimer l'épiscopat. Je lui dis que nos nouveaux convertis soutiennent qu'il le pouvait, que si tous les évêques du monde étaient d'un côté, et le pape de l'autre, il pourrait créer un nouvel Épiscopat. « Je regarde » dit-il, « de pareilles opinions comme anticatholiques. » Il fit ressortir que la suprématie de Pierre était démontrée par les Actes des apôtres : rien ne lui paraissait plus clairement et plus nettement établi.

D'après son raisonnement, la suprématie une fois admise, la limite jusqu'où elle doit s'étendre, est une simple affaire de discipline, d'arrangement intérieur et de développement dans l'Église elle-même. Il est d'ailleurs une considération qu'il ne faut pas perdre de vue : c'est qu'à moins de vivre sous l'influence d'un système, il est presque impossible de le comprendre. L'Ecriture et la tradition écrite, les œuvres des Pères, des Conciles, etc., sont, il est vrai, des autorités d'une valeur inappréciable ; mais après tout, ce sont des *écrits*, et sans une *tradition orale* vivante, on ne saurait les comprendre. L'Église possède la vérité ; comme dans un corps vivant, la vérité circule dans ses veines. Nous pouvons constater la même chose dans un autre ordre de faits. Un jeune homme aura étudié la diplomatie pendant quatre, cinq, six années ; il possède l'histoire et les traités de l'Europe au bout de ses doigts ; ces connaissances lui seront sans doute très-utiles, mais il lui manquera une chose sans laquelle il ne sera jamais diplomate, — l'initiation pratique ; ce sera là la partie la plus précieuse de toute sa science. Vous savez parfaitement comment on coud, mais est-il un homme qui saurait faire un habit sans avoir vu comment font les autres et sans avoir la connaissance pratique d'une foule de petits détails. Cette observation s'applique aussi d'une manière bien remarquable aux ordres religieux ; il y a en eux une vie traditionnelle qu'aucune science ne peut remplacer. « J'avais bien étudié, » dit-il, « les règles des dominicains, mais avant que je les eusse vues en action, il m'était impossible de les comprendre. De même, en dix minutes de conversation avec une personne, vous saisirez mieux sa pensée, ses sentiments de la tournure de son esprit, qu'en étudiant dix volumes de ses œuvres. Il y a quelque chose dans le contact des hommes qu'aucune étude ne peut remplacer. De même encore pour ce qui concerne l'aspect d'une ville. Un séjour de quelques heures vous en donne une meilleure idée que toutes les descriptions des voyageurs ; elle vous pénètre en quelque sorte par tous les pores. J'ai lu une foule de choses par rapport à Londres : mais je vous assure que je suis incapable de m'en former la moindre idée ; la simple vue de la ville m'instruirait plus que tous les livres. Eh bien ! telle est aussi la puissance de la tradition orale dans l'Église, c'est la vie d'un corps organisé, qui coule dans tous ses membres. Demandez-vous seulement ce que seraient les lois sans la jurisprudence : en fait, ce qu'il y a de plus important dans toutes les lois, c'est leur interprétation ; un homme qui aurait la connaissance la plus complète des lois elles-mêmes, ne serait pas jurisconsulte sans connaître leur application pratique. Or, c'est là une sorte de connaissance qui vous fait absolument défaut en dehors de l'Église : c'est la raison pour laquelle nous ne voyons pas de difficultés là où vous en voyez sans cesse. »

— Je lui dis que j'éprouvais une extrême difficulté à lui exposer notre situation réelle. La question n'était pas de savoir si quelqu'un *pouvait* être catholique romain ; quant à cela, je n'en doutais pas ; nous admettons tous qu'ils font partie de l'Église. La question était celle-ci : suis-je *forcé* de devenir catholique romain, de renier toute ma vie passée ? En supposant que nous ayons la succession apostolique et des formulaires qui confèrent l'épiscopat et la prêtrise, — suis-je forcé d'affirmer que la grâce des sacrements est interceptée par le péché de schisme ou d'hérésie ? J'ajoutai que nous voyions et déplorions la division de l'Église ; mais ne pouvait-on pas admettre un état de choses pareil à celui du grand schisme d'Occident, pendant lequel l'Église fut de fait divisée pendant quarante ans ? Ne pouvait-il en être de même pendant trois cents ? —

« Quant à cela, » répondit-il, « en supposant que la question du dogme n'existe pas, en supposant que vous puissiez expliquer les trente-neuf articles dans un sens catholique, en admettant qu'il n'y ait pas de différence entre nous, quant au nombre des sacrements, en supposant que vous individuellement, ou toute l'Église d'Angleterre, vous admettiez la foi de l'Église de Rome, (car il faut que *vous* veniez à elle, et non pas *elle* à vous) alors il y aura l'*Una fides*, mais il resterait encore l'*Unum corpus*. Toute branche séparée de l'arbre ne meurt pas immédiatement, elle peut parfois être replantée et prendre racine à côté du tronc paternel, elle peut même porter des feuilles et quelques fruits, mais ce ne sera pas là de l'unité. Les grecs ont un très-grand nombre de points communs avec nous ; en supposant que la question de la Procession pût être résolue par une exposition de principes de leur part, il ne leur resterait plus à admettre que l'autorité du Saint-Siége.

Vous autres aussi, vous avez conservé bien plus de dogmes que les luthériens et les calvinistes ; ce que vous avez de bon est à nous, est catholique. Si parmi vous des personnes croient en Dieu, croient en la Rédemption, mènent une vie sainte, font de bonnes œuvres ; je ne nie pas que tout cela en elles ne soit catholique ; si avec cela, elles sont dans une ignorance de bonne foi, quant au péché de schisme ou d'hérésie, cela peut suffire pour leur salut. Quand j'entends dire qu'il y a ceci ou cela de bon chez les protestants, je l'admets toujours : je dis seulement que c'est une portion de la vérité qu'ils ont emportée de chez nous ; ils ont une certaine racine, mais ils ne sont pas unis à l'arbre. Bien plus, Mahomet lui-même a emprunté bien des vérités à la foi catholique, et quoiqu'il les ait altérées et corrompues, le mahométisme vit encore, grâce à ces restes de vérité. Il en est de même de ceux qui sont séparés de l'Église : la vie pleine et entière demeure en elle seule ; l'unité ne se trouve qu'en elle, des fragments de vérité, des parcelles de vie peuvent exister en d'autres corps, peuvent suffire pour le salut de ceux, qui sans aucune faute de leurs parts, et sans en avoir la conscience intime, habitent dans ces corps, mais elle seule possède la pleine vérité. Elle seule est *une*. La question de savoir si vous pouvez en sûreté demeurer en dehors d'elle, dépend de votre appréciation personnelle. »
— « Il est bien difficile, » lui dis-je, « de vous faire comprendre les difficultés que l'on peut éprouver. » — « C'est, » répliqua-t-il, « parce que ce sont des questions de détail : vous pourrez étudier la question pendant soixante ans et n'arriver jamais à un résultat, à moins que vous ne posiez nettement les principes généraux. En admettant qu'au temps de Luther, l'Église se soit trouvée dans un état effrayant de corruption, qu'une véritable tyrannie ait été exercée par le pape en Angleterre, tout cela justifie-t-il la séparation ? On trouve toujours des causes pareilles à mettre en jeu. Les hommes ne sont pas

tout à fait dépourvus de sens : ils ne font pas des révolutions sans aucun prétexte, comme nous venons précisément de le voir. Louis-Philippe ne fut-il pas chassé, à tort ou a raison, parce qu'il avait fait en sorte que personne n'eût intérêt à le défendre ? En admettant que votre séparation puisse s'expliquer par toutes ses causes, cela excuse-t-il l'état de schisme ? »

Il cita la conduite de saint Cyprien comme renfermant la preuve que de son temps déjà, l'on s'en référait à Rome, et il affirma que le pape présida *tous* les conciles généraux.

Pendant tout le cours de notre entretien, il me parut faible sur les questions de fait, mais plein de force sur les principes ; et cette observation peut s'appliquer, suivant moi, à toute la controverse romaine sur cette matière.

En ce moment, le comte de Montalembert entra et, comme il était très-tard, je me retirai. Il me pria de le rappeler au souvenir de M., et me demanda si je comptais encore rester quelques jours à Paris.

Dans la matinée, je fis une visite à M. Defresne. A peine fus-je entré qu'il se mit à me lire quelques fragments des poésies de son ami M. Reboul; cela dura jusqu'au déjeuner avec force transports d'enthousiasme, interrompus seulement par une sortie violente contre Louis-Philippe. M. Reboul, qui se trouvait présent, lut sur sa demande des vers sur la mort de l'archevêque, dont il envisage la fin comme une sorte d'expiation. M. Defresne porte beaucoup d'intérêt aux *puseytes*, comme il les appelle, mais il ne semble pas se douter qu'ils fassent partie de l'Église anglicane.

Je traversai ensuite tout Paris pour aller voir M. Fernet, le chirurgien qui avait traité la jeune fille dont la guérison fut accompagnée de circonstances extraordinaires. Il me confirma qu'elle avait été complètement aveugle ; elle venait d'ordinaire le trouver avec ses compagnes, toute en larmes ; et après avoir épuisé en vain tous les remèdes, il l'avait envoyée à M. Suhel, un célèbre oculiste : ce dernier fut également impuissant. Il la vit quelques jours après qu'elle avait recouvré la vue, elle voyait alors parfaitement. L'amaurose est une paralysie des nerfs de l'œil ; on parvient quelquefois à la guérir, mais la guérison n'a lieu que par degrés et jamais instantanément. Il ajouta quelques lignes au certificat constatant qu'il l'avait examinée après sa guérison, et qu'elle avait complètement recouvré la vue. Aujourd'hui, vu le temps écoulé depuis l'événement, la guérison pouvait être considérée comme parfaite. Je lui demandai s'il croyait pouvoir expliquer cette guérison d'une manière quelconque. En aucune façon, me répondit-il ; c'est un fait merveilleux, dont il ne peut se rendre compte. Il raconta qu'il avait entendu dire qu'une fois avant sa guérison, elle avait vu pendant un instant, et qu'ensuite elle avait de nouveau perdu la vue. Apprenant cela, je retournai chez la jeune fille pour demander une explication de ce fait. La mère me dit qu'à la première fête de Noël, au moment où sa fille reçut la sainte communion, elle vit le prêtre pour un instant, et redevint ensuite aveugle ; qu'avant le mois de septembre, sa vue avait été plus ou moins affectée, mais que depuis cette époque jusqu'au mois de mai, elle avait été complètement éteinte, excepté pendant ce seul instant.

Pendant la visite que je fis après à M. Bonnetty, je lui parlai des deux guérisons. Il me dit que l'Église mettait beaucoup de lenteur et de prudence à affirmer des choses de cette nature. Quant à la chute du pouvoir temporel du pape, il ne croyait pas que deux cent millions de catholiques permettraient qu'il fut déposé par quatre avocats, qui étaient à la tête du mouvement suscité contre Pie IX. D'autres, au contraire, pensent que le temps est venu d'abdiquer cette souveraineté temporelle, et que quand elle aura disparu, le pouvoir spirituel brillera avec d'autant plus d'éclat.

MERCREDI, 2 AOUT.

J'ai fait une visite à M. l'abbé Pététot. D'après lui, la dernière révolution a eu d'heureux résultats pour la religion. On a montré le plus grand respect pour les membres du clergé ; jamais ils n'ont cessé de paraître en public en *soutane*. En 1830, ils furent obligés d'y renoncer pendant deux années, et ils ne recouvrèrent leur popularité qu'en se dévouant aux malades à l'époque du choléra. Maintenant on s'est adressé au prêtre pour faire bénir les arbres de la liberté. Il en avait béni six. On y allait même en procession avec la croix, ce qui est contraire aux lois, et malheur à celui qui n'ôtait pas son chapeau. Mais c'est là le seul bon côté des derniers mouvements. Le commerce est en stagnation et les boutiquiers eux-mêmes déclarent hautement que le pays ne peut se passer de roi. Paris subsiste par les articles de luxe et la république n'est pas favorable à cette branche d'industrie. Personne ne peut prévoir ce que l'avenir porte dans ses flancs. Pendant l'insurrection de juin, les insurgés avaient pris possession de l'église Saint-Paul, dans le faubourg Saint-Antoine. Le curé leur persuada de se retirer autre part, mais avant de quitter l'église, ils vinrent lui demander sa bénédiction disant qu'ils allaient se battre ; puis ils allèrent tuer et se faire tuer. — Les classes moyennes, — la bourgeoisie, — sont profondément hostiles à la religion : elles ne négligent rien pour l'empêcher d'étendre son influence. Quoique la liberté d'enseignement soit une conséquence naturelle des principes proclamés par la république, cependant l'Assemblée vient précisément de voter une loi sur l'instruction primaire aussi mauvaise que possible, et une autre du même genre sur l'instruction secondaire ne tardera pas à suivre. La religion n'a aucune autorité auprès de ces classes-là, et l'argent est leur idole. Un ouvrier ou une pauvre femme donneront cinq francs pour une œuvre de charité, alors que ces gens-là y regarderont à donner une pièce de dix sous.

En septembre dernier, M. Pététot avec deux de ses amis, est allé voir l'Addolorata et l'Extatique. Ils se trouvèrent à Capriana le jeudi soir et le vendredi matin, 9 et 10 septembre. Ils virent les blessures des mains et du front, comme nous les avons vues, toutes sèches le soir, et le lendemain matin fraîches et saignantes. La sœur était sortie lors de leurs deux visites, ils durent la faire chercher, de sorte que Dominica avait été laissée toute seule à la maison. Son état pendant les six semaines qui s'étaient écoulées depuis notre visite jusqu'à celle de M. Pététot, paraît s'être notablement empiré. Elle était entièrement hors de connaissance et d'un aspect effrayant. Tous trois étaient profondément convaincus de la réalité des stigmates et du miracle. Ils avaient quitté Paris, avec la ferme intention d'observer rigoureusement les faits. L'un d'entre eux était à cette époque élève de l'École Polytechnique, depuis il est devenu prêtre. Ils ont aussi passé trois jours à Caldaro et virent plusieurs fois l'Extatique. Ils la virent ravie en extase sur la pointe des pieds, *extremis digitis*, — « de telle sorte, dit M. Pététot, que je n'aurais pu demeurer ainsi une minute, et cela sur un lit mou et sans consistance. » A différentes reprises, ils la virent s'élancer de la position qu'elle avait quand elle était couchée, à celle qu'elle prenait agenouillée. Le Saint-Sacrement était exposé le jour où ils la trouvèrent en extase sur la pointe des pieds. Ils lui adressèrent quelques mots par l'entremise de son confesseur, et recommandèrent à ses prières un projet qu'ils nourrissaient dans leurs pensées. Après qu'elle eut prié à cette intention, ils lui demandèrent si Dieu lui avait fait connaître l'objet de leur demande. Elle répondit que oui, et ajouta que leur projet était agréable à Dieu, mais que l'un de ceux qui s'intéressait à l'entreprise s'en retirerait avant peu de temps. « *Fortasse unum ex vobis Deus excussiet seu tollet; non agitur de morte* (1), » dit le confesseur en interprétant ses paroles. C'est effectivement ce qui a eu lieu depuis. Les détails dans lesquels elle entra, se rapportaient si exactement à leur projet (qu'elle ne pouvait cependant avoir deviné), qu'ils furent pleinement convaincus que leur dessein lui avait été révélé d'une manière surnaturelle (2).

Je demandai à M. Pététot, laquelle des deux stigmatisées avait fait le plus d'impression sur lui. Il me répondit : « l'Addolorata, de beaucoup; » l'état de cette dernière le disposa à croire tout ce qui concernait l'autre. Celle-ci produisit sur lui un effet tout différent. Il croyait également à l'une et à l'autre. Il vit les stigmates des mains que nous n'avions pu voir, parce que ses manches les couvraient. Il paraît que son confesseur est tout fatigué d'accompagner les personnes qui viennent la voir ; ils furent tout un temps avant de pouvoir le décider à les y conduire, il ne céda que lorsqu'ils lui dirent qu'ils étaient venus tout exprès de Paris à cette intention. Je fus très-satisfait d'entendre de la bouche de M. Pététot la confirmation pleine et entière des faits observés par nous, lors de notre propre visite.

Il parla du prêtre de Capriana comme du plus triste spécimen qu'il eût jamais rencontré : à peine voulait-il parler de l'Addolorata ; il considérait son état comme une chose tout ordinaire. Ils découvrirent plus tard le motif secret de sa conduite : le gouvernement autrichien avait défendu qu'on donnât du retentissement à ces faits. (A

---

(1) « Peut-être Dieu appellera-t-il l'un de vous à son service ; il ne s'agit pas de mort. »
(2) On sait que M. Pététot, curé de Saint-Roch à Paris, a fondé il y a quelques mois la congrégation de l'*Oratoire de l'Immaculée Conception*. N'était-ce pas là l'entreprise qu'il recommandait en 1848 aux prières de l'Extatique de Kaldern.
(*Note du traducteur.*)

Trente, un ecclésiastique leur cita un passage de Tacite pour faire comprendre qu'il ne leur était permis ni de penser ni d'exprimer leurs pensées). Le prêtre était continuellement à la chasse, il y alla les deux jours qu'ils se trouvèrent à Capriana (1).

Visite à M. Des Billiers ; nous eûmes une petite escarmouche relativement à la papauté. Le soir j'allai avec M. Gondon chez le comte de Montalembert. Le nouvel archevêque de Paris, ancien évêque de Digne, entra, accompagné de l'évêque de Langres : il a l'air d'un prélat italien ; son extérieur est plein d'affabilité ; je crois que cette qualité lui sera d'un grand secours pour faire le bien. Il y avait plusieurs représentants du peuple, M. de Cazalès, M. de Falloux, M. l'abbé Sibour, ainsi que M. Bonnetty et M. Lenormant, successeur de M. Guizot à la Sorbonne. La conversation roula principalement sur la situation politique, les actes de l'Assemblée et le dernier discours de M. Proudhon. M. de Montalembert était celui qui soutenait le mieux la conversation. Il se déclara grandement obligé envers M. Proudhon : on se trouvait, disait-il, dans une caverne au fond de laquelle il y avait un gouffre, et Proudhon avait allumé une torche pour leur montrer où le gouffre était béant. « Quel bien fera la torche, si personne ne veut prendre garde au gouffre ? » demanda un des assistants. — « Il n'en est pas moins vrai que je lui suis très-obligé, » dit M. de Montalembert, « je brandirai la torche de tous côtés et elle nous sera très-utile. » Il ne pouvait concevoir la vente de bénéfices en Angleterre et demanda si ce n'était pas là de la simonie. Je lui répondis que oui et que cela se faisait au mépris de la loi et en éludant sa défense. Il était surpris que nos évêques fussent obligés de nommer le candidat

---

(1) L'état d'oppression sous lequel le joséphisme tenait le clergé en Autriche a cessé par l'avènement du jeune empereur François-Joseph, qui a compris que la liberté de l'Église est la meilleure sauvegarde de l'État.

(*Note du traducteur.*)

qui leur était présenté, quelque suspecte que leur parût sa capacité. Je lui dis que dans l'état actuel des choses, notre seul espoir reposait sur l'indépendance, la fermeté et l'intégrité des membres du clergé. — Toute la compagnie semblait avoir la plus triste opinion de l'avenir de la France. En retournant chez moi avec M. Lenormant, il me fit observer combien la *Quarterly Review* avait mal apprécié leur position : cette Revue avait paru toute choquée de ce que l'Église eût reconnu la république, comme s'il lui eût été possible d'adopter une autre ligne de conduite. Je lui dis que c'était un sentiment d'attachement à la légitimité qui dictait cette opinion. « La légitimité, répondit-il, est entièrement éteinte en France ; c'est une fiction, et il est inutile d'essayer de la ranimer. »

JEUDI, 3 AOUT.

Je me suis rendu chez le père de Ravignan, mais il était sorti. Je me suis arrêté quelques instants à la chapelle des Dames de Bon Secours. C'est avec un sentiment de bonheur que l'on échappe au bruit et au tumulte du monde pour se recueillir dans cette ravissante petite châsse. De là à Issy, où je passai deux heures avec M. Galais. Je lui demandai son opinion sur les miracles des temps modernes, et si de bonne foi quelqu'un pouvait nier les faits matériels qui s'étaient présentés à mes observations. Il répondit qu'on ne pouvait nier que de temps en temps Dieu n'accomplît des miracles, et qu'il ne voyait pas comment dans les cas cités, les faits pourraient être contestés. Je lui dis qu'à mon avis la principale objection était celle-ci : pourquoi tels ou tels faits sont-ils choisis de préférence à d'autres, alors qu'il ne paraît pas y avoir de circonstance particulière qui en puisse motiver l'opportunité. Il me fit observer qu'il y avait des cas analogues dans l'Evangile, où notre Seigneur paraissait souvent opérer des guérisons sans autre motif qu'un sentiment de compassion pour l'individu ; il y a du reste une foule de cas dont nous ignorons les détails, mais où il est dit : *curavit omnes*, il les guérit en masse. — Je lui demandai quelle nation dans l'Église romaine se distinguait le plus aujourd'hui par les travaux de ses missionnaires. — « La France, » répondit-il « de beaucoup : il y a dix missionnaires français contre un Italien. » Je m'informai aussi si les jésuites devaient gagner une plus grande liberté d'action par suite de la révolution ? Il ne le pensait pas. — Je lui demandai quelle était la position actuelle de l'Église par rapport à l'État. « Il y a, dit-il, dans l'Assemblée soixante, peut-être même cent catholiques sincères ; tous les autres sont indifférents, je dirai même hostiles. L'immense majorité est décidée à résister à l'influence de la religion. » — « C'est donc par une sorte de miracle, lui dis-je, que vous existez ? » — « Je l'envisage ainsi, » répondit-il. La seule chose qui soit favorable aux catholiques, c'est que tout en formant une petite minorité dans la nation, ils sont résolus, compactes et fortement unis, tandis que leurs ennemis sont divisés sur toutes les questions. Ceux-ci n'ont pas de principe commun, et c'est ce qui fait qu'ils ont en quelque sorte peur de nous voir réussir à ramener le peuple à la religion, ce qui les ferait tomber eux-mêmes en minorité. Le sentiment réel qui domine cette masse incrédule, c'est la passion du pouvoir ; ils ont mis le pied sur le cou de la religion, et ils sont déterminés à l'y garder. C'est pour cette raison qu'ils repoussent de tous leurs efforts la liberté d'enseignement. » — « Je suppose pourtant que vous avez gagné du terrain depuis 1802, n'est-il pas vrai ? » lui dis-je. — « Nous en avons gagné et nous en avons perdu, » répondit-il. « Sans doute le clergé est aujourd'hui mieux composé, il règne une grande piété parmi ses membres. En général, nos évêques ont été heureusement choisis, ils remplissent leur mission avec zèle. Ils apprécient parfaitement la crise que nous traversons et sont pleinement convaincus qu'il leur faut lutter avec énergie et ne faire aucune concession. Mais d'un autre côté, en 1802, quoique les autels eussent été renversés et que l'impiété étalât publiquement ses triomphes, néanmoins la grande masse de la nation avait reçu une éducation chrétienne. Aujourd'hui, c'est tout l'opposé, les masses sont incrédules, elles n'ont pas été élevées dans le christianisme, leurs premières impressions n'ont pas été dirigées vers la religion. » — « Vous êtes donc comme les missionnaires au milieu d'infidèles, » lui dis-je. — « Exactement. Cette armée d'incrédules nous regarde d'un œil jaloux. Nous ne demandons qu'à être traités équitablement : de la liberté, pas de priviléges, et voilà ce que tous leurs efforts tendent à nous empêcher d'obtenir. Ils travaillent tout doucement, sans relâche à séculariser, comme ils disent, l'éducation des filles, c'est-à-dire que reconnaissant l'importance des premières impressions et l'influence de la femme sur la société, ils voudraient enlever cette éducation première aux mains de la religion. Il y a des complots infernaux en œuvre : nos ennemis nous craignent, et sentent que si l'on ne nous jugeait équitablement, nous gagnerions du terrain. Je suis convaincu que l'on nous verrait reconquérir la France, si on nous laissait seulement notre liberté d'action. Cette foule même, qui cherche à se rassasier dans les plaisirs des sens, vient tôt ou tard demander notre assistance. Bien peu d'hommes, après tout, peuvent se procurer ces plaisirs, et ceux qui le peuvent, sentent que leur cœur n'a pas trouvé ce qu'il cherchait. Je vois d'ailleurs se produire chaque jour dans le jeune clergé des modèles de la piété et de la générosité la plus touchante. Beaucoup d'entre eux renoncent à un brillant avenir, à la fortune, et se consacrent à leur ministère avec le dévouement le plus absolu. »

M. Galais parcourut ensuite avec moi le cours complet de Théologie de l'abbé Migne, pour m'indiquer les traités les plus remarquables. Il me recommanda fortement le *Manuel de l'histoire des dogmes chrétiens* par Klee, et celui de Pouget. Les examens du séminaire commencent demain, et les vacances quatre jours après. Il a l'intention d'aller prendre les eaux quelque part. Les professeurs ont absolument besoin d'un changement d'air et d'occupations.

Le soir j'ai rendu ma visite à M. Coppinger et je suis resté prendre le thé avec lui.

VENDREDI, 4 AOUT.

Je suis allé chercher M*** qui avait promis de me conduire à l'assemblée nationale. Ce n'était pas chose facile que d'y pénétrer. Je restai une heure à attendre, quoique j'eusse envoyé mon nom au comte de Montalembert, puis la tribune se trouvant pleine, il se passa encore près d'une autre heure avant que je pusse entrer. La chambre est une immense salle de la forme d'un fer à cheval ; au fond se trouve la tribune, et derrière celle-ci le siége du président et des autres membres du bureau, tandis que les bancs des représentants, au nombre de onze, sont étagés autour des trois autres côtés. On entendait très-distinctement les orateurs, quoique je fusse placé à l'extrémité la plus éloignée de la tribune ; le public est assis dans des galeries à une certaine hauteur au-dessus des membres, des deux côtés et au fond de la salle. Quand l'Assemblée est agitée, le son des voix ressemble au bruissement de la mer. La séance n'offrait aucun intérêt ce jour-là. Le président, M. Marrast, dit : « M. Fayet a la parole; » et j'entendis l'évêque d'Orléans parler deux fois, mais très-brièvement. En général, les orateurs parlent avec beaucoup de rapidité. Je fus frappé de l'absence de dignité, aussi bien dans le maintien des membres que dans l'aspect général de l'assemblée. Ils demeurent la tête découverte. J'écoutai pendant près de deux heures, et je quittai la salle, me félicitant de n'être pas législateur, surtout à l'assemblée nationale. Il me parut que c'était un théâtre où les hommes violents était appelés à réussir et où les gens de bien devaient échouer. Je passai tout un temps à voir entrer les représentants : en général, leur air n'est rien moins que distingué. La présence de la force armée dans la salle fait également une mauvaise impression sur un anglais.

SAMEDI, 5 AOUT.

J'ai passé ce matin une heure avec le père de Ravignan, — une des heures les plus agréables que j'aie passées en France. Réellement sa bonté et sa charité envers moi qui lui suis complètement étranger, sont au delà de tout ce que je pourrais dire ; je fus tout confus quand à plusieurs reprises, il me remercia d'être venu le voir. Je lui dis que je n'avais encore vu aucune institution pour l'éducation des jeunes personnes : il me donna des lettres d'introduction pour voir trois établissements de ce genre. Il pensait avec M. Galais que la France est aujourd'hui la partie de l'Église romaine où il se manifeste le plus de mouvement. — « L'Italie est toujours la tête et le cœur ; elle possède et elle a toujours possédé un grand nombre d'ecclésiastiques d'une vie sainte et austère. Et cependant on ne peut nier qu'une certaine réforme n'y soit nécessaire, une réforme, cela s'entend, à accomplir *par* l'Église et non pas en dehors d'elle. Je veux seulement dire que partout où il y a des hommes, il y a une tendance naturelle à dégénérer. En France, nous avons passé par cette réforme. » — Je lui demandai s'il pensait qu'au cas où la liberté d'enseignement serait obtenue, l'Église pourrait reconquérir la masse de la population. Il hésita à répondre. Ce serait un moyen d'influence sans aucun doute : rien que l'établissement d'une maison d'éducation dans chaque diocèse serait déjà un progrès considérable. Il serait très-difficile de connaître le nombre des catholiques en France qui pratiquent. Il n'y a guère plus de deux millions de protestants. Sur le million d'habitants que renferme Paris, il peut y en avoir de cent à cent cinquante mille qui communient à Pâques, hommes, femmes et enfants ; parmi les femmes, la moitié est catholique ; parmi les hommes, peut-être un vingtième. Paris est une des villes de France où il y a le moins de religion ; la même remarque s'applique à tout le nord, le centre, Bourges, le Berry et le Nivernais. En Bretagne et dans le Midi, au contraire, la religion est beaucoup plus généralement observée.

Il passa ensuite à un sujet qui offrait un grand intérêt pour moi, comme se rattachant à la question la plus délicate pour un prêtre qui a charge d'ames. « Suarez, dit-il, contient une discussion sur le petit nombre de ceux qui seront sauvés : il examine si ces paroles s'appliquent au monde ou à l'Église, et il les applique au monde et non à l'Église. Je crois qu'il a raison ; cette opinion est le résultat de vingt années de ministère, pendant lesquelles j'ai acquis nécessairement une grande expérience, c'est aussi le sentiment général de nos pères. Vous savez que l'Église enseigne que l'*attrition* seule, unie au sacrement de pénitence, suffit pour le salut, — attrition résultant de motifs de crainte plutôt que d'amour. La *contrition*, au contraire, un seul acte d'amour parfait formé dans le cœur suffit, même sans le sacrement, si l'on a la ferme résolution et le désir de le recevoir. Dieu ne désire pas la mort du pécheur. Le jansénisme a fait beaucoup de mal sur ce point, en inspirant une sorte de désespoir plein de danger. » Je fis observer que le purgatoire était le complément nécessaire d'une telle doctrine. « Vous avez raison, dit-il, et quoique Dieu seul soit juge de l'efficacité de ces dispositions intérieures du mourant, nous pouvons néanmoins espérer qu'un grand nombre d'hommes meurent dans les conditions requises pour le salut, quel que soit le degré de purification par lequel ils doivent ensuite passer. » Je lui demandai si le jansénisme n'était pas pour ainsi dire complètement éteint ? — « Oui, en France, répondit-il, mais il est encore très-répandu en Piémont et en Portugal. » — Il reprit ensuite notre entretien sur la suprématie du pape, et fit ressortir la force de cette primauté dont on peut suivre la trace dans la chaire de Pierre à travers la suite des siècles. Pas un siècle ne s'est écoulé, sans que, même de l'Orient, on n'ait fait quelque appel à son autorité. M. De Maistre parle d'une « présence réelle » de la papauté qui se fait sentir d'une manière sensible à travers toute l'histoire de l'Église. Je lui dis que la défense de notre système repose entièrement sur la distinction à établir entre la primauté et la monarchie ; qu'il y a dans l'Église deux grands pouvoirs d'institution divine, la papauté et l'épiscopat : dans la primitive église, c'est l'épiscopat qui a fait sentir son action de la manière la plus sensible, mais dans les temps modernes, c'est la papauté. « Pour ce qui est de la discipline, » répondit-il, « je pourrais l'admettre, mais quant à la hiérarchie et quant au dogme, les rapports hiérarchiques ont toujours été ce qu'ils sont aujourd'hui. La hiérarchie épiscopale et même les patriarches d'Orient, ont toujours été aussi étroitement attachés à la chaire romaine, que les évêques le sont de nos jours. Ils sentaient que le pape était leur supérieur. » — Je lui dis qu'il m'avait été impossible de découvrir cela dans l'histoire ; j'avais cherché de tous côtés à m'en convaincre. D'après moi, les patriarches d'Alexandrie dans leur province, et plus tard les patriarches de Constantinople par tout l'Orient, avaient prononcé d'une manière aussi absolue que le pape dans l'Occident ; pour caractériser leur position, le mot indépendance n'est pas le terme propre ; mais ils semblaient jouir dans leur sphère d'une liberté d'action aussi complète que le pape dans la sienne.

Parlant du gallicanisme de Bossuet, il s'exprima ainsi : « Nous avons échappé aux dernières conséquences de ses principes ; ils n'auraient pas manqué de nous conduire à une espèce d'anglicanisme ; les deux systèmes se touchaient. » Il ajouta ensuite : « *Le cœur et la prière vous éclaireront, l'étude est souvent difficile, ce n'est pas que l'esprit n'ait ses propres fonctions* (1), mais la lumière vient du cœur. Je me rappellerai souvent votre souvenir et je prierai pour vous. » Je lui dis que je me proposais de quitter Paris jeudi, et que j'aurais désiré lui faire une visite d'adieu le mercredi. « Je crains, dit-il, que mon médecin ne m'ordonne de quitter la ville, mais je concilierai les choses en revenant le mercredi. » — « N'y songez pas, lui dis-je ; mais vous êtes donc malade ? » — « Je souffre de la gorge, et cela m'empêche de prêcher. » — « Cela se conçoit, lui dis-je ; je me serais estimé fort heureux, si j'avais pu vous entendre en chaire. » Il m'embrassa lorsque je partis et exprima l'intention de me rendre ma visite, mais je ne voulus pas le lui permettre. Certainement, s'il y a jamais eu un cœur plein de bonté chrétienne, c'est celui du père de Ravignan.

M. Des Billiers m'a fait voir une lettre manuscrite fort intéressante de Saint-François de Sales à Mme de Chantal. Nous avons fait une nouvelle visite à M. Noirlieu ; il n'était pas chez lui. Nous sommes allés ensuite à l'archevêché pour obtenir une carte d'entrée au service de lundi ; le secrétaire était sorti. Le soir nous nous sommes promenés le long des boulevards ; il y avait le flux habituel de la foule ; mais ici comme en d'autres endroits de Paris, on remarque en ce moment l'absence de tout ce qui porte le cachet de la haute société : il est rare de voir un équipage quelque peu brillant. Je ne sais si j'ai vu une seule dame du grand monde pendant tout le temps que j'ai passé ici.

DIMANCHE, 6 AOUT.

Je me trouvai à la Madeleine à dix heures, dans l'espoir d'y entendre la messe, mais c'était la fin d'une bénédiction, et je vis, non sans surprise, que M. Pététot était en chaire. Il ne tarda pas à expliquer sa présence en

(1) Les mots soulignés sont en français dans l'original.

disant que le curé venait de donner sa démission et que les vicaires-généraux du chapitre l'avaient désigné pour prendre soin de la paroisse, jusqu'à ce que le nouvel archevêque eût nommé un autre curé. Il supplia son auditoire de prier pour la paroisse, vu les *circonstances* où elle se trouvait, ainsi que pour celui qui était appelé à devenir son pasteur. Il ajouta que, bien que la responsabilité d'un curé fût grande dans toute paroisse, elle l'était particulièrement à la Madeleine, parce qu'il y avait beaucoup de bien à faire et parce que son exemple aurait une grande influence sur les autres paroisses ; il est vraiment digne de compassion le curé qui a la charge de cinquante mille ames. Le temps ne lui permit de faire qu'une courte exhortation. Puis il lut quelques prières, et annonça, par ordre des vicaires-généraux, une neuvaine qui devait commencer ce jour même, pour se terminer à la fête de l'Assomption ; elle se ferait pour la paix et la prospérité de la France ; néanmoins, elle n'était pas d'obligation. Le psaume *miserere* devait être récité chaque jour, ainsi que l'invocation : « Sacré-Cœur de Jésus, ayez pitié de nous ; cœur immaculé de Marie, priez pour nous. » Puis il lut l'Évangile de la Transfiguration et commença par faire remarquer la sagesse de l'Église, qui a soin de nous offrir, à certaines époques, des sujets particuliers de méditation. C'est ainsi que la pensée du ciel, qui nous est rappelé par la Transfiguration, se réveille encore dans notre esprit le second dimanche du carême, ainsi que le jour de l'Ascension et de la fête de tous les Saints. Cette pensée du ciel est particulièrement utile et consolante. Que serait notre vie avec toutes ses peines et ses afflictions, sans le ciel ? Comment pourrions-nous comprendre quelque chose à tout ce qui se passe ici-bas ? la terre sans le ciel serait la négation la plus formelle de Dieu. Sans la pensée du ciel, nous serions continuellement exposés à deux dangers contraires : — d'une part le désespoir, d'autre part un trop grand attachement à la terre. — La manière de parler de M. Pététot est extrêmement agréable, elle a quelque chose de tout à fait paternel et attachant. Son costume me plut beaucoup ; il portait sur son aube une chape de chanoine en fourrures de couleur foncée et bordée de mouches, ce qui faisait parfaitement ressortir son étole brodée d'or et croisée sur la poitrine. Nous ne fîmes jamais de *bêtise* (sic) mieux conditionnée que de renoncer au costume propre du clergé ; et c'est assurément une erreur profonde de n'accorder à cette question qu'une importance secondaire. Ce fut, hélas ! dans un moment de froideur et de négligence, que le prêtre anglais changea sa robe contre l'habit laïc. Je crois, en effet, que l'apparence extérieure est presque toujours un indice de l'état intérieur ; c'est ainsi que le corps est l'habit de l'ame. Du jour où on abandonna la chasuble, on ne s'est plus servi des clés, et elles seront, je crois, restaurées ensemble ou laissées à jamais dans l'oubli.

A trois heures, sermon à la Madeleine sur l'humilité : c'était un excellent discours, plein de simplicité : il présentait l'humilité comme la première et la plus nécessaire des vertus chrétiennes, qui prend sa source dans le sentiment de nos péchés et de nos misères personnelles ; c'est dans ce sentiment que consiste le précepte, et c'est dans le désir d'être traité en conséquence que consiste le conseil ou la perfection de l'humilité. — Il y eut ensuite salut, pendant lequel on récita les prières de la neuvaine.

Dîné avec M. Martin de Noirlieu. Il dit que la mort de l'archevêque faisait époque dans l'Église ; ses funérailles ont été un vrai cortége triomphal, tel que la France n'en avait pas vu depuis la grande révolution. Sept cents prêtres y assistaient : le corps fut porté à découvert. Tout le monde, et surtout les militaires, se pressaient à l'envi pour le toucher, au point que les gants et les bas blancs dont il était revêtu, étaient devenus complètement noirs. Son sacrifice a produit une sensation profonde : jamais le peuple n'a été aussi bien disposé pour l'Église, il considère le prêtre comme son soutien et son appui, il met sa confiance en lui. Chaque jour notre ami constatait les heureux effets de ce retour dans sa paroisse : on lui témoigne aujourd'hui plus de respect qu'on ne lui en avait jamais montré auparavant. D'après lui, un mouvement de retour vers la religion a positivement commencé en France, mouvement qui suivra son cours ; il demandera du temps, mais sans aucun doute il s'étendra loin. Le catholicisme est encore toujours un pouvoir en France et il est certain que s'il n'est pas cela, il n'est rien. Le peuple n'a pas la moindre inclination au protestantisme. Plusieurs ministres protestants auraient désiré bénir des arbres de la liberté, mais le peuple ne voulut pas en entendre parler. « Qui êtes-vous ? disait-il ; il nous faut les prêtres de Pie IX. » — La république, paraît-il, est détestée ; elle ne peut durer.

Notre hôte nous dit encore que ce qu'il y avait de vraiment remarquable dans la mort de l'archevêque, c'est que la démarche qu'il tenta n'était pas du tout dans son caractère ; il avait une grande frayeur de la mort. Le dimanche à midi, il n'y avait pas encore songé. Il prit son dîner à la hâte et se rendit avec ses vicaires-généraux chez M. Cavaignac. L'enthousiasme que sa présence excita partout, était chose merveilleuse. Les soldats lui rendaient les honneurs militaires par un élan spontané, et le peuple s'agenouillait pour demander sa bénédiction. Le chemin qu'il parcourut à pied fut une véritable marche de triomphe. Au milieu de son agonie, il s'écriait : « Éloignez-vous, mes amis, je ne vous édifie pas. » M. de Noirlieu et le jeune prêtre, son frère, me firent beaucoup de questions sur le mouvement religieux en Angleterre. Il était d'opinion que le puséisme adopterait celles d'entre les vérités catholiques dont il croyait découvrir la trace dans les siècles précédents, comme, par exemple, le sacrifice de la messe, mais qu'il n'admettrait pas le pouvoir étendu que l'on accorde aujourd'hui à la papauté. Il remarqua néanmoins que les nouveaux convertis passaient tout droit au camp des ultramontains les plus avancés. Il croyait que le docteur Hampden devait nous avoir fait beaucoup de mal. — Je lui fis observer que l'Église en France était sous le poids d'une telle oppression, que toute autre institution que le catholicisme devrait succomber. Ainsi par exemple, dans chaque commune, le maître d'école, qui est généralement un homme sans foi, est établi par le gouvernement en opposition au curé ; la prétention de faire de l'éducation une affaire purement civile est d'ailleurs une idée absolument anti-chrétienne. Il convint que « la sève intarissable » du catholicisme, sève qui ne cesse de monter dans toutes les branches de l'arbre, est l'unique chose qui les conserve en vie. — M. de Noirlieu a des idées plus justes de l'église anglicane et comprend mieux les nécessités de notre position, qu'aucun autre ecclésiastique que j'aie rencontré.

LUNDI, 7 AOUT.

Je fus à Notre-Dame à huit heures et demie pour assister au service funèbre de l'archevêque. L'église ne tarda pas à se remplir d'une foule immense ; j'y fus assez à temps pour obtenir une place à proximité de la chaire. La messe commença à dix heures. La plupart des membres du clergé de Paris étaient présents ainsi que quelques représentants ; le cardinal de la Tour d'Auvergne, vénérable vieillard de 80 ans, officia avec l'évêque de Langres et celui de Quimper. Un peu avant onze heures, M. l'abbé Cœur commença son oraison funèbre qui dura deux heures quarante-trois minutes. Vers le milieu du discours, le pauvre vieux cardinal qui avait dû rester à jeun, ne put le soutenir plus longtemps, il fut obligé de sortir et de terminer sa messe dans le chœur, tandis que le sermon continuait. Le sermon offrait une esquisse de la vie et des travaux de l'archevêque ; il faisait surtout l'éloge de sa simplicité, de sa science, de son courage et de son indépendance de caractère à l'égard de l'État ou des questions de personnes. Il avait parfaitement compris que la mission de l'Église, dans les temps actuels, est de consommer l'alliance de la religion et du pays. Il avait eu à cœur de former, dans l'ancienne maison des Carmes devenue si illustre par le sang des martyrs de 1792, une nouvelle école de lévites qui se distingueraient à la fois par la science, la piété et le courage. Il encourageait, surtout dans le clergé, l'amour de l'étude. Ses efforts pour obtenir la liberté d'enseignement, seraient un titre d'honneur pour l'épiscopat français aux yeux de la postérité. L'archevêque fut grand et puissant dans sa vie, mais bien plus encore dans sa mort. Sa mort était une véritable apologie du sacerdoce, qui avait été l'objet de tant d'attaques : il ne pouvait être défendu par les livres, il devait l'être par le martyre. Le martyre est un grand maître de la raison ; il ne discute pas, il montre. Un siècle de controverse n'aurait pu prouver ce que le sang versé au faubourg Saint-Antoine avait établi sur des bases inébranlables. Son sacrifice n'avait point été le résultat d'un entraînement du caractère ; c'était l'apologie du sacerdoce et du christianisme. Le prédicateur s'étendit longuement sur « les temps nouveaux ; » il rappela que l'Église est essentiellement indifférente à toutes les formes du gouvernement ; qu'elle est la vie de l'humanité. Puis il donna une définition chrétienne des mots liberté, égalité, fraternité, et termina par une apostrophe à l'archevêque, ajoutant qu'il était permis de croire que son âme n'avait plus besoin des prières qu'on allait néanmoins offrir pour son repos.

De là chez M. Des Billiers, qui me mena au *couvent des Oiseaux*. Le père de Ravignan m'avait donné une lettre pour la supérieure. Les sœurs de Notre-Dame furent fondées par le bienheureux Fourrier, pour donner l'éducation à la jeunesse. Mais leurs maisons, quoique toutes réglées par les mêmes principes, sont indépendantes les unes des autres. Celle-ci est très-vaste ; elle a une fort belle chapelle, avec des stalles en chêne et un riche autel en marbre ; on y trouve aussi une bibliothèque de grand prix, une collection de gravures de différentes écoles, un musée d'histoire naturelle et tout ce qui peut contribuer à compléter l'éducation ordinaire des jeunes personnes.

Je n'ai rien vu à Paris qui m'ait plus intéressé que cette maison, et jamais je n'ai été mieux convaincu des avantages que présente la vie de communauté. On y compte 116 religieuses qui s'occupent à diriger l'éducation de 240 jeunes personnes, du moins c'était là le chiffre des pensionnaires avant la révolution de février ; maintenant, il n'y en a plus que cinquante ; mais nous touchons aux vacances, et bon nombre ont été reprises chez elles, soit par suite des inquiétudes de leurs parents, soit parce que ceux-ci ne peuvent plus faire face aux frais de pension depuis les événements. Ces dames emploient en outre le concours de seize professeurs étrangers, pour la musique, les langues, etc. Le prix de la pension est de 1800 fr. par an. Il y a cent pianos dans la maison, et tout ce que j'y ai vu est sur le même pied de grandeur et de richesse. On y entend la messe tous les jours. Nous assistâmes au salut dans la chapelle ; puis l'aumônier nous conduisit par toute la maison, — les classes, les dortoirs, le jardin, etc. Une religieuse couche dans chaque dortoir ; les lits n'ont pas même de rideaux, de manière qu'on peut exercer la surveillance la plus minutieuse. Une élève n'est jamais laissée seule avec un professeur étranger à la maison, une des sœurs assiste à toutes les leçons.

Aucun établissement ne saurait soutenir la comparaison avec celui-ci. Tout ce qui concerne le service des élèves est fait par les religieuses. Celles-ci n'ont de domestiques que pour l'entretien du jardin. Elles donnent en outre l'instruction gratuite à un grand nombre d'enfants pauvres, mais dans un local séparé de celui de leurs pensionnaires. L'aumônier nous raconta qu'il donnait deux instructions par semaine aux élèves des classes supérieures et deux à celles des classes inférieures. Il s'était appliqué à réunir une grande collection de cartes et de dessins, formant un volume pour chaque département de la France, afin que les élèves pussent voir la représentation de tout ce qui leur était expliqué ; à cette occasion, il me cita les vers :

> « Segnius irritant animos demissa per aures,
> Quam quæ sunt oculis subjecta fidelibus. »

Je fus réellement frappé de la vaste étendue de cette maison, du nombre des appartements et de la perfection qui présidait à toute son organisation. Le nombre des maîtresses, eu égard aux branches qui y sont enseignées, dépasse de loin tout ce que nous avons en ce genre ; il n'y a pas moins de différence sous le rapport des peines que l'on se donne pour l'instruction religieuse et de la surveillance morale exercée sur les élèves. Mais la pensée qui me toucha surtout pendant cette visite, c'est que l'intérêt personnel, loin d'être le principal mobile de tant de zèle, n'entre pas même en ligne de compte chez ces dames. Il ne revient aux religieuses personnellement, rien de la pension des élèves. La maison se soutient, il est vrai, par le prix des pensions ; mais tout l'excédant est employé à l'instruction des pauvres, à la décoration de la chapelle, ou tourne à l'avantage d'autres générations d'élèves par les améliorations qu'on apporte à la maison. Les maîtresses ne s'enrichissent donc pas par l'enseignement, sans parler de l'instruction qu'elles donnent gratuitement aux pauvres. Le nombre des personnes qui s'y consacrent, leur permet de s'occuper avec l'attention la plus minutieuse des élèves dont l'éducation exige des soins particuliers ; la charité est toujours leur premier mobile. Combien tout cela est supérieur sous tous les rapports à un établissement privé quelconque ! Que l'idée du lucre s'y glisse, et le mobile disparaît : d'une œuvre de charité l'enseignement devient une profession ; le dévouement qui se sacrifie, s'évanouit devant l'intérêt personnel. — La maison renferme des élèves anglaises et irlandaises et d'autres nations encore : il y a même quelques protestantes. Le jardin est assez vaste pour qu'on puisse s'y livrer à toute espèce de jeux et de récréations. — L'âge des élèves varie de dix à dix-huit ans : il en est qui y restent jusqu'à leur mariage.

Le soir, j'ai accompagné M. Bonnetty chez Mme ***.

MARDI, 8 AOUT.

La visite que j'ai faite hier au couvent des Oiseaux m'a inspiré le désir de voir aujourd'hui celui des *Dames du Sacré-Cœur*. Le père de Ravignan m'avait donné un mot pour Mme d'Avenas. Nous eûmes avec elle une longue conversation, qui prit souvent un ton de controverse, car cette dame semblait parfaitement instruite en ces matières. Elle nous dit que la *Congrégation du Sacré-Cœur* ne date que de l'année 1800 ; aujourd'hui, elle compte environ cinquante maisons en France, trois à Rome, d'autres en Piémont (récemment supprimées par le gouvernement), aux Etats-Unis, une à Acton, près de Londres, — en tout près de soixante-dix. Le noviciat peut commencer à l'âge de dix-huit ans, et dure deux ans ; elles peuvent ensuite prononcer des vœux pour cinq ans, au bout desquels ayant atteint l'âge de vingt-cinq ans, elles sont admises, si elles le désirent, à faire des vœux définitifs et irrévocables. Il y a cent sœurs dans cette maison ; c'est l'ancien palais des ducs de Biron, rue de Varennes ; le jardin est d'une étendue immense. Avant les événements de février, il y avait 160 élèves ; le service de la maison est fait exclusivement par les sœurs; celles-ci n'ont pas de domestiques, si ce n'est pour le jardin. Il y a des maîtres particuliers pour les arts d'agrément. La pension est de 1000 francs, sans compter les leçons de ces maîtres. La supérieure générale des soixante-dix maisons réside à Paris. Elles sont fondées uniquement pour l'éducation de la jeunesse. — On nous fit voir des classes d'une grande magnificence ; ce sont les anciennes salles de réception du palais. Prise dans son ensemble toutefois, la maison ne saurait être comparée à celle des Oiseaux sous le rapport de l'étendue ou de la commodité ; le jardin cependant est beaucoup plus vaste. Madame d'Avenas nous y accompagna ; lorsqu'on parcourt ses bosquets, on a peine à croire que l'on se trouve à Paris. Madame d'Avenas et M. Des Billiers m'attaquèrent tous deux sur l'état de séparation et par suite de schisme où se trouve l'Église anglicane : je répliquai que toute la question dépendait du degré d'autorité qu'il fallait attribuer au pape.

Fait une visite à M.... qui me fit un triste tableau de la situation politique de la France : il me dit que les chefs du parti de la république rouge, — Louis Blanc, Caussidière et Ledru-Rollin, — étaient secrètement soutenus par le général Cavaignac (1) ; que le rapport qui venait d'être présenté à l'Assemblée nationale avait réveillé les passions les plus furieuses, et qu'on pouvait s'attendre à voir éclater un jour une nouvelle insurrection.

Le soir, j'allai remercier l'évêque de Langres du service qu'il m'avait rendu, en me procurant la société de M. Des Billiers ; celui-ci revint avec moi, ainsi que M. Farel, vicaire-général de Mgr. Parisis ; nous causâmes encore quelque temps.

(1) C'était là un de ces mille bruits qui circulent en temps de révolution ; les événements en ont démontré l'absurdité. *(Note du traducteur.)*

MERCREDI, 9 AOUT.

J'ai visité avec M. Farel le couvent des Carmes, où furent massacrés 175 prêtres pendant la journée du 2 septembre 1792. L'archevêque d'Arles et l'évêque de Saintes étaient du nombre. Le supérieur nous montra toute la maison et le jardin ; il nous fit voir la salle où siégeait le tribunal révolutionnaire, le passage par lequel on entraînait les victimes qu'on allait égorger, et dans le fond du jardin, l'orangerie aujourd'hui convertie en chapelle où elles cherchèrent à se réfugier, et qui porte encore la trace de nombreuses taches de sang, soit sur le pavé, soit sur le banc qui entoure les murailles. Il y a surtout l'empreinte d'une tête sur le banc, où toute la marque de la chevelure est encore visible ; il faut qu'elle ait été ruisselante de sang pour avoir laissé de telles traces. Il n'y a pas d'endroit à Paris qui m'ait autant intéressé que celui-ci ; il n'y en a pas de plus glorieux pour l'Église de France ; il n'y en a pas qui présage plus de triomphes dans l'avenir. — Entre l'orangerie et la maison, il y a une petite pièce d'eau, au bord de laquelle plusieurs prêtres furent massacrés. Au premier, il y a une petite chambre voûtée où l'on remarque l'empreinte de trois piques sur la muraille. Les assassins y auront passé la nuit et les auront placées contre le mur toutes dégouttantes de sang. C'est dans cette même pièce que madame Tallien, l'impératrice Joséphine et la duchesse d'Aiguillon ont été renfermées pendant dix-sept jours : on voit sur le mur une inscription au crayon, demandant combien de temps la liberté ne serait qu'un vain nom, et signée : *Citoyenne Tallien, Joséphine Beauharnais, d'Aiguillon*. Là ne s'arrêtent pas les souvenirs de cette maison : un grand nombre de Girondins furent enfermés dans le grenier ; les murs sont couverts de leurs cris d'indignation, qui pour la plupart ont revêtu une forme païenne et sont empruntés aux poètes latins ; quelques-uns des prisonniers les ont tracés au crayon, d'autres se sont servis de leur sang. Lorsqu'on quitte cette chambre, c'est un singulier contraste de trouver au-dessus d'une autre porte, une des anciennes inscriptions des carmes qui subsiste encore : « *Quod delectat, momentum est : quod cruciat, æternum est.* » C'est, comme disait le dernier archevêque, « le monde païen en regard du monde chrétien. » Mgr. Affre avait acheté cette maison pour en faire une école destinée à encourager les hautes études théologiques du clergé ; la mort ne lui a pas laissé le temps de compléter son projet, mais déjà l'école renferme une quarantaine de membres, dont douze professeurs.

L'archevêque a ajouté un nouvel anneau à la chaîne de martyrs, qui forme le précieux patrimoine de cette maison. Son cœur vient d'être déposé dans la chapelle, où nous l'avons vu dans un globe de verre. Certes son sang n'aura pas été versé en vain, pas plus que celui des prêtres qui furent immolés en cet endroit. Mgr Affre me semble digne de prendre rang à côté de l'archevêque d'Arles, qui, lorsque son nom fut appelé par les assassins, s'avança du milieu des prêtres qui cherchaient à le couvrir et dit ces simples mots : « C'est moi. Je suis celui que vous cherchez. » Il fut aussitôt renversé à terre et égorgé. La même force soutint le dernier archevêque de Paris, quoiqu'il attachât quelque prix à la vie et qu'il ne fût pas doué d'un grand courage physique ; la même force le poussa à se présenter sans crainte au milieu de combattants furieux, et l'empêcha de demander les secours de son médecin, malgré les souffrances atroces que lui causait sa blessure. Si jamais il y eut un sacrifice librement accepté, ce fut le sien, et la pensée d'offrir son sang pour son troupeau semble lui avoir donné des forces surnaturelles.

L'abbé Des Billiers m'avait obtenu une carte d'entrée à la distribution des prix de l'institution des aveugles. Les couronnes et les livres étaient presqu'aussi nombreux qu'au petit séminaire : mais ici la cérémonie offrait un intérêt tout particulier par suite des obstacles extraordinaires que tous les élèves avaient eu à vaincre. Il y avait un grand nombre de branches pour lesquelles on décernait des prix ; la solennité se termina par un concert dont l'orchestre était formé par les élèves garçons et filles. La musique est une des choses où ils excellent le mieux ; ils y trouvent sans aucun doute une source de plaisirs bien vifs ; les sensations qu'elle leur fait éprouver peuvent remplacer pour eux la perte de la vue à un degré que nous ne pouvons apprécier. Quelque intéressant que soit ce spectacle, il ne laisse pas de causer une pénible impression ; je l'ai éprouvé, en visitant il y a peu de jours l'établissement même.

JEUDI, 10 AOUT.

M. Farel m'a conduit chez les dames de la Visitation, rue d'Enfer. Comme elles sont cloîtrées, nous n'avons pu voir leur maison, mais nous avons causé quelques instants avec la supérieure. M. Farel lui dit en souriant qu'on espérait obtenir par les prières et par l'intercession des visitandines le maintien de la tranquillité publique ; et que lorsque les affaires de l'Église n'allaient pas bien, c'était parce que les visitandines ne faisaient pas leur devoir. « Vraiment ! » répliqua la supérieure, qui prit cette remarque en bonne part ; puis elle envoya chercher quatre sœurs anglaises, avec lesquelles j'eus un long entretien. Trois de ces sœurs s'étaient converties, l'une il y a huit ans et lorsqu'elle était dans un état d'incrédulité absolue ; deux autres converties plus récemment avaient appartenu à l'Église anglicane. La quatrième était née catholique. Aucune d'elles n'avait une idée bien nette de l'Église d'Angleterre. Toutes se disaient très-heureuses dans leur état.

Il y a dans cet ordre plusieurs mois d'épreuve avant l'admission au noviciat ; celui-ci dure au moins une année, après laquelle elles sont admises à faire leurs vœux définitifs. Elles me dirent qu'il arrivait souvent que des personnes qui paraissaient avoir toutes les dispositions requises pour la vie religieuse et qui désiraient rester dans l'ordre, étaient néanmoins refusées par les supérieures ; mais qu'on n'a jamais vu que celles-ci se fussent trompées dans leur jugement sur celles qu'elles recevaient : des lumières spéciales leur étaient accordées à cette fin. Le principal objet de leur ordre est de prier et d'intercéder pour les pécheurs ; elles reçoivent dans leur communauté des personnes atteintes de diverses maladies ou infirmités et qui ne seraient pas reçues ailleurs : leur règle n'est pas sévère, quant aux austérités corporelles. Leur fondateur saint François de Sales leur a donné l'assurance que le nombre de personnes infirmes qu'elles recevaient, ne serait jamais assez grand pour diminuer les vertus ou les mérites de l'Ordre. Elles ont aussi des écoles attachées à leurs maisons ; mais aucune religieuse n'y passe jamais plus de deux heures par jour. Elles ont près de 180 maisons, — une en Angleterre, à Westbury, près de Bristol, et plusieurs aux Etats-Unis. Le nombre des religieuses dans chaque maison est de trente-trois ; mais dans les grandes villes il dépasse ce chiffre. Avant les événements de février, elles avaient soixante élèves.

Je fis la remarque, qu'ignorant les précautions minutieuses que l'on prend pour s'assurer si la *vocation* est réelle, l'Angleterre nourrit une foule de préjugés contre les ordres religieux. L'une des quatre anglaises, encore novice, ajouta que lorsqu'elle vint voir sa sœur, avant sa conversion, elle avait la plus grande frayeur d'entrer dans le couvent ; mais son attente fut trompée, et elle le trouva bien différent de ce qu'elle s'était imaginé. Les dernières conversions en Angleterre, surtout celle de

M. Newman, occupèrent une large part de notre entretien. Je dis qu'il me semblait que les catholiques romains d'Angleterre et surtout les convertis commettaient une grande faute à notre égard : du moment qu'ils nous ont quittés, ils semblent n'avoir d'autre objet en vue que de déprécier l'Église anglicane ; au lieu de reconnaître ce que nous possédons incontestablement de vérités et de nous indiquer avec charité et bienveillance ce en quoi ils pensent que nous avons erré, ils préfèrent nous condamner en masse, de la manière la plus dure et la plus humiliante. Le journal *The Tablet* est surtout animé de cet esprit ; et cette manière d'agir est surtout blessante, lorsqu'elle émane d'hommes qui, pendant des années, ont combattu à nos côtés. Quel contraste frappant entre leur conduite et la charité, la douceur que l'on rencontre chez les catholiques romains à l'étranger !

Visite chez Lady...... qui m'a invité à dîner chez elle demain. Elle me parla très-sérieusement d'un sujet, qui, dit-elle, tourmente beaucoup son esprit. Vivant depuis longtemps au milieu de catholiques romains, elle avait connaissance d'un grand nombre de faveurs obtenues par des prières adressées à Dieu par l'intercession de la sainte Vierge. A moins de rejeter l'évidence de faits, qu'en toute autre matière elle eût considérés comme concluants, elle ne pouvait refuser sa foi à l'efficacité de ces prières ; et cependant toute son ame se révoltait à l'idée d'adresser une invocation à la sainte Vierge. Du reste, elle croyait que, pour les gens ignorants et superstitieux dans l'Église romaine, la sainte Vierge pouvait être un obstacle à leur union avec Dieu, — qu'ils s'arrêtaient à elle dans leurs prières. Et cependant elle ne pouvait douter que les prières à la sainte Vierge ne fussent exaucées. Dieu tiendrait-il donc compte de l'amour qui les a évidemment dictées ? Suivant elle, le protestantisme avait donné naissance aux vertus viriles, telles que l'esprit d'indépendance et l'empire sur soi-même, tandis que le catholicisme aurait développé des sentiments beaucoup plus tendres et plus affectueux. Elle me montra un passage du père Ventura, mettant hardiment en parallèle la paternité de Dieu le père et la maternité de la sainte Vierge, et plaignant ceux qui croient en l'une sans admettre l'autre. « Mais pour les protestants, dit-elle, la sainte Vierge est un être purement historique, n'existant plus dans le présent ; ils n'ont aucunement l'intention de la mépriser ; mais ils n'ont tout simplement jamais pensé à elle. »

Je répondis qu'il me semblait que l'intercession des saints pour l'Église militante et pour chacun de ses membres en particulier, ne pouvait être autre chose qu'une suite naturelle de la communion des saints ; et qu'une fois ce point admis, le rang éminent de la sainte Vierge se déterminait d'après les effets obtenus par son intercession ; ceux qui ont le plus exalté son pouvoir, ne l'ont jamais considéré que comme un simple pouvoir d'intercession. Le « *Monstra te esse matrem !* » est la plus haute expression de sa puissance. Quand on arrête sa pensée sur la sainte Vierge et qu'on réfléchit à la dignité dont elle est investie, dignité dont aucune autre créature ne saurait approcher, il est pour dire impossible de ne pas arriver au même résultat que les catholiques romains. Cette tendresse et cette dévotion plus vives que l'on remarque chez eux, s'expliquent donc par ce fait qu'ils ont mieux réalisé la communion des saints, surtout en ce qui concerne la sainte Vierge. Il ne faut rien conclure de l'ignorance et de la superstition que l'on trouve chez quelques membres de l'Église romaine, pas plus que de l'apathie, de l'extrême sécheresse de cœur et du peu de respect extérieur qui existent chez tant de membres de notre propre Église.

Le culte des saints peut s'appeler idolâtrie pour ceux qui ne découvrent pas dans les hommages qui leur sont rendus, le culte bien autrement élevé qui s'adresse à Dieu lui-même. Je comprends cette demande : « Quel bien peuvent faire les ossements d'hommes morts ? » Mais quand on se rend bien compte de la présence réelle du Christ dans les tabernacles de leur chair, je ne vois pas comment la grâce et la gloire réfléchies par le chef sur ses membres, pourraient exister indépendamment de celui, qui en est la source et le dispensateur. La communion des saints suffit pour expliquer les fruits obtenus par les prières faites par l'intercession de la sainte Vierge. « Mais, objecta lady...., comment les saints peuvent-ils connaître les prières qui leur sont adressées ? » Je lui dis que je ne voyais aucune difficulté à admettre la vision de Dieu ; ceux qui jouissent de la vue de Dieu, voient aussi en lui les besoins et les prières de leurs frères selon la chair.

Lady..... se fait une idée bizarre de l'état de l'ame jusqu'au moment de la résurrection ; ce serait une espèce de sommeil ; je la priai de me permettre de lui dire que c'était là tout simplement une hérésie.

J'allai ensuite prendre congé de M. Bonnetty. M. Farel me mena à l'établissement de Saint-Nicolas, rue Vaugirard, 98 ; on y élève des orphelins et d'autres enfants, qui y apprennent divers métiers. Cette institution a été fondée par Mgr de Bervanger qui la dirige depuis vingt ans. Il a ramassé dans les rues de Paris un millier de gamins, qu'il se charge d'élever moyennant une légère pension : il les loge, les nourrit, les instruit et leur fait enseigner un grand nombre de métiers. Il a encore en ce moment sept cents enfants ; la révolution de février lui en a fait perdre trois cents. Cinq cents jeunes gens de la garde-mobile, qui a sauvé Paris lors des dernières luttes, ont été élevés chez lui. Il constate que la grande difficulté pour les enfants destinés à vivre de leur travail, c'est d'acquérir quelques notions de science et surtout de religion, en même temps qu'ils font l'apprentissage d'un métier. Sans religion, l'ouvrier ne connaîtra jamais de règle de conduite, et il ne trouvera ni consolation dans ses peines, ni espérance dans l'avenir. Les institutions qui lui offrent tous ces avantages, répondent donc à un besoin profond de la société : or, le but principal de l'Œuvre de Saint-Nicolas, depuis sa fondation en 1827, est précisément de tendre une main secourable aux orphelins, de leur inculquer l'amour de la vertu et du travail, et de les préparer, par la pratique des devoirs religieux, à devenir non-seulement de bons ouvriers, mais aussi de bons chrétiens. A cet effet, on consacre chaque jour, le jeudi excepté, cinq quarts d'heure à l'étude et à l'explication du catéchisme, de l'Évangile et de l'Histoire sainte. Les élèves sont divisés en quatorze sections, suivant leur âge et leur degré d'intelligence. Des prêtres délégués par l'archevêque leur donnent l'instruction et les entourent sans cesse : ils assistent à leurs travaux, à leurs études et même à leurs récréations ; ils leur apprennent à se contenter de la position où Dieu les a placés et à bénir sa providence dans les épreuves et les privations les plus pénibles, en vue d'une récompense qui doit durer toujours ; — et rien n'est plus propre à leur inspirer ces sentiments que l'exemple des prêtres qui se dévouent pour eux à une vie de charité et de sacrifice.

Les enfants sont instruits et préparés avec le plus grand soin pour leur première communion et la confirmation.

L'établissement comprend vingt-cinq ateliers, pour les enfants dont les parents ou les tuteurs désirent les y laisser jusqu'à la fin de leur apprentissage : ce n'est que sur la demande expresse des parents qu'on applique les enfants à ces travaux. On veille à ce que les enfants qui ne sont pas en état de profiter de cet avantage, soient placés chez des maîtres recommandables sous le rapport de la religion et des mœurs. Un grand nombre de ceux qui ont été élevés dans la maison, se trouvent aujourd'hui à la tête de ces mêmes ateliers. Leurs jeunes compagnons trouvent ainsi en eux les mêmes habitudes religieuses et pour ainsi dire les mêmes traditions de famille.

On les occupe dans les ateliers pendant huit heures et demie par jour. Ils ont deux heures de classe chaque jour, à moins que leurs parents ne désirent qu'ils les passent à l'atelier, afin de se perfectionner davantage dans leur métier. Si leurs travaux viennent à chômer, ils sont tenus de fréquenter les classes.

L'apprentissage dure deux, trois ou quatre ans, suivant l'état qu'ils apprennent. Quand il est fini, ils peuvent rester dans l'établissement, et ce qu'ils gagnent au delà de leurs frais d'entretien, peut être déposé dans une caisse d'épargnes. Les parents sont libres de choisir pour leurs enfants tel métier qu'ils préfèrent, après avoir consulté les goûts ainsi que les facultés physiques et intellectuelles de l'enfant. Ces ateliers constituent néanmoins un surcroît de charge pour l'établissement, car comme on n'a pas pour objet d'en faire une spéculation, la rétribution des enfants qui les fréquentent, est la même que celle des enfants plus jeunes, et cependant l'entretien des premiers est des plus coûteux; ceux qui travaillent ont d'ailleurs besoin d'une nourriture plus abondante. Tous les gains des apprentis appartiennent aux chefs d'ateliers, qui sont par conséquent intéressés à ce qu'ils fassent des progrès et à ce qu'ils observent le réglement de la maison, d'où ils pourraient être renvoyés. De leur côté, ils fournissent les outils aux enfants. Ils n'ont pas le droit de les punir; mais seulement de faire leur rapport aux frères.

L'instruction comprend la lecture, l'écriture, l'arithmétique et l'orthographe; les éléments de la grammaire française, la géographie et l'histoire; l'analyse grammaticale et la logique; la tenue des livres, le dessin linéaire, la géométrie appliquée, la musique vocale et instrumentale, la gymnastique et la natation; quelques notions de physique, de chimie et d'histoire naturelle, propres aux besoins journaliers de la vie; enfin l'arpentage et l'horticulture.

Les enfants ne restent pas plus de deux heures et demie de suite en classe, et le temps qu'ils consacrent à la même branche varie d'une demi-heure à une heure et demie au plus. Ceux qui ne fréquentent que les ateliers ont huit heures de classe ou d'étude par jour, sauf les plus jeunes qui n'en ont que six et qui se lèvent plus tard. Chaque classe a de cinquante à soixante-dix élèves au plus. Plusieurs fois par an, il y a des examens.

Les repas préparés par des Sœurs de Charité sont sains et abondants; les maîtres partagent ceux des élèves. Outre le déjeuner, le dîner et le souper, il y a un goûter.

Des Sœurs de Charité sont chargées de l'infirmerie, des cuisines, du réfectoire, du linge et du blanchissage. Elles savent que toute sainteté qui nous éloigne de ceux qui ont besoin de nous, n'est pas une sainteté véritable. On prend le plus grand soin de la propreté des enfants. Ils ont de l'eau chaude pour se laver en hiver et des bains en toute saison. Chaque enfant reçoit tous les ans un pantalon neuf pour l'été et un autre pour l'hiver; celui de l'année précédente est affecté à l'usage journalier.

En dehors des heures de classe, les enfants peuvent aider les frères aux travaux de la maison, mais ils reçoivent de ce chef une rétribution. Une longue expérience a démontré combien ce système est préférable à celui qui inflige le travail comme une punition. Il y a du reste des enfants qui ont un tel besoin de mouvement, que ce serait nuisible à leur santé que de les en priver.

Tout ce qui paraît bas aux yeux des hommes, est un stimulant pour des religieux, dont la vocation tend sans cesse à la conformité la plus parfaite avec les conseils et les exemples de notre divin Sauveur. Comme lui, ils osent toucher au lépreux banni de la société des hommes; comme lui, ils méprisent le blâme des Pharisiens. Ils se croiraient indignes d'appartenir d'une manière si spéciale au service d'un Dieu crucifié, si leur cœur était soumis au joug de l'opinion du monde, ou s'ils se laissaient arrêter dans l'accomplissement de leur mission par les soins de la santé, soins qu'une conscience délicate leur fait envisager souvent comme superflus.

Les frères couchent dans les dortoirs au milieu des élèves. L'un d'eux y veille sans cesse ; les dortoirs sont éclairés toute la nuit. La surveillance la plus constante et la plus sévère y est exercée. Les pensionnaires les plus âgés se lèvent à cinq heures et demie ; les plus jeunes à sept heures. Ils se couchent en hiver à huit heures, en été à huit heures trois quarts.

On distribue aux enfants de bonnes notes qui s'échangent trois fois par an contre des livres, etc. Des tableaux constatant la conduite, le travail et l'application, pour chaque semaine, sont suspendus au parloir, ainsi que les places obtenues dans les compositions de la semaine et les notes trimestrielles qui sont envoyées aux parents. Les enfants qui se sont maintenus sur le tableau de bonne conduite pendant tout un trimestre, ont droit à une récompense. Chaque année, il y a une distribution solennelle de prix, qui précède de courtes vacances. Elle a lieu le dimanche qui suit le 15 août.

Des récréations extraordinaires leur sont accordées de temps en temps, comme, par exemple, en été une longue promenade, pour laquelle les élèves emportent des provisions pour toute la journée.

Pendant les heures de récréation, les frères se font enfants avec leurs élèves, déguisant en quelque sorte leur autorité sous le manteau de l'affection. C'est l'instant le plus favorable pour étudier les caractères. Les maîtres tâchent de gagner la confiance de ceux chez lesquels ils ont remarqué des inclinations mauvaises, en employant tous les moyens suggérés par la religion pour toucher les ames, et ils ont souvent la consolation de rendre les enfants à l'étude et d'assurer leur bonheur.

C'est un point capital de bien occuper les enfants pendant les récréations, d'exercer leurs corps avec telle mesure que leurs nuits soient bonnes et leur santé florissante.

Les parents peuvent visiter leurs enfants chaque jour, mais seulement aux heures de récréation et pour autant qu'ils ne soient pas en pénitence. Ils ne peuvent amener les enfants en ville qu'à certains jours déterminés et en petit nombre.

On punit aussi rarement que possible. Aucun maître ne peut battre un enfant.

Les élèves sont admis depuis l'âge de huit ans jusqu'à douze. Ceux au-dessous de dix ans sont ordinairement envoyés à la maison succursale d'Issy. Outre la pension, on paie vingt francs d'entrée. Le nombre des élèves est limité à 1000.

Nous eûmes d'abord une entrevue avec Mgr de Bervanger, le fondateur de cette œuvre, qui suffit sans doute à remplir toute son existence. Il nous fit accompagner par toute la maison par un jeune garçon très-aimable. Le travail a été suspendu dans bien des ateliers: c'est une suite de la révolution; dans plusieurs nous vîmes les élèves travailler sous la direction de leur chef. Leur travail atteint souvent un tel degré de perfection, qu'ils n'ont pas de peine à en placer les produits et à subvenir à leur entretien. Un grand nombre d'enfants se livraient au jeu avec une gaîté bruyante.

Les constructions ont nécessairement une étendue très-considérable, et tout l'ensemble de l'entreprise a quelque chose de grand et de hardi qui inspire de l'intérêt. Ce n'est pas chose peu étonnante que Mgr de Bervanger ait pu fonder cette œuvre sans disposer de capitaux personnels ; mais ce que nous admirons bien plus, c'est que le maintien d'une telle œuvre suppose un immense degré de charité active, d'une part, chez les frères de Saint-Nicolas, qui instruisent ces pauvres enfants destinés sans cela à devenir le rebut de Paris, et qui se consacrent jour et nuit à leur éducation ; d'autre part, chez les Sœurs de Charité qui veillent aux cuisines, aux infirmeries, aux réfectoires, etc. Aussi, sans le célibat chrétien, cette œuvre de haute charité, et toute autre œuvre semblable devrait nécessairement échouer. Ce n'est pas seulement sous le rapport des dépenses matérielles qu'il serait impossible de conduire une pareille maison, sans le secours de ceux qui dédaignent l'argent en tant que récompense ; ce n'est pas seulement sous le rapport du temps et du sacrifice de l'individu tout entier, qu'il serait impossible de trouver les mêmes éléments chez ceux qui sont engagés dans les liens du mariage ; il y a plus : de même que certains démons ne peuvent être chassés que par « le jeûne et la prière, » de même il doit y avoir des degrés dans les moyens par lesquels on applique à notre nature déchue le pouvoir réparateur de la Croix. Il faut en convenir, une condition indispensable à la régénération des classes souffrantes de la société, c'est que ceux qui sont destinés à devenir les instruments de Dieu dans cette œuvre sublime, sachent faire le sacrifice volontaire de la plus haute jouissance du cœur humain... la vie de famille. Ceux que l'on voit mener cette vie surnaturelle de charité, au milieu des peines et des labeurs de chaque jour, ceux-là, et ceux-là seuls peuvent conquérir l'affection des déshérités de ce monde, et alléger le poids de la croix qu'ils ont chargée d'abord sur leurs propres épaules.

Tandis que je parcourais cette maison et que j'observais ses habitants, je pouvais jusqu'à un certain point me rendre compte de l'immense somme de charité qu'une pareille vie suppose !

On dit que la musique que les enfants exécutent le dimanche pendant les offices est vraiment belle et mérite de fixer l'attention. Bon nombre de parents et d'amis viennent y assister. La chapelle me semble bien petite pourtant pour contenir tant de monde.

Mgr de Bervanger nous remit un petit volume contenant une assez bonne notice sur l'institution ; j'y ai puisé la plupart des détails qui précèdent. Il me dit que peu de temps avant ma visite, un autre Anglais était venu le voir à plusieurs reprises, et qu'il avait particulièrement été frappé de l'intimité qui régnait entre les maîtres et les élèves. J'ai remarqué la même chose dans toutes les maisons d'éducation que j'ai vues en France. On y découvre à peine ce mur de séparation qui existe entre le maître ou le précepteur anglais et l'ame de son élève, dont il ignore les habitudes, les goûts et jusqu'à la tournure d'esprit. Chez nous, l'élève qui se trouve devant son maître et celui qui est livré à lui-même ou qui joue avec ses camarades, sont deux êtres parfaitement distincts. Il est rare, en effet, que le maître puisse pénétrer les profondeurs de l'ame dont il est appelé à faire l'éducation ; mais il est bien plus rare encore qu'il puisse la former, ou diriger le développement de sa puissance morale. Pour autant que je puis en juger, c'est là une différence essentielle entre l'éducation anglicane et celle de l'Église romaine.

Chemin faisant, pour retourner à la maison, M. Farel me raconta que dans le seul diocèse de Langres, il y a cinq cents institutions de Sœurs de Charité. « Vous voulez dire cinq cents Sœurs ? » m'écriai-je. « Non, répliqua-t-il, il n'y a pas une commune qui n'en possède. » Je lui demandai à combien de maisons-mères elles pouvaient appartenir : « A environ cinq, » fut sa réponse. Les Sœurs de Saint-Vincent-de-Paul ne forment donc qu'une branche parmi toutes celles qui se consacrent aux œuvres de charité.

VENDREDI, 11 AOUT.

Je suis allé transcrire le reste du rapport sur la guérison de la novice, rue du Bac. Les sœurs me demandèrent si j'avais vu l'enfant qui avait été guérie de sa cécité. Je répondis que oui, qu'elle m'avait paru extrêmement simple et d'une intelligence très-bornée. L'une d'elle ajouta : « Elle l'est en effet. Je lui ai demandé ce qu'elle avait pensé en recouvrant la vue : elle se borna à répondre : c'était drôle à voir. » — Tandis que j'étais là assis au milieu d'un groupe de Sœurs de Charité, occupé à transcrire ma relation, je fus frappé de leur enjouement, je pourrais presque dire de leur gaîté ; c'étaient celles qui s'occupaient de la direction de la maison au bureau du secrétariat. Il y a dans l'expression de leur visage quelque chose qui dénote la paix de leur ame : elles paraissent heureuses. Je profitai de l'occasion pour lire toute la lettre pastorale (sic) de M. Etienne, leur supérieur général, où se trouvait inclus le rapport en question. Elle était écrite dans le but d'encourager les Sœurs au milieu des agitations et des bouleversements politiques. Il leur rappelait que la révolution de 1830 s'était annoncée sous un aspect beaucoup plus redoutable à la religion, et néanmoins la période de dix-huit ans qu'elles venaient de traverser, avait été pour leur institution une ère de progrès et de prospérité incomparable. Le temps où vécut saint Vincent de Paul leur fondateur, avait été aussi un temps de perturbations profondes, mais il n'y voyait, lui, qu'une plus riche moisson de bonnes œuvres à recueillir ; il avait promis à ses enfants qu'aussi longtemps qu'elles seraient fidèles à l'observance de leurs règles, la protection divine ne leur ferait pas défaut, et, sans aucun doute, Dieu avait accordé ces deux guérisons miraculeuses à l'intercession de saint Vincent, au moment d'une nouvelle crise sociale, afin de leur prouver que leur saint patron n'avait rien perdu de son pouvoir auprès du trône de la divinité. Il avait la plus grande confiance dans leur zèle, leur charité et leur esprit d'union qui rendaient sa tâche vraiment légère.

Avant de quitter la maison, je voulus encore faire une visite à la chapelle qui offrait pour moi un intérêt tout particulier, à cause des faits qui s'y sont passés.

J'insère ici la relation de ces guérisons, copiée par moi sur le texte original, ainsi que les attestations que je me suis procurées des deux chirurgiens qui ont traité les malades. Voici comment le supérieur général rend compte de ces deux guérisons :

« Ce n'est pas tout, mes très-chères sœurs : à une époque où peut-être de plus grandes épreuves sont réservées à l'Église et à nous, et où peut-être aussi de plus grandes miséricordes doivent récompenser notre foi, Dieu a cru devoir, pour ainsi dire, sceller notre confiance du sceau de sa toute-puissance, et manifester par des prodiges tout l'efficace de la protection de saint Vincent auprès du trône de la bonté divine. Deux guérisons étonnantes se sont opérées cette année devant la châsse de saint Vincent, pendant la neuvaine de la translation de ses reliques. Je ne leur donne pas la qualification de miracles, parce que l'autorité ecclésiastique seule a le pouvoir de la conférer. Mais c'est un besoin pour mon cœur de porter à votre connaissance les détails qui les concernent, parce que je sais toute la joie et toute l'édification que vous en éprouverez, et combien vous les jugerez propres à vous encourager, à resserrer les liens qui vous unissent à votre sainte vocation et à vous faire apprécier les desseins de Dieu sur nos deux familles, si nous sommes fidèles à y correspondre. Je fais précéder le récit de chaque guérison du certificat du médecin qui expose l'état de la malade au moment où elle fut opérée. »

Attestation du chirurgien sur la maladie de la sœur Marie Javelle.

« Le 2 mai 1848, j'ai été appelé au couvent de la rue du Bac, n° 132, pour la sœur Marie Javelle, âgée de 24 ans, que j'ai trouvée couchée, ayant la tête inclinée sur l'épaule gauche qu'elle touchait presque, avec raideur des muscles du cou, impossibilité de la ramener à sa position naturelle, et douleur vive augmentée par les moindres mouvements. On m'apprit que cet état avait été la suite immédiate d'un coup violent porté par mégarde sur la tempe droite.

» M. Lenoir, chirurgien de l'Hôpital-Necker, vit cette malade avec moi, le lendemain 3 mai. Sans rejeter la possibilité d'un simple torticolis, nous eûmes ensemble, la pensée d'un déplacement d'une apophyse articulaire du côté gauche de l'une des dernières vertèbres cervicales.

» Le danger de la réduction de ces déplacements que nous fîmes connaître à la supérieure, l'absence jusqu'ici d'accidents graves, nous déterminèrent à nous borner à l'application des moyens propres à calmer la contraction des muscles du cou.

» Les jours suivants, les accidents augmentèrent. Il survint de la fièvre ; la tête s'inclina davantage sur l'épaule ; la malade eut de la peine à boire, ce dont je m'assurai en lui voyant avaler, par saccades convulsives, quelques gorgées de liquide ; le bras gauche devint douloureux jusqu'à la main, dont le contact retentissait péniblement jusqu'au cou : il était dans une tension continuelle avec raideur tétanique, qui ne me permit point de le changer de place. Le membre inférieur gauche, d'abord engourdi à sa partie supérieure, présenta aussi de la raideur.

» La respiration était un peu gênée. Les facultés intellectuelles conservaient leur pleine intégrité. Les choses étaient dans cet état, le 8 mai, à sept heures et demie du matin. Nous avions exprimé des craintes plus graves que les jours précédents. La supérieure n'avait point osé permettre des tentatives de réduction, dont nous avions annoncé les conséquences possibles, auxquelles la malade bien résignée se serait prêtée volontiers.

» Le 9 mai, à sept heures et demie du matin, sans aucune manœuvre chirurgicale qui soit à ma connaissance, j'ai vu dans le cabinet de la sœur Buchepot (première directrice du noviciat de la communauté), la jeune sœur Marie Javelle, debout, marchant facilement, portant sans effort sa main sur sa tête, celle-ci revenue à sa rectitude naturelle, le cou ayant repris sa forme, sa souplesse, et exécutant tous les mouvements.

» Paris, le 20 mai, 1848. »

Ayant renvoyé une copie de la pièce qui précède à M. Hervé de Chegoin, il me la renvoya avec l'attestation suivante écrite au bas :

« Je certifie cette copie conforme au procès-verbal que j'ai avéré de la maladie de la sœur Marie Javelle.

» HERVÉ DE CHEGOIN,
» Médecin des hôpitaux, etc. »

Il eut l'obligeance d'y ajouter la note suivante :

« Monsieur, j'ai signé bien volontiers la copie que vous m'avez adressée : elle est aussi exacte que le procès-verbal lui-même, et l'expression de la vérité dans l'exposé des symptômes pendant huit jours, et de leur disparition subite et complète après la circonstance qui l'a précédée.

» J'ai l'honneur d'être, Monsieur,

» Votre très-obéissant serviteur,

» HERVÉ DE CHEGOIN.

» 31 juillet 1848. »

La relation de la guérison même est conçue en ces termes :

Relation détaillée de la guérison de la sœur Marie Javelle.

« Ma sœur Marie Javelle, âgée de vingt-quatre ans, après avoir postulé trois mois à Saint-Étienne, entra à la communauté des Filles de la Charité, le 17 février 1848. Ayant été désignée pour veiller dans une des infirmeries, la nuit du 30 avril au 1er mai, en soutenant une malade qui lui retomba sur la tête, son cou tourna, et il s'y fit un dérangement si considérable, qu'il resta dans cette situation. Dès le lendemain, l'inflammation s'y porta, et messieurs les chirurgiens appelés furent effrayés eux-mêmes de la gravité de l'accident. Avant de tenter une opération aussi fâcheuse que le mal, et qui touchant la moëlle épinière pouvait la faire mourir à l'instant, on essaya de tous les remèdes, mais inutilement. Les nerfs se contractèrent ; la tête se raidit sur l'épaule ; bientôt le bras et la jambe gauche se paralysèrent, et les douleurs devinrent si violentes, que la malade craignait parfois de ne pouvoir les soutenir. Tout son espoir était en Dieu, elle lui demandait du courage, elle s'abandonnait à sa volonté ; elle priait beaucoup la sainte Vierge qu'elle aime tendrement, et qui lui a donné des marques spéciales de protection. Enfin, arriva le dimanche, 7 mai, jour où s'ouvrait la neuvaine de la Translation de saint Vincent-de-Paul.

» Ce jour-là, elle eut la consolation de faire la sainte communion dans son lit, avec une parcelle d'hostie, car son gosier étant tourné, elle joignait à ses autres souffrances celle de ne pouvoir avaler que quelques gouttes d'eau et avec des efforts et des douleurs incroyables. Elle témoigna le désir de faire, en union avec le séminaire, une neuvaine à saint Vincent, pour obtenir sa guérison. Le lundi, le chirurgien déclara qu'il n'espérait plus qu'au succès de l'opération, et quelque dangereuse qu'elle fût, il insista. On crut devoir parler franchement à la malade et lui dire qu'elle guérirait au moyen de l'opération, ou qu'elle demeurerait infirme toute sa vie, en lui demandant ce qu'elle préférait. « En faisant, répondit-elle, la volonté de mes supérieurs, je serai tranquille, étant assurée de faire celle de Dieu. » Cependant on résolut de terminer la neuvaine avant de rien entreprendre. Ma sœur Mazin, notre très-honorée Mère, lui avait envoyé précédemment un morceau du gilet de notre bienheureux père saint Vincent. Dans la nuit du 7 au 8 mai, la malade avait eu l'idée assez singulière d'en avaler un morceau. N'osant le faire sans en parler, elle attendit jusqu'au matin, où, à l'aide d'un peu d'eau, elle en avala quelques fils. A peine les eut-elle dans l'estomac, qu'elle se sentit la conviction la plus parfaite qu'elle ne mourrait pas, et que par l'intercession de saint Vincent, elle obtiendrait sa guérison. A une heure après-midi, voyant près d'elle une des directrices du séminaire, elle lui dit que si elle pouvait voir la châsse du saint et la toucher, elle serait aussitôt guérie. On lui dit que cette dernière chose était impossible ; mais elle insista tellement pour la première fois, qu'on fut touché, et qu'on chercha dès lors le moyen de satisfaire son vif désir. Avec l'agrément de nos dignes supérieurs, on se procura un brancard ; on l'accommoda le mieux possible, et après avoir passé une heure entière à l'habiller convenablement, à quatre heures du matin, le mardi 9 mai, on la plaça sur le brancard et on entreprit le périlleux trajet de notre maison à la chapelle de Saint-Vincent-de-Paul. Elle était accompagnée de ma sœur Azaïs, de ma sœur Giraudot, deuxième et troisième directrices du séminaire, de ma sœur Marthe Vilay, ancienne Mère du séminaire, de ma sœur Boscredon, employée au séminaire, de ma sœur Bonneau, troisième infirmière, qui avait elle-même soigné la jeune malade, de Dominique Belyn (dit Louis), et de Jean Scipion (dit Baptiste), tous deux domestiques de la maison, qui portaient le brancard. Pendant le trajet, la malade souffrit beaucoup ; malgré elle, il lui échappa des plaintes, et surtout lorsqu'on déposa le brancard dans l'église, elle éprouva une si vive douleur qu'elle laissa échapper un cri. Dès qu'elle aperçut la châsse du saint, elle la regarda avec la plus vive confiance, et éprouva un mouvement extraordinaire en sa personne. Au commencement de la messe, elle se sentit portée à joindre les mains ; effectivement son bras gauche reprit la force nécessaire et sa main rejoignit l'autre. A l'évangile, un mouvement semblable au premier lui fit prendre sa tête avec les mains et la tourner sur l'autre côté sans difficulté. A l'élévation de la messe, la sœur Azaïs, qui était près d'elle, lui dit d'essayer de se lever ; elle en fit le mouvement, mais elle ne le put, et répondit que ce n'était point encore le temps. Elle avait continué de souffrir beaucoup jusque-là. Enfin on lui apporta la communion. Son gosier était si resserré, qu'elle ressentit une grande douleur, mais ce fut la dernière. Quelques minutes après, elle descendit promptement du brancard, sans être aidée de personne. Après cette messe, elle entendit en actions de grâces, celle de M. Etienne, notre supérieur général, et revint à pied ; et depuis ce jour, loin de conserver le moindre ressentiment de son mal, elle se porte mieux qu'elle ne l'avait jamais fait. Ceci est attesté par la sœur sur laquelle s'est opéré le miracle, laquelle a signé le présent acte, ainsi que les témoins ci-dessus nommés.

» Marie Azaïs, Cécile Giraudot, Marie Javelle, Marthe Velay, Justine Boscredon, Joséphine Bonneau, Dominique Belyn, Jean Scipion.

Nota. — Il est bon de faire observer que le 2 mai, le chirurgien de la maison, M. Hervé de Chégoin, fut seul appelé pour voir ma sœur Marie Javelle, et le cas lui parut si grave, que, ne voulant pas s'en charger seul, il demanda de s'adjoindre un de ses confrères qu'il amena le lendemain.

» Le 8 mai, dernier jour où M. Hervé l'avait vue avant sa guérison, il l'avait trouvée si mal que le lendemain, lorsqu'on lui dit que ma sœur Javelle n'avait plus besoin de ses services, il demanda si elle était morte.

» Les jeunes sœurs, dont le séminaire était alors composé, ont demandé que leurs noms fussent joints à cet acte, afin d'en attester la vérité et de se mettre d'une manière spéciale sous la protection de saint Vincent. Cet écrit devant être renfermé dans un cœur en vermeil, joint par une chaîne idem à une tête également en vermeil, le tout a été remis entre les mains de notre très-honoré père, M. Etienne, pour être déposé sur la châsse du saint. »

Attestation du médecin sur la maladie de mademoiselle Céleste Lallemand.

« Je soussigné, docteur-médecin, demeurant à Paris, rue Mouffetard, 94, certifie que la nommée Marie Lallemand, âgée de 14 ans, native de Jussey, département de la Haute-Saône, résidant actuellement à Paris, rue de l'Arbalète, n° 25, dans l'ouvroir des Jeunes Économes, a été traitée par moi, puis par M. Sichel, pendant environ huit mois, pour une amaurose complète, et que les divers traitements employés, tant par moi que par mon confrère, n'ont nullement amélioré la position de cette personne, quoiqu'ils aient été variés à l'infini depuis le mois d'octobre dernier jusqu'au mois d'avril, où elle a cessé tout traitement.

» Paris, le 23 mai 1848.

» Signé : FERNET, doct.-méd. »

Relation de la guérison miraculeuse d'une enfant de Marie de l'ouvroir des Jeunes Économes.

» Nous, soussignées, enfants de l'ouvroir des Jeunes Économes, établi à Paris, rue de l'Arbalète, 25, certifions la vérité des détails qui suivent sur la guérison subite d'une de nos chères compagnes, nommée Céleste Lallemand, enfant de Marie de notre ouvroir. Cette compagne, âgée de 14 ans, avait entièrement perdu la vue depuis le mois de septembre 1847. Six médecins, successivement appelés pour lui donner leurs soins, avaient épuisé sur elle toutes les ressources de leur art, sans en obtenir le moindre résultat. Ils avaient déclaré que les nerfs optiques de notre jeune compagne étaient paralysés, et qu'elle était atteinte d'une amaurose complète. En conséquence, tout traitement médical avait cessé dès le mois d'avril dernier.

Péniblement affectées de ce triste état de notre chère compagne, nous résolûmes de consacrer à Marie le mois de mai qui allait commencer, dans l'intention d'obtenir sa guérison par l'intercession de la très-sainte Vierge. A partir du premier mai, notre jeune compagne allait prier tous les jours devant l'autel de Marie, avec la ferme confiance que l'immaculée Marie lui rendrait la vue avant la fin de son mois chéri.

» Mais le 9 mai, la nouvelle de la guérison frappante opérée sur une jeune sœur du séminaire des Filles de la Charité, par l'intercession de saint Vincent de Paul, et devant ses reliques, exposées dans la chapelle des prêtres de la mission, à l'occasion de la neuvaine qui se célèbre tous les ans en l'honneur de la translation de son corps, nous suggéra le désir de recommander notre jeune compagne à ce grand saint. La permission fut accordée à Céleste Lallemand d'aller prier devant les reliques de saint Vincent de Paul. Ce fut le vendredi, 12 mai, qu'elle se rendit à la chapelle de messieurs les Lazaristes, rue de Sèvres, 95, accompagnée par deux de nos maîtresses, la sœur Dumargat et la sœur Derbré. Nous étions toutes pleinement convaincues qu'elle obtiendrait sa guérison par l'intercession de Marie, et de saint Vincent. Ne pouvant accompagner Céleste à la chapelle de saint Vincent, nous entendîmes la sainte Messe dans la chapelle de notre maison, en nous unissant à elle d'esprit et de cœur ; quant à notre chère compagne, elle entendit une messe, qui se célébra à six heures et un quart devant l'autel de la sainte Vierge de la chapelle de messieurs les Lazaristes, et elle y fit la sainte communion. Au moment où elle reçut notre Seigneur, la vue lui fut rendue subitement, et une violente douleur de tête qu'elle éprouvait depuis le moment où elle l'avait perdue, disparut en même temps. La sœur qui l'accompagnait, ignorant ce qui venait de s'opérer en elle, la reprit par la main après la sainte communion pour la reconduire à sa place ; notre jeune compagne, craignant de la troubler dans son action de grâces, la laissa faire sans lui communiquer ce qui venait de lui arriver. Mais un quart d'heure après, elle lui fit connaître son bonheur, et pour lui prouver la réalité de sa guérison entière, elle changea d'elle-même de place, et lui nomma divers objets qui l'entouraient et qu'elle distinguait parfaitement : après avoir entendu une messe d'action de grâces, elle s'empressa de revenir au milieu de nous pour nous faire part de son bonheur. Quoique nous nous attendissions à la voir revenir guérie, à raison de la grandeur et de la simplicité de sa foi, la joie et l'allégresse n'en éclatèrent pas d'une manière moins vive dans toute la maison dès son arrivée. C'était à qui la verrait, pour la féliciter de l'insigne faveur dont elle venait d'être l'objet. Après cette première explosion de notre allégresse, nous nous réunîmes pour chanter en chœur le *Magnificat*, pendant lequel des larmes de joie coulaient de nos yeux : puis nous allâmes à la chapelle chanter le *Te Deum* et le *Regina cœli* ; immédiatement après, Céleste écrivit de sa propre main une lettre à ses parents pour leur apprendre sa guérison miraculeuse.

» Notre jeune compagne ayant été présentée à M. Aladel, notre bon directeur, elle fut nommée par lui Marie-Vincent, en reconnaissance de sa guérison obtenue à l'autel de la très-sainte Vierge, dans la chapelle de saint Vincent et devant ses reliques exposées.

» Depuis le jour de sa guérison, Céleste a repris toutes ses occupations ordinaires, qu'elle avait été forcée d'interrompre depuis environ neuf mois. Elle lit, écrit, et vaque aux travaux d'aiguille avec la même facilité qu'elle le faisait avant que ses yeux eussent été atteints.

» Paris, 30 mai 1848. »

(Suivent les signatures des enfants de l'ouvroir des Jeunes Économes).

» Nous, soussignées, Filles de la Charité, chargées de la direction de l'ouvroir des Jeunes Économes, certifions la vérité de la relation ci-dessus.

» Paris, 30 mai 1848. »   (*Signatures des Sœurs*).

M. Fernet, à qui j'avais donné cette pièce à lire, y ajouta les lignes qui suivent :

« Je soussigné, docteur-médecin, demeurant rue Mouffetard, 94, certifie que la jeune Marie-Céleste Lallemand, a été revue par moi quelques jours après sa guérison et que je me suis assuré que la vue était entièrement rétablie.

» Paris, ce 1er août 1848.   FERNET. »

Après avoir reproduit ces deux relations, le supérieur général, M. Etienne, continue ainsi sa circulaire :

« En présence de ces faits, mes très-chères Sœurs, je me sens porté à vous rappeler que saint Vincent considère comme un signe visible de la protection du Ciel sur votre compagnie, la manière tout à fait prodigieuse dont une de ses premières filles sortit saine et sauve du milieu des ruines d'une maison où elle se trouvait, et qui en s'écroulant avait enseveli quarante personnes qui y avaient perdu la vie. Ce fait était à ses yeux une preuve sensible que Dieu avait placé ses complaisances dans son œuvre naissante, et qu'il lui réservait un avenir consolant. Il me semble que si aujourd'hui il vous entretenait lui-même des deux guérisons que je viens de vous rapporter, il ne manquerait pas de vous les signaler comme des témoignages des desseins de la divine Providence sur vous, et comme des motifs qui doivent vous rassurer contre toutes les craintes que peuvent vous inspirer les perturbations de l'ordre social. Ne vous dirait-il pas, comme il disait alors, que votre compagnie est l'œuvre de Dieu ; de même qu'il a su la susciter dans sa miséricorde pour les pauvres, il saura bien aussi la soutenir au moment de l'épreuve et la préserver de tout événement fâcheux qui pourrait menacer son existence. Je vous avoue qu'à la vue de ces signes de sa protection, dans un temps qui a tant de traits de ressemblance avec celui où il vivait, je ne puis me défendre de voir s'ouvrir de nouveau devant vous la même carrière de charité qu'il a si glorieusement parcourue.

« ..... En action de grâces des deux guérisons miraculeuses opérées les 9 et 12 mai dernier, devant la châsse de saint Vincent, il sera fait dans chaque maison une communion générale au jour que fixera la sœur servante. »

Avant de quitter ce sujet, je dois ajouter que les faits qui précèdent, ne formaient aucunement l'objet spécial de mes recherches; je les ai rencontrés sur ma route en étudiant d'autres matières, et je n'ai pas cru qu'il fût équitable ni loyal de les repousser sans examen : j'ai tâché, au contraire, d'en contrôler la vérité par tous les moyens possibles. Je les expose aujourd'hui avec tous les éléments de certitude que j'ai pu réunir à cet égard.

SAMEDI 12 AOUT.

J'avais tant entendu parler de la grandeur de la cathédrale de Bourges et de la beauté de ses vitraux, que je me décidai à aller en juger par moi-même. Je suis donc parti de Paris, ce matin à huit heures, par le convoi d'Orléans et de Bourges. Jusqu'à Etampes, la campagne est belle et accidentée. Mais de là jusqu'à la forêt d'Orléans, il n'y a qu'une immense plaine, riche en produits, mais dégarnie d'arbres, triste et monotone. D'Orléans à Vierzon s'étend une nouvelle plaine sablonneuse et peu habitée. Puis le pays devient plus beau jusqu'à Bourges. A Orléans j'ai visité la cathédrale. La façade de l'ouest est belle, parfaitement décorée et remarquable par son cachet d'unité; l'intérieur au contraire est nu, pauvre et d'un effet désagréable; on souffre de voir une si mauvaise imitation du style gothique : à peine arrivé à Bourges, je me dirigeai vers la cathédrale. Je fus péniblement désappointé en voyant la façade de l'ouest; quoiqu'elle se compose de cinq portails profondément enfoncés et que celui du milieu soit de la plus grande richesse, il y a un manque si absolu d'unité, qu'on ne saurait établir de comparaison avec la cathédrale d'Amiens, pour ne pas citer celle de

Reims. Les tours sont positivement laides, les arcs-boutants font l'effet le plus désagréable, leur masse très-saillante n'étant cachée par aucun ornement. L'intérieur de l'église est très-vaste ; il est remarquable en ce qu'il n'y a point de transsept ; de doubles nefs latérales la traversent dans toute sa longueur ; celles qui longent la nef centrale sont d'une hauteur démesurée. Le chœur est entouré de grandes fenêtres à lancettes, surmontées de rosaces, qui sont d'une rare beauté : malheureusement, elles ne sont pas achevées, comme celles de la cathédrale de Chartres, et je ne pense pas que, sous le rapport de l'effet, elles puissent être comparées à ces dernières. Les douze piliers que l'on compte de chaque côté de l'église, depuis le portail de l'ouest jusqu'à l'abside du chœur, sont formés d'un faisceau de huit colonnes ; leur aspect est plus élancé que celui des piliers d'Amiens ou de Reims ; ils paraissent très-légers, eu égard à la hauteur de la première nef latérale, qui doit avoir soixante-dix pieds et qui a un triforium comme celle du centre. Quelque admirable que soit la cathédrale de Bourges, sous certains rapports, je ne la mettrais pas toutefois au premier rang à côté de celles d'Amiens, de Milan, de Cologne, de Reims et de Saint-Ouen. Elle est du style primaire comme celle de Chartres. L'abside n'a rien de cette légèreté magique de celle d'Amiens, de Cologne ou de Saint-Ouen. Du haut de la tour du nord, la vue embrasse une étendue immense ; le pays est quelque peu accidenté, mais n'offre rien de particulièrement remarquable.

Dans les rues, on n'aperçoit que des soldats et des gardes nationaux. On dirait que les hommes n'ont été créés que pour porter les armes. Il ne saurait y avoir une condamnation plus frappante de la république que l'aspect extérieur de la société. Une circonstance particulière expliquait toutefois le mouvement que nous avions sous les yeux. Trois cents gardes nationaux de Paris étaient venus rendre visite à leurs frères d'armes de Bourges, et on devait leur offrir un banquet le lendemain dans le jardin de l'archevêché. Lors de la première révolution, l'État, fidèle à ses procédés outrageants envers l'Église, a fait main basse sur ce palais ; l'État a également confisqué l'église du grand séminaire de Bourges pour en faire des casernes.

« DIMANCHE, 13 AOUT.

» J'entendis une messe basse et une partie de la grand'messe à la cathédrale. Un grand nombre de soldats, de gardes nationaux et de campagnards entraient dans l'église, y circulaient, ou allaient s'asseoir ; ils n'avaient pas l'air très-recueilli. A une heure, visite au séminaire ; j'avais une lettre pour le supérieur, M. l'abbé Ruel. Il causa quelque temps avec moi, puis il me donna un séminariste et un prêtre pour me faire voir Bourges. Il s'informa de la situation religieuse de l'Angleterre, surtout de nos études à Oxford. Je déplorai l'état de séparation qui existait entre nous. Je lui dis que si l'esprit religieux de l'Angleterre était uni à la force d'expansion de l'Église romaine, la conversion du monde entier deviendrait facile; que de toute manière, l'état de séparation est désastreux pour les deux parties ; qu'elle paralyse les forces de l'Église. En effet, si la vérité est tout entière de leur côté, comme ils l'assurent, c'est sans doute un immense malheur pour nous, mais, alors même, il faut reconnaître qu'en perdant l'Angleterre, l'Église romaine s'est laissé couper la main droite. Nous avoir pour alliés ou pour adversaires, dans la lutte qu'elle a à soutenir contre le monde, voilà toute la différence. M. Ruel fut de mon avis et rappela que l'Angleterre avait été jadis l'*Ile des saints*. Je lui racontai ensuite que mes études s'étaient spécialement portées sur la suprématie de Rome. Il me dit que les disputes sur les libertés gallicanes étaient usées; mais il me sembla laisser entendre que le sentiment du gallicanisme n'était pas encore éteint. « Quelle que soit du reste la théorie que l'on adopte, il est certain que l'autorité du saint-siége se fait sentir avec une grande douceur. Rome sonde d'abord le terrain, et sa conduite est toujours conforme à l'esprit de l'Église. » Je lui dis que, selon moi, la grande difficulté en cette matière, c'est que l'histoire tout entière plaide en faveur du gallicanisme, tandis que la théorie ultramontaine est évidemment la seule qui soit complète et logique, la seule qui explique tous les actes de Rome. — Je demandai ensuite à M. Ruel, si la révolution n'avait amené aucun changement à Bourges. Il me dit que non. Louis-Philippe est tombé, dit-il, parce que déjà avant sa chute, l'opinion publique l'avait abandonné ; on le tenait pour « un homme d'argent. » — Le prêtre et le séminariste dont j'ai parlé, me conduisirent à la maison où l'on dit que naquit Louis XI ; il est certain toutefois que les murs actuels datent de la Renaissance. Elle est occupée par une petite communauté de religieuses. — Nous visitâmes aussi l'hôtel de ville, la maison de Jacques Cœur, et une dernière fois la cathédrale. Il y a une fort belle crypte sous le chœur et sous les nefs latérales au chœur. A part sa cathédrale, Bourges est une ville peu intéressante. Le climat y est brumeux et malsain, par suite du voisinage des Landes. Je partis par le dernier convoi du soir, pour aller coucher à Orléans.

LUNDI, 14 AOUT.

Quitté Orléans à sept heures. Arrivé à Paris, vers onze heures. Parti de Paris à sept heures du soir, pour Amiens : à mi-chemin, nous essuyâmes un violent orage.

MARDI, 15 AOUT.

Nous allons à la cathédrale pendant une partie de la grand'messe ; nous assistons encore à une seconde grand'messe où Mgr l'évêque officia pontificalement, et après laquelle il donna la bénédiction papale. — L'église était presque comble. Jamais je n'ai mieux senti la supériorité de cette cathédrale sur toutes celles que je venais de voir; l'intérieur l'emporte de beaucoup sous le rapport de l'unité, de la simplicité et de la grandeur. Je regrettai vivement de ne pouvoir assister aux vêpres et au sermon à trois heures; mais je dus partir afin d'arriver à temps à Boulogne pour le départ du bateau à vapeur. Nous touchions à Folkstone à onze heures de la nuit.

CONCLUSION.

Il y a certaines doctrines dans le catholicisme romain qui sont entrées si profondément dans la vie extérieure de ses enfants et qui sont naturellement douées d'une si grande puissance, qu'elles font paraître cette Église *dans son état actuel* toute différente de celle à laquelle nous appartenons, bien qu'il n'existe pas de différence essentielle entre le *véritable esprit* de l'une et de l'autre. J'entends par *véritable esprit*, celui qui forme la base de notre formulaire; celui dont le formulaire serait le développement verbal, s'il était sincèrement mis en pratique. C'est une question d'ailleurs si le véritable esprit de l'Église anglicane y prévaudra jamais, s'il parviendra à étouffer le virus puritain, à grouper et à vivifier tout le corps de vérités catholiques que notre formulaire possède encore.

Quoi qu'il en soit, je suis profondément frappé de voir la puissance qu'exerce dans l'Église romaine, le grand dogme de la présence réelle. Ce dogme est le centre et la vie de toute l'Église; — c'est le secret appui du prêtre dans sa mission si pénible et si remplie d'abnégation; — c'est par là que les ordres religieux se maintiennent. Les sentiments du plus ardent amour, de l'humilité la plus profonde, les ravissements les plus sublimes entourent sans cesse le saint mystère. Cette religieuse qui adore plusieurs heures en silence, remplacée ensuite par des compagnes qui se succèdent, dans cette veille solitaire, devant le roi des rois présent d'une manière si intime ; cette foule d'adorateurs s'agenouillant au moment solennel et redoutable, où la terre et le ciel sont unis par la descente de l'époux mystique dans les tabernacles de l'Église ; ces ames pieuses qui, plusieurs fois durant le jour, vont s'humilier devant le sanctuaire ; ces congrégations qui terminent la journée par un dernier hommage à la divinité faisant sentir sa présence à toutes les facultés de l'homme, à son esprit, à son ame, à son corps ; tout cela atteste combien le dogme de la présence réelle exerce une profonde influence sur l'esprit du catholique.

Les églises catholiques ne sont-elles pas pour l'ame pieuse plus saintes mille fois que ne l'était jadis le temple de Jérusalem, lorsque la majesté visible de Dieu remplissait ses murailles ? La simple lampe brûlant devant le tabernacle n'indique-t-elle pas une présence incomparablement plus miséricordieuse, plus douce, plus encourageante pour l'homme ? Dans les pays catholiques, l'offrande de ces adorations directes, la contemplation de l'esprit perdu dans les abîmes du mystère de l'incarnation, ne cessent jamais un seul instant du jour ou de la nuit. C'est pour ainsi dire le cri de reconnaissance de l'ame rachetée, qui s'élève sans cesse vers celui qui, ayant résolu de racheter les hommes, n'eut pas horreur de descendre dans le sein d'une vierge.

Quand je compare tout cela avec l'état de choses qui existe dans notre pays, et qui heureusement tend à s'améliorer, quand je compare ce culte majestueux de l'eucharistie avec notre table de sapin ou de chêne couverte d'une nappe rongée par les vers, ou laissée complètement nue, — avec ce chœur tout vide ou encombré de bancs, d'où tout sentiment de respect semble avoir disparu depuis des siècles, — avec cette indigne clôture dominée par les pupîtres et la chaire, et entourée partout de galeries, — quand je songe à cette table sur laquelle nous célébrons une fois par mois à peine, la commémoration du plus grand des mystères, oh! alors, je ne suis pas étonné que les catholiques romains considèrent l'Église anglicane comme une véritable apostasie, comme s'étant éloignée de tout ce qui épure, ennoblit ou élève la foi, pour venir tomber dans un gouffre d'incrédulité.

Toute l'existence du prêtre romain, la compensation de tout ce qu'il souffre, le ressort de tout ce qu'il fait, est dans la demi-heure du jour qu'il passe en face de son Dieu. Quelle faveur inappréciable que celle que l'Église romaine a ainsi conservée, je dirai presque imposée à tous ses ministres! Comment, en effet, le moine et la religieuse pourraient-ils vivre sans cette nourriture sans cesse renouvelée de la sainte Eucharistie et sans la contemplation constante du mystère de l'incarnation? L'Angleterre a banni le moine et la religieuse; dans l'opinion du peuple, en dépit de nos formulaires, le sacerdoce est presque considéré comme une hérésie; notre Église n'a pas dans ses institutions de quoi soutenir le zèle du frère des Écoles chrétiennes et de la Sœur de Charité, et cependant ses pauvres languissent parce qu'ils ont besoin du pain céleste, ses malades se meurent dans les ténèbres du paganisme, et sa jeunesse, ballottée par tout vent de doctrine, est toujours entourée de maîtres, sans arriver jamais à la connaissance de la vérité. Et en même temps qu'elle repoussait le dévouement des ordres religieux, qui rendaient témoignage de l'exubérance de vie renfermée dans les profondeurs de l'Église du Christ, l'Angleterre a répudié aussi le dogme de la présence réelle, non pas de sa doctrine, mais bien en cessant d'avoir cette foi vivante et profondément pratique, qui devrait être le soutien et la récompense de nos labeurs de chaque jour et convertir en consolations toutes les douleurs de l'humanité.

Oh ! puisse l'esprit de Dieu souffler la vie, qui doit animer chacune de nos actions, dans ces anciens formulaires catholiques qui nous reprochent aujourd'hui notre décadence ! — Oh ! puissent ces chœurs larges et profonds de nos anciennes cathédrales, symboles du Christ au tombeau, devenir une fois encore la chambre nuptiale, où le Sauveur ressuscité sera chaque jour en communion avec son Église !

En intime connexion avec ce dogme de l'incarnation et son symbole, la présence réelle, est le dogme de l'intercession des saints, particulièrement de la sainte mère de Dieu : oui, il peut être considéré comme la continuation et la manifestation de l'autre, de telle sorte que là où la présence réelle est pleinement et sincèrement admise, l'intercession des saints sera maintenue et pratiquée dans de justes limites. Car la croyance que notre Seigneur a pris notre chair et communiqué cette chair aux fidèles qui croient en lui, conduit directement à la croyance que ceux qui ont quitté cette terre en paix avec lui et délivrés de toute souillure du mal, vivent et règnent réellement avec lui et ont quelque pouvoir auprès de Dieu. Et s'il en est ainsi pour tout saint qui, par la grâce de Dieu, a été jugé digne de paraître en sa bienheureuse présence, cela ne doit-il pas être vrai, à un degré infiniment supérieur, pour celle que tant de liens unissent au Christ depuis qu'il a pris sa chair virginale ?

Et nous qui sommes engagés dans de si rudes combats, comment n'invoquerions-nous pas les saints et surtout la sainte Vierge, afin qu'ils nous assistent et nous protègent ? Ames et esprits des justes, bénissez le Seigneur, louez-le et glorifiez-le à jamais ! Oui, louez-le et glorifiez-le, en priant et en intercédant pour nous, qui, du fond de notre exil, exaltons votre gloire, pour nous qui, épuisés par les combats de la chair et égarés par l'esprit, sommes néanmoins vos frères par la vertu de la chair et du sang du Dieu fait homme, qui vous a fait ce que vous êtes et qui est pour nous le gage le plus assuré que nous partagerons un jour votre bonheur ! Louez et glorifiez le Dieu qui nous a tous rachetés, en lui demandant pour nous, ses membres souffrants, des grâces plus abondantes. Vous demeurez au pied du trône éternel, mais comme nous, vous avez porté le fardeau de la chaleur du jour dans le désert de ce monde. — et nous ne pourrions pas vous demander de tourner vos regards vers nous et d'intercéder en notre faveur auprès de celui dont vous êtes les membres glorifiés, tandis que nous sommes encore dans l'épreuve ! Une partie de la famille rachetée est avec Dieu, une autre sur la terre ; ne doit-il pas y avoir communion entre elles, alors que l'une a tant besoin de l'autre ? Est-ce diminuer la gloire du Christ ? Quelle étrange aberration d'envisager les choses sous un jour aussi faux ! Certes, c'est une pensée profondément encourageante de savoir que l'on marche en présence d'une nuée de témoins, qui inspirent au cœur catholique l'ardeur qui fait gagner les batailles, qui font sentir à l'homme le plus isolé qu'il n'est pas seul, qu'il est entouré et soutenu par une armée céleste. Aussi l'intercession des saints, surtout de la Vierge-Mère, est une croyance pleine de vie dans les contrées catholiques, elle s'y présente avec le dogme de la présence réelle qu'elle fortifie en quelque sorte. Il est hors de doute que partout où la première de ces croyances n'est pas vivace, la seconde sera bientôt répudiée, peut-être même taxée d'idolâtrie. Effectivement, elle serait en opposition flagrante avec le symbole décharné des unitairiens et des autres sectaires qui leur ressemblent, rejetant, comme ils font, la divinité de Jésus-Christ et refusant de reconnaître dans la Vierge-Mère le sceau et l'empreinte du fils unique du Père ; revendiquant toute gloire pour le Dieu de gloire, comment iraient-ils se prosterner aux pieds de Marie et l'entourer de leurs hommages, elle qui n'est à leurs yeux qu'une femme comme les autres femmes ?

J'ai parlé du prêtre ; un corollaire de la vraie doctrine sur le sacerdoce, c'est l'usage de la confession, vraie force et vrai soutien de la religion dans les pays catholiques. Le rituel anglican se contente de dire à chacun de ses ministres : « Les péchés seront remis à ceux à qui vous les remettrez, et ils seront retenus à ceux à qui vous les retiendrez, » paroles, en effet, qui expriment d'une manière complète la doctrine catholique. Mais l'Église romaine va au delà, non-seulement elle énonce ces paroles, elle les applique. Il faut bien en convenir, l'Église romaine ne tient son influence ni de ce qui frappe les yeux, comme l'éclat de ses chappes, de ses chasubles, de ses processions, de ses cérémonies, majestueux symboles de ses dogmes admirables ; ni de ce qui flatte l'oreille, comme le chant des psaumes et des litanies, le talent persuasif et touchant de la prédication ; tout en ne dédaignant aucun de ces moyens, elle puise sa force plus avant dans l'homme, dans les secrets replis de son cœur. Le vrai chrétien n'est pas celui qui se contente d'assister à la messe ou au sermon ; mais celui qui conserve son ame pure des atteintes du péché ; celui qui, se sentant coupable, se repent aussitôt de sa faute et se soumet aux pratiques que Jésus-Christ a établies pour sa justification. L'action du pasteur sur son troupeau présuppose nécessairement deux choses : la connaissance des cœurs et le droit d'infliger et de ménager des œuvres expiatoires. Mais comment pourrait-il, sans la confession auriculaire, obtenir cette connaissance, corriger et diriger ses ouailles ? En vérité, je ne le vois point ; pas plus que je ne comprends comment il peut, sans ce moyen, exercer le pouvoir de remettre les péchés qu'il a reçu dans son ordination et que Jésus-Christ a légué pour toujours à son Église. Oui, la confession est ce qui unit véritablement le pasteur à son troupeau ; elle est la sauvegarde des bonnes mœurs et le seul remède au péché. Aussi voyons-nous, dans les pays catholiques, le prêtre respecté, aimé et écouté en tout par ses ouailles ; et il n'y a guère que les hommes irréligieux et mondains qui le poursuivent de leur haine et de leurs soupçons. Dans les pays protestants, au contraire, la charge pastorale n'existe que de nom, et les directeurs des ames ne sont que des faiseurs de sermons. Le ministre sait que la contagion ronge ses ouailles, mais ses ouailles ne veulent pas que sa main les touche pour les guérir ; il les voit périr une à une et elles ne veulent pas qu'il vienne à leur secours : ce n'est guère que lorsque le mal est devenu incurable qu'on l'appelle pour recevoir soit l'aveu de son impuissance, soit la protestation complaisante que tout est bien là où tout est mal.

Il est à remarquer que le dogme de la confession est intimement lié avec celui de l'incarnation et de la présence réelle. Jésus-Christ est partout présent à son Église; eh bien! nous le trouvons présent au tribunal de la pénitence dans la personne du prêtre. Je ne concevrais rien de si ridicule ni de si impie que la prétention de remettre les péchés, si le Verbe incarné n'avait dit : « Recevez le Saint-Esprit : les péchés seront remis à ceux à qui vous les remettrez, et ils seront retenus à ceux à qui vous les retiendrez, » et : « Voilà que je suis avec vous jusqu'à la consommation des siècles. » Je le répète, si ces paroles ne sont pas de Dieu, la prétention catholique est le comble de l'impiété ; mais si elles sont de lui et que la confession soit un des grands ressorts qu'il a établis pour la conservation des mœurs, que faut-il penser d'une branche de l'Église de Jésus-Christ, qui néglige ouvertement de mettre en pratique la vérité exprimée dans ces paroles, et qui souffre que l'on nie, qu'on ridiculise et qu'on baffoue impunément cette vérité ? d'une Église qui ne souffle presque jamais un mot de cette vérité à la jeunesse, et qui permet à l'âge mûr de la dédaigner avec hauteur? D'après cette Église les paroles citées exprimeraient la collation d'un pouvoir divin, mais l'emploi de ce pouvoir serait une tromperie du démon : une telle contradiction est-elle admissible dans l'Évangile ?

Ainsi donc, dans cette matière encore, nous n'avons rien de nouveau à croire ; nous n'avons qu'à pratiquer ce que nous professons déjà solennellement.

On le voit, la doctrine de la présence réelle qui se montre à chaque pas, le grand prix que l'on attache à l'intercession des saints et particulièrement de la sainte Vierge, et l'exercice d'un pouvoir divin dans le tribunal de la pénitence, tels sont les traits les plus caractéristiques de la communion romaine. Grâce à ces adorables doctrines dont elle fait la règle de ses pensées et de ses actions, elle se montre telle qu'elle doit être, une autorité vivante : car de même qu'elle prouve la vérité de son enseignement, en disant : « Croyez ce que je dis, parce que je le dis, et je le dis, parce que je le tiens de Jésus-Christ par ses apôtres : » de même elle nous fournit la preuve irrécusable de sa mission, lorsqu'elle dit : « Croyez que je suis l'Église, quand vous me voyez exercer les pouvoirs surnaturels de l'Église. » C'est bien là cette preuve intérieure, cette évidence qui entraîne les convictions ; il n'y a ni syllogisme, ni argumentation, ni discussion ; mais la pratique certaine et tranquille de la vérité, d'après une parole de saint Augustin : *Secure judicat orbis terrarum;* » et en effet, « une ville assise sur le haut d'une montagne ne saurait être cachée. » L'Église anglicane doit donc prouver, en fait aussi bien qu'en théorie, son identité avec l'Église romaine d'où elle tire son origine, en même temps avec la grande communion orientale, qui offre un témoignage de plus en faveur de la vérité et de la pratique catholiques. Son formulaire (*Prayer-book*) possède la plus grande ressemblance avec le système catholique. Continuera-t-elle en fait à donner une interprétation erronée aux paroles de son propre formulaire, ou bien, dans l'application, y attachera-t-elle le sens fixé par ceux chez qui elle les a puisées ! Voilà toute la question.

Parmi les pieuses pratiques d'un ordre inférieur, auxquelles nous avons malheureusement renoncé, il faut compter l'usage de faire à l'entrée des églises le signe de la croix en prenant de l'eau bénite, comme pour diriger son intention et se remplir le cœur de bonnes pensées et de confiance dans les mérites de Jésus-Christ. Nous en dirons autant de l'usage de s'incliner en passant devant l'autel. Quand on compare la manière dont les Anglais, soit dans leur pays, soit à l'étranger, entrent dans la maison de Dieu, avec la décence et le respect qui se remarquent dans les communautés religieuses catholiques, on est frappé d'un douloureux contraste.

Une suppression plus regrettable encore, c'est celle du crucifix qui, pour l'édification des fidèles, devrait toujours figurer d'une manière ostensible dans quelque endroit de l'église, par exemple au-dessus de l'entrée du chœur ou au-dessus de l'autel. Que de fois en France ou en Italie, lorsqu'on passe par quelque village isolé, ou qu'on se trouve au tournant d'un chemin, n'est-on pas heureux de rencontrer un crucifix de grandeur naturelle qui sanctifie le hameau verdoyant ou qui transforme un berceau de feuillage en une sorte de sanctuaire ! Que de fois pendant l'ennuyeuse montée d'une colline, à la vue des stations qui bordent le sentier, ne reporte-t-on pas sa pensée vers la montagne d'ignominie que gravit lentement sous le poids de ses souffrances celui qui est notre unique espoir ! N'est-ce pas un acte de charité envers le voyageur fatigué, de lui mettre sous les yeux l'image fidèle de celui par qui tout labeur devient léger et facile ? Quel est celui qui, en montant les degrés rocailleux du mont Saint-Gothard, ne s'est pas senti rafraîchi et ranimé à la vue de la croix couronnant les hauteurs qui dominent la dernière vallée du côté de l'Italie ? Quand le chemin devient plus étroit et plus raide et qu'il traverse une nature aride et désolée et que les issues paraissent fermées de tous côtés, alors cette croix devient pour l'esprit du chrétien un signe qui lui apprend qu'à travers les plus sombres vallées et les cîmes les plus escarpées, il existe un chemin, quoique nous n'en voyions pas la trace devant nous. Soutenu par la foi, le voyageur monte toujours jusqu'à ce qu'il ait franchi tous les plateaux et qu'il ait atteint le sommet, et alors ce seul chemin se présente et s'ouvre devant lui.

Pourquoi donc l'ouvrier anglais, condamné plus que tout autre aux plus rudes fatigues, serait-il privé de la force et de la consolation renfermées dans ces symboles qui lui diraient que ses labeurs peuvent devenir la voie de son salut? Ses yeux plus ternes et son imagination moins vive n'ont-ils donc besoin de recevoir ni les enseignements de la peinture ni ceux de la sculpture? L'ouvrier montre-t-il plus de respect pour la religion, depuis que l'image de son Sauveur a été soustraite à ses regards? Sa tenue dans les églises dénote-t-elle un cœur plus humble et plus contrit, depuis que ses yeux n'aperçoivent plus le crucifix, représentant l'Homme-Dieu brisé par les souffrances? Quoi! ceux qui pensent que toute la religion consiste à mettre sans cesse en avant le sacrifice de la croix, sont-ils d'accord avec eux-mêmes, lorsqu'ils dérobent soigneusement à nos regards toute représentation sensible de ce même sacrifice? Tout souvenir de notre rédemption doit-il donc disparaître de la surface du pays? Que dis-je, même de l'intérieur de nos églises? Qu'on en finisse avec ce détestable puritanisme, qui laisse le cœur aussi vide que l'imagination, et qui a travaillé avec tant de succès à arracher à l'Angleterre, jadis l'île par excellence de la foi et de l'amour, tout ce qui caractérise extérieurement un pays chrétien. Je le sens et, à ma honte, je suis obligé de le confesser, un pieux catholique romain, venant en Angleterre, loin d'être touché de la pureté de notre foi ou de l'ardeur de notre amour, doit être choqué à chaque pas du manque de respect qui perce dans toute notre manière de penser et d'agir à l'égard des choses saintes. Et c'est là l'atmosphère que nous respirons! Aussi l'instinct même du véritable esprit chrétien est si complètement éteint parmi nous, qu'à moins de sortir du milieu où nous vivons, on ne saurait se rendre compte de l'immensité de nos pertes.

D'un autre côté, il y a certains points de la discipline romaine qui m'ont laissé une impression très-défavorable. D'abord l'usage de la langue latine pour l'administration des sacrements et dans la plupart des offices publics. Que pendant le moyen âge, avant que les langues modernes eussent revêtu une forme régulière, définitive, harmonieuse, alors qu'elles paraissaient comme taillées dans le latin par le glaive des barbares, le clergé n'ait pas voulu profaner un service aussi solennel que le sacrifice de la messe, en se servant d'idiomes grossiers et toujours changeants, je le conçois sans peine, mais cet état de choses est passé depuis longtemps : aussi je ne comprends pas qu'un peuple religieux puisse entendre chanter les psaumes de David et les plus belles et les plus saintes prières qui aient jamais été composées, dans une langue que les fidèles ne comprennent point. Ceux-mêmes qui rendent pleine justice à la fixité et à la beauté impérissable de la langue latine, doivent sentir que c'est un grave inconvénient que des prières qui entraîneraient tous les cœurs, ne s'élèvent pas vers Dieu par l'intermédiaire de la langue maternelle, dont les accents parlent à l'ame de tout homme, par la force secrète d'une foule de locutions sans nom qu'aucune autre langue ne saurait rendre.

Je ne comprends pas comment dans les paroisses rurales, où la musique fait défaut, il soit possible de soutenir l'attention pendant la célébration des offices. Il est vrai que le saint sacrifice de la messe se consomme, quelle que soit la langue dont on se sert ; mais cette admirable harmonie des pensées et des paroles les plus sublimes n'a-t-elle été conçue que pour n'être pas comprise ? Même pendant les messes basses, quand j'avais un livre devant moi, et que je me tenais à peu de distance du prêtre officiant, je ne pouvais rien comprendre du canon de la messe. Quant aux messes chantées, il est de toute impossibilité d'en saisir quelques paroles. Si j'étais catholique romain, cela me ferait souffrir au delà de toute expression. L'usage du latin fournit d'ailleurs aux incrédules un prétexte pour dire que l'Église romaine cherche à faire de ses offices un simple spectacle pour les yeux, que c'est là son but principal ; certes, c'est là une infâme calomnie, mais le déplorable usage de réciter les hymnes et les prières en langue latine, semble lui donner quelque consistance. Si, un jour, comme je le demande ardemment à Dieu, la race anglo-germaine se rallie à la communion de l'Église latine, cet usage devra être modifié en ce qui la concerne. C'est là du reste une affaire de pure discipline ; s'il en était autrement, quelque opinion que je fusse tenté d'adopter sur cette question, je ne m'exprimerais pas ainsi (1).

(1) On s'étonne que l'esprit si judicieux du Rév. Allies n'ait pas rendu justice à la profonde sagesse qui a guidé l'Eglise catholique dans l'adoption du latin pour les prières publiques. Quoi qu'en dise notre auteur, il est certain que les langues modernes sont sujettes au changement : il ne s'écoule pas de siècle sans que bon nombre de mots aient vieilli, sans que d'autres aient changé de signification. Pour mettre une foi *immuable* à l'abri de cette instabilité perpétuelle des langues vivantes, l'Église emploie une langue qui, n'étant plus parlée, n'est plus sujette au changement. L'expérience prouve que l'Eglise a été ici, comme partout, dirigée par une sagesse divine. Les protestants ont voulu employer dans leurs liturgies les langues vivantes, et sans cesse ils se trouvent obligés de renouveler les formules, de retoucher la version de la Bible : de là, des altérations sans fin. Il n'est pas vrai du reste que, par l'usage d'une langue morte, les fidèles se trouvent privés de la connaissance de ce qui est contenu dans la liturgie. Loin de leur interdire cette connaissance, l'Eglise recommande à ses ministres d'expliquer au peuple les différentes parties du saint sacrifice et le sens des prières publiques. Bien plus, elle n'a pas absolument défendu les traductions des prières de la liturgie, par lesquelles le peuple peut suivre dans sa langue ce que le prêtre dit à l'autel. (*Note du traducteur.*)

Pour ce qui regarde l'usage du calice réservé au prêtre officiant seul, c'est là une innovation admise et introduite par l'autorité, et pour laquelle je ne vois pas de motifs plausibles. La doctrine de la concomitance semble, il est vrai, renfermée dans celle de la présence réelle, et moi-même tout le premier, je reculerais d'horreur à la supposition que presque tous les membres de l'Église romaine auraient été privés depuis des siècles de la participation de l'auguste sacrement ; l'on peut même accorder que cet usage de communier sous une seule espèce avait prévalu dans l'Église bien avant qu'il ait été sanctionné, qu'il doit son origine à un sentiment de respect et qu'il rend l'administration du sacrement plus facile. Néanmoins, la nécessité de cet usage ne me semble pas démontrée. En admettant que l'Église ait le pouvoir de l'introduire pour certains cas de nécessité, quand donc cette nécessité existera-t-elle ? Dans l'hypothèse d'une réconciliation entre nos Églises, ce point devrait, sans aucun doute, nous être concédé, comme il le fut jadis au duc de Bavière, quoiqu'il fût disposé à ne pas se prévaloir de cette autorisation (1).

Les prédicateurs dans l'Église romaine ne se servent d'aucun livre en prêchant ; il paraît que les fidèles ne sauraient supporter un discours écrit. Il en résulte que les sermons sont beaucoup plus animés et qu'ils s'adressent plutôt au cœur et au sentiment qu'à l'intelligence. L'esprit français ne supporterait certainement pas les

(1) La coutume de communier les fidèles sous les deux espèces, s'observa jusqu'au 12º siècle : à cette époque elle commença de se perdre. Deux motifs également sages contribuèrent à ce changement de discipline : 1º la crainte de répandre le sang divin, inconvénient majeur qui alarmait extrêmement les ministres de l'Église, et auquel il était néanmoins difficile de remédier, surtout dans les grandes solennités où tout le peuple communiait ; 2º la rareté du vin dans les pays du Nord qui se convertirent à cette époque. — La communion sous une seule espèce n'altère en rien l'intégrité du sacrement. La primitive Église elle-même croyait si peu que ce fût là diviser le mystère, qu'elle avait des jours solennels où elle se contentait de distribuer le corps sacré de notre Seigneur. (*Note du traducteur.*)

discours secs et hachés que nous entendons souvent en Angleterre ; il faut bien l'avouer pourtant, une exposition pleine de logique et de bon sens forme le caractère propre de l'esprit français. Les pays méridionaux supporteraient moins encore le système de prédication en usage parmi nous. C'est, à mon avis, une question importante de savoir s'il ne conviendrait pas de faire entrer dans le cadre de l'éducation de tout prêtre l'art d'exprimer sa pensée sans le secours d'un livre. Les anciens Pères agissaient de même, — et ne formons-nous pas la seule branche de l'Église où l'usage contraire ait prévalu ? Il serait dangereux sans doute pour la plupart de nos prêtres anglicans de traiter en chaire un point important de doctrine, sans avoir leur livre ouvert devant eux ; mais d'un autre côté, il est certain qu'une éducation dirigée dans ce but peut vous faire acquérir l'art d'allier la justesse de la pensée à la facilité de l'élocution. L'orthodoxie n'exige pas nécessairement un sermon écrit. Enfin le talent de développer un sujet donné, sans le secours d'un livre, est un puissant moyen d'influence ; or, qu'est-ce qu'un prêtre sans influence ?

Il n'y a pas à mon avis de spectacle plus intéressant au monde que celui qu'offre l'Église de France. Cinquante ans se sont à peine écoulés depuis qu'elle a subi le choc d'une révolution à laquelle aucune autre Église n'aurait résisté, et voilà que déjà elle compte quarante mille prêtres, travaillant sous la direction de quatre-vingts évêques, à la grande œuvre qui a pour but de ramener le pays à la foi. Dépouillés de toutes possessions territoriales, privés de toute influence politique comme corps, ne possédant pas même en nom propre une seule chapelle, un seul presbytère, un seul palais épiscopal, réduits à un état de pauvreté vraiment évangélique, recevant de l'État un traitement aussi chétif que s'ils étaient des commis de bureaux, vivant sous un gouvernement jaloux de toute autorité spirituelle, au sein d'une nation gangrenée d'incrédulité, ces prêtres, malgré tous ces obstacles, gagnent du terrain chaque année et font sentir leur influence : aux entreprises de l'ennemi, ils opposent un front serré devant lequel le despotisme centralisateur lui-même est forcé de s'arrêter, car il pèse parfois les conséquences d'un conflit et recule souvent devant les suites d'une agression.

Au centre de la corruption parisienne, il existe, d'après ce qu'on m'a assuré, un noyau de cinquante mille convertis, l'or pur de l'Église, qui travaillent sans cesse à élargir leur cercle. L'incrédulité elle-même s'occupe du mouvement religieux, elle le craint, elle voudrait chasser volontiers les champions les plus éprouvés et les plus valeureux de l'Église, — deux cents hommes isolés qui ont commencé leur apostolat en faisant le sacrifice de leur fortune. — Comment tout cela s'est-il fait ? Quelle est la puissance qui fait progresser l'Église, malgré une si effrayante disproportion de forces ? Ne rougissons pas de l'avouer : *c'est la puissance de la croix*; et si jamais fait fut établi d'une manière évidente, c'est celui-là.

L'évêque réside dans un palais qu'il n'a pas même les moyens d'entretenir d'une manière convenable ; ses revenus sont moins élevés que ceux d'un petit commerçant ou d'un procureur de campagne ; il n'a pas d'autres objets sur lesquels il puisse reporter ses soins et son affection que ses cinq cents prêtres, qui, avec un salaire de manœuvres, et chargés néanmoins de la direction intime des ames, le regardent comme leur chef et leur soutien, leur défenseur et leur champion. Chaque village possède au moins un homme, qui n'est plus attaché à la terre que par des liens spirituels, et qui est membre de la vaste hiérarchie, par laquelle le Rédempteur gouverne visiblement le monde. Presque entièrement dégagé des choses du temps, il participe d'autant plus étroitement à celles de l'éternité ; il reproduit jusqu'à un certain point l'image fidèle de Melchisédech.

Une distance bien faible nous sépare, et cependant l'Église de France nous offre des évêques qui ne reçoivent annuellement que 400 liv. (fr. 10,000), des archevêques 600 liv. (fr. 15,000), tous attachés au célibat religieux, dirigeant consciencieusement leur clergé, serrant leurs rangs contre l'ennemi, et ne craignant rien, ne fût-ce que par le motif qu'ils n'ont rien à perdre, se tenant enfin au poste où doit se tenir un évêque, au premier rang dans la lutte contre l'impiété. Elle nous montre aussi le prêtre détaché de tous les liens humains, reproduisant déjà, dans sa vie, cet état parfait où il n'y aura plus ni époux, ni femmes; elle nous le montre élevé bien au-dessus de tous les autres hommes, quelque infime que puisse être sa condition matérielle.

Considérons maintenant la pratique et les usages de notre propre Église, dans son état actuel, et comparons-la à l'Église de France. Dans celle-ci, chaque évêque, chaque prêtre offre journellement le redoutable sacrifice. Tous les jours, il doit paraître devant la face auguste de celui qui ne souffre rien d'impur en sa présence : tous les jours, il va s'armer pour les combats spirituels qu'il doit soutenir pour lui et pour les autres, en recevant « le pain de la vie éternelle et le calice du salut éternel. » Dans notre Église, au contraire, le prêtre ne s'approche que rarement, une fois par mois d'ordinaire, de la source de vie et de santé. Mais pour s'approcher du sacrement, quelle est la condition interne requise de l'un et de l'autre? Le prêtre catholique romain est soumis à une direction spirituelle; il a appris, comme un des premiers éléments de la vie spirituelle, qu'il doit examiner constamment et rigoureusement sa conscience, et que pour chaque péché commis volontairement après le baptême, il doit faire pénitence et se confesser. Le prêtre anglais est abandonné à lui-même dans cette œuvre si difficile pour la fragilité humaine, la direction de son propre état intérieur; il est livré à lui-même sans boussole, sans *carte* qui l'avertisse des écueils cachés ou du chemin qu'il a déjà parcouru : loin de là, tout ce qu'il y a de plus essentiel dans la vie spirituelle y est laissé en blanc. Comment dès lors pourrait-il diriger les autres, lui auquel on n'a jamais enseigné à se conduire lui-même, ni à se soumettre à la direction d'autrui?

Quant aux devoirs du prêtre dans les deux Églises, les voici : dans l'une, le devoir capital, celui qui l'emporte sur tous les autres, c'est la conduite des ames chargées du poids de leurs fautes, ou arrivées à différents degrés de perfection ; le ministère extérieur, qui s'exerce par la prédication, est beaucoup moins important que celui-là. Dans notre Église, au contraire, c'est le ministère extérieur seul qui existe dans un certain degré d'efficacité. Il n'y a pas un prêtre anglican sur cent qui ait jamais été appelé à recevoir une confession ou à expliquer les termes de la réconciliation à une ame coupable. Et cet état de choses est devenu si général, que la notion du prêtre s'est perdue dans la plupart des paroisses : c'est le ministre et le prédicateur qui ont pris sa place.

Dans l'Église romaine, un corps de doctrines immuables et une ligne de prédication uniforme sont adoptés pour les catéchismes des paroisses. Dans la nôtre, il arrive fréquemment que deux prêtres attachés à la même église ont à se mettre d'accord sur les premiers principes de la doctrine chrétienne, à se demander s'il y a ou non un sacerdoce chrétien, si les sacrements confèrent ou non la grâce.

Enfin, l'Église catholique possède ses ordres religieux et les conseils de la vie parfaite pour les ames les plus avancées dans la piété : chez elle, le célibat est la condition de toute vocation élevée dans l'ordre spirituel. Dans notre Église, s'il faut en juger d'après la pratique des choses, il est douteux si les conseils de la vie parfaite ne sont pas une invention de l'esprit du mal et si la doctrine qui regarde le célibat religieux comme méritoire, ne diminue pas les mérites du sacrifice offert sur la croix.

Nous pourrions pousser plus loin ce contraste, mais c'est une tâche pénible d'avoir à montrer comment l'anglicanisme (j'entends par là, non pas le système de notre Formulaire *prayer-book*, mais celui qui, dans la pratique, a prévalu sur une vaste échelle dans le sein de l'Église d'Angleterre) est de l'or abondamment mêlé d'argile. Une œuvre divine se trouve aujourd'hui entravée par le mélange d'éléments hétérodoxes; mais prions et espérons que, par la grâce miséricordieuse de Dieu, il nous reste encore une semence, qui, en son temps, produisant les œuvres de charité les moins équivoques, prouvera ainsi son identité avec l'ancienne Église de l'*Ile des saints*, et nous montrera un seul troupeau réuni sous un seul pasteur.

« Christ only, of God's messengers to man,
Finished the work of grace which He began.
List, Christian warrior, thou whose soul is fain
To rid thy mother of her present chain; —
Christ wil unloose His Church; yea, even now
 Begins the work, and thou
Shalt spend in it thy strength, but, ere He save,
 Thy lot shall be the grave (1). »

L'éducation du clergé français est confiée en grande partie à la congrégation de Saint-Sulpice, qui est vouée comme de juste au célibat et dont les membres ne sont pas rétribués, mais reçoivent seulement la nourriture et le vêtement. Ils enseignent nécessairement un dogme uniforme, bien entendu dans le cercle de doctrine suffi-

(1) « Le Christ seul, envoyé de Dieu vers les hommes, achève l'œuvre de grâce qu'il a commencée. Ecoute, soldat du Christ, toi dont le cœur est disposé à briser les chaînes qui retiennent ta Mère captive ; le Christ va délivrer son Eglise; oui, en ce moment même, il met la main à l'œuvre : vous y consumerez vos forces, mais, avant qu'il ait assuré son salut, vous serez descendu dans la tombe. »

samment large sur lequel l'Église a opposé son sceau immuable. En outre, ils forment le sacerdoce d'après un seul et même type et font régner une discipline uniforme parmi tous ceux qui sont confiés à leurs soins. Il en résulte que tous ceux qui sortent de leurs mains, après avoir subi divers examens publics et privés, sont des combattants aguerris et expérimentés, but vers lequel tend l'éducation des Sulpiciens. Il y a plus : dès le principe, ils s'efforcent de donner à la vie sacerdotale un caractère de piété austère et de renoncement; ils suivent littéralement le conseil de l'Apôtre : « pas d'hommes qui soient attachés aux affaires de ce monde. » Les parents qui consentent à laisser embrasser le sacerdoce par leurs enfants, en parlent comme d'une « vie de sacrifice; » ceux qui songent à y entrer l'envisagent sans cesse sous ce point de vue et peuvent apprécier l'étendue de ce sacrifice avant de faire le premier pas. Il y aura peu de situations dans leur vie qui demanderont une abnégation plus complète que celle à laquelle ils se sont préparés dès le principe.

Tout cela ne nous indique-t-il pas par où nous devons commencer la réforme de notre Église? Pour que les laïques puissent devenir pieux et zélés, il faut évidemment que le clergé reçoive d'abord un *enseignement uniforme* : « les lèvres du prêtre devraient apprendre la loi, et les fidèles devraient la chercher dans sa bouche. » Mais, on le sait, il existe une incompatibilité absolue entre la Haute-Église (*High Church*) et la Basse-Église (*Low-Church*), sans parler de toutes les opinions et nuances intermédiaires ou qui se placent en dehors d'elles. D'accord sur le dogme de la Trinité, elles se séparent ensuite. En deçà de ce dogme, l'Église anglicane enseigne à ses prêtres une doctrine constante et les soumet à des règles sévères et uniformes, mais elle ne peut espérer aller au delà, de peur que d'interminables divisions et hérésies ne s'élèvent aussitôt pour lui déchirer le sein. L'existence des séminaires et la Congrégation de Saint-Sulpice sont le fruit d'une réforme dans l'Église romaine. N'avonsnous rien à réformer chez nous, non pas en introduisant des nouveautés, mais en revenant à d'anciennes pratiques? Les empiètements continuels du monde sur l'Église nécessitèrent la création des séminaires, comme lieux de retraite pour les aspirants aux saints ordres; et quand, par suite de la révolution, les cours d'études des universités furent entièrement sécularisés, on reconnut aussi la nécessité d'éloigner les aspirants de ces cours, et de leur procurer, dans l'enceinte du séminaire, tout ce que leur position réclamait, tant sous le rapport de l'instruction que par rapport à la direction intérieure. Pour ce qui concerne les études, ce plan n'est pas encore totalement réalisé; mais il est en voie de l'être. Or, le besoin qui s'est fait sentir autrefois dans l'Église de France n'existe-t-il pas au même degré parmi nous? Nos universités sontelles une école convenable pour préparer un jeune homme à une vie de patience, de renoncement et de mortification? Y trouve-t-on le caractère sacerdotal? Y connaît-on un dogme unique? N'est-ce pas là précisément que le contrôle moral s'est relâché et que des habitudes de tolérance se sont introduites? Y fait-on le moindre effort pour former l'homme à la vie intérieure et pour discerner la vocation religieuse? Ah! n'est-ce pas la plus sévère censure du système de nos universités, que la simple énumération de toutes ces lacunes? Quoi! sans qu'il ait reçu aucune éducation spéciale, sans qu'il ait la moindre connaissance de son état intérieur, le jeune homme qui a fréquenté toutes les sociétés sans distinction, qui n'a fait que des études presque exclusivement classiques ou mathématiques, qui s'est livré à toute sorte de plaisirs mondains, les courses de chevaux, les voyages, et cela à l'époque de la vie où son innocence court le plus grand danger, ce jeune homme, on s'en empare, on en fait un prêtre, et on l'envoie comme « médecin des âmes » dans une paroisse! Peut-on imaginer un état de choses plus profondément corrompu dans la pratique? Peut-on trouver un système plus complètement opposé à celui adopté par l'Église que l'on désigne proverbialement parmi nous sous le nom de « corrompue? »

Il n'y a pas de doute, l'établissement d'un système de séminaires, un cours de forte discipline morale pour les aspirants aux saints ordres, enfin l'enseignement d'une doctrine uniforme, telles sont les conditions indispensables de tout progrès dans le bien. Dieu veuille que l'heure de toutes ces réformes puisse sonner un jour!

L'absence d'un type fixe dans le clergé et d'un enseignement dogmatique uniforme a été la source d'un autre mal dans notre Église. En France comme en Angleterre, l'État a cessé d'être catholique ou chrétien. En prenant les choses au mieux, il y a toujours du danger à ce qu'un pouvoir qui n'est pas nécessairement religieux, s'arroge le choix de ceux qui doivent remplir les chaires apostoliques. Mais ce danger est beaucoup moins grave en France, parce que l'État doit au moins y fixer son choix sur un homme qui a reçu une éducation sacerdotale, qui a été formé par l'auguste mère des chrétiens, d'abord comme son enfant et puis comme son ministre, et qui, sous quelque dénomination qu'il soit appelé à la servir, reconnaîtra toujours son caractère divin d'épouse de Jésus-Christ, et défendra avant tout ses droits imprescriptibles. Telles sont les garanties de l'Église de France: elles sont insuffisantes sans doute, mais c'est au moins quelque chose; et si, par hasard, les qualités indispensables faisaient défaut à l'élu du gouvernement, le saint-siége conserve le droit de lui refuser l'institution apostolique. En Angleterre, au contraire, par suite de cette déplorable diversité de croyances qui règne au sein de l'Église elle-même, par suite de l'absence complète d'enseignement dogmatique, l'État peut choisir à son gré l'Erastien, le Latitudinaire, le Sabellien, le membre de la Basse-Église, l'homme, en un mot, dont il a besoin pour exécuter ses projets hostiles contre l'Église, et qu'il place ainsi dans une position d'où il commande l'obéissance aux fidèles. Fatal pouvoir dont nous subissons aujourd'hui les tristes conséquences.

Sur d'autres points encore, il règne un contraste frappant entre les deux Églises. En France, il existe, nous l'avons vu, différentes communautés, les pères Lazaristes, les Missions étrangères, etc., spécialement fondées pour l'instruction de ceux qui désirent se consacrer à l'œuvre des missions. Dans ces divers instituts, on examine avec soin les dispositions d'esprit, l'aptitude spéciale, la vocation, en un mot, de ceux qui se présentent pour une œuvre si souverainement difficile ; des hommes qui ont eux-mêmes travaillé dans les missions et qui partant réunissent les avantages d'une longue expérience, dirigent les études et la discipline ; enfin on n'accepte pour les travaux apostoliques que les jeunes gens qui montrent une aptitude toute particulière et une piété franche et solide. Et nous, quelle espèce d'ouvriers envoyons-nous au loin, pour être les sentinelles avancées de l'Église dans ses assauts contre les forteresses du paganisme ? Comment les avons-nous éprouvés, instruits, disciplinés ? Hélas! ce sont des hommes qui n'ont pas trouvé à se placer en Angleterre, par suite de leur éducation négligée ou pour d'autres motifs encore, des hommes qui cherchent à gagner leurs 300 liv. (fr. 7,500) par an et à se marier sur les revenus que leur procure la place de missionnaire, ou bien encore des luthériens de Bâle, entrés par contrebande dans le sein de l'Église anglicane, grâce à l'intervention de la Société des Missions. N'a-t-on pas vu, dans ces derniers temps, quantité de nos missionnaires, qui n'avaient pas même reçu les ordres !

A l'institut des Missions étrangères, afin d'enflammer le zèle des jeunes lévites, on conserve les ossements et les reliques de ceux qui, dans les pays étrangers, ont versé leur sang pour le Christ. Il y a eu, dans ces dernières années, plusieurs martyrs en Chine, qui, s'ils avaient été épargnés, se trouveraient aujourd'hui dans toute la force de l'âge. Tout récemment encore, deux missionnaires ont été condamnés à mort dans ce pays : l'un fut exécuté ; l'arrivée fortuite d'une frégate française, le matin même du jour fixé pour le supplice de l'autre, sauva la vie à ce dernier. Il retourna en France, et quand il arriva aux Missions étrangères, on lui montra, parmi d'autres reliques, les os de son compagnon avec lequel il faillit mourir. A cette vue, ses forces semblèrent l'abandonner ; il put à peine se soutenir et il s'écria : « Ah! pourquoi cette malheureuse frégate est-elle apparue ! Sans elle, mes os reposeraient ici et mon ame serait au ciel! »

Laissons maintenant l'Église de France, pour jeter un coup d'œil sur le corps tout entier dont elle n'est qu'un des membres, membre important, il est vrai.

Le but que j'ai voulu atteindre par les pages qui précèdent, c'est de présenter aux esprits loyaux et sincères un ensemble de faits qui, sans cela, leur échapperaient peut-être. Les faits ont une existence objective : nous avons beau fermer les yeux pour ne pas les voir, ils ne continuent pas moins d'exister. Le soleil luit, quoique les aveugles n'aperçoivent pas ses rayons ; la sagesse crie sur les toits, lors même que personne ne l'écoute. Les faits les plus importants qui se rencontrent dans l'Église romaine ne sont pas tant ceux qui se rattachent aux individus que ceux qui se rapportent à l'Église tout entière ; comme, par exemple, son extension universelle, sa doctrine, sa discipline extérieure, son principe de vie, sa puissance créatrice et expansive. Si nous considérons l'Église romaine sous ces différents points de vue, en la prenant simplement comme un fait, tel que la monarchie britannique par exemple, ce n'est pas trop dire que de proclamer qu'aucune œuvre d'art, aucune découverte du génie, aucun système de philosophie, aucune histoire des travaux ou des souffrances de l'humanité, aucune assemblée scientifique, aucune confédération de monarques ou de peuples, aucune civilisation ancienne ou moderne, que rien, en un mot, de ce qui a fait l'objet des recherches et des discussions de l'homme, n'est aussi digne d'une étude patiente et d'une méditation respectueuse que ce grand fait qu'on appelle l'Église romaine. Voici quelques considérations sur lesquelles s'appuie cette opinion :

I. La hiérarchie catholique se rattache au pape comme à son centre d'unité ; elle voit en lui le chef visible de l'Église sur la terre. C'est de lui que tous les évêques reçoivent l'institution canonique, c'est-à-dire ce qui leur confère la juridiction spirituelle. C'est pour ce motif que les évêques signent : « Evêque par la miséricorde de Dieu et la grâce du saint-siége apostolique. » Quant au nombre des évêques et quant aux pays où ils sont répandus, j'en ai dressé le tableau suivant, avec toute l'exactitude possible.

EN EUROPE.

	Archevêques	Evêques.
Autriche	9	23
Hongrie	3	22
France	15	65
Espagne	8	53
Belgique	1	5
Prusse	2	6
Hanovre	—	2
Bavière	2	6
Bade	1	4
Angleterre / Ecosse { vicaire apostol. (1). }		11
Irlande	4	23
Portugal	4	17
Pologne	1	8

(1) Le *Journal* du Rév. Allies parut avant le rétablissement de la hiérarchie en Angleterre. (*Note du traducteur.*)

Suisse.	—	4
Russie.	1	5
Hollande ⎱ vic. apos. (1).	—	5
Norwége et Suède ⎰	—	1
Grèce.	1	3
Iles ioniennes.	1	1
Turquie.	3	4
Epire.	1	1
Servie.	1	—
Bulgarie (vicaire apostolique).	—	1
Archipel (id)	—	2
ITALIE.		
Milan et Venise.	2	17
Modène.	—	4
Naples et Sicile.	22	81
Parme.	—	4
Etats de l'Église.	8	62
Sardaigne.	7	34
Toscane.	4	18
Malte.	1	—
Total en Europe.	102	498

EN ASIE.

	Patriarch.	Archevêq.	Evêq.
Asie Mineure.	—	—	2
ORIENT (SYRIE, ETC.)			
Maronites.	1	1	2
Syriens.	1	1	4
Melchites.	1	6	5
Arménie, Cilicie.	1	—	—
Babylonie, Chaldée.	1	4	5
Inde.	—	1	1
Syrie.	—	—	1
Arabie.	—	—	2
Perse (vicaire apostolique).	—	—	1
Inde.	—	—	7
Asie du Gange.	—	—	6

(1) Même observation pour la Hollande.

Chine	Evêques.	—	—	3
	Vicaires apostoliques . .	—	—	10
Total en Asie.		5	20	49

EN AFRIQUE.

	Evêques.
Egypte	2
Cap et Ile Maurice	2
Alger.	1
Ceuta et Tanger, îles portugaises. . .	2
Total en Afrique.	7

EN AUSTRALIE.

	Archevêque.	Evêques.
Australie	1	3
Nouvelle Zélande.	—	1
Batavia.	—	1
Polynésie. . . . , . .	—	3
Total en Australie . . .	1	8

EN AMÉRIQUE.

	Archevêques.	Evêques
AMÉRIQUE DU NORD.		
Possessions anglaises.	1	5
Etats-Unis.	1	23
Mexico.	1	10
Amérique centrale.	1	4
Indes occidentales.	1	2
AMÉRIQUE DU SUD.		
Etats-Unis du Sud	1	8
Venezuela.	1	2
Bolivie.	1	2
Pérou.	1	4
Chili.	1	4
Paraguay.	—	1

Plata.	1	3
Brésil	1	7
Vicaires apostoliques.		
Possessions anglaises.	—	2
Texas	—	1
Antilles.	—	3
Haïti.	—	1
Guyane	—	2
Total en Amérique.	12	84

TOTAL.

	Patriarches.	Archevêques.	Evêques.
Europe.	—	102	198
Asie.	5	20	49
Afrique.	—	—	7
Australie	—	1	8
Amérique	—	12	84
	5	135	646

L'Eglise romaine constitue donc un empire spirituel, qui s'étend à tous les continents, qui pénètre les nations les plus différentes de mœurs, de caractère, d'origine et de langage. Quoique dans un petit nombre de ces pays, les autres communions chrétiennes comptent un plus grand nombre d'adhérents, néanmoins l'Église romaine l'emporte sur toutes les autres, sous le rapport de l'extension et de l'unité, et nulle autre n'a la prétention d'être universelle comme elle. Sa mission s'exerce nécessairement en ce monde, tantôt d'accord, tantôt en opposition avec le pouvoir civil; elle ne se propose néanmoins d'autre fin que les rapports de l'homme avec le monde surnaturel; à ce point de vue, elle forme réellement « un royaume céleste » sur la terre, royaume dont tous les membres sont étroitement unis sous un seul chef.

II. Il y a plus : cette hiérarchie si étendue, si nombreuse, si unie, est en possession d'un vaste corps de doctrine, qu'elle déclare tenir de Dieu par les apôtres. Ce corps de doctrine est uniforme, cohérent, systématique, embrassant toutes les relations de l'homme avec Dieu, depuis la création du premier homme jusqu'au jugement universel du monde. — Ces évêques et les prêtres qui leur sont soumis ne discutent pas sur ces doctrines : tout ce qui concerne la vie du chrétien a été, depuis longtemps, clairement défini et arrêté. Sans doute, dans le cours de dix-huit siècles, maintes discussions ont surgi ; mais elles ont été terminées par le consentement commun. Ceux qui n'ont pas accepté la doctrine admise par le corps tout entier, se sont par cela même retirés de son sein, tandis que la vérité est sortie de ces contestations plus claire et plus nettement définie. Cette doctrine, d'ailleurs, se prétend révélée, et comme toute révélation doit être partielle, semblable à un rayon de lumière qui, luisant au milieu des ténèbres, les pénètre de toutes parts, tout en laissant une infinité d'espaces dans l'ombre, de même il y a une foule de questions touchant plus ou moins au dogme, mais qui n'y sont pas comprises, ou qui n'ont pas été décidées par l'Église. Assez de points toutefois sont fixés du consentement de toute la hiérarchie, pour qu'il ne reste aucun doute chez le chrétien, sur tout ce qui concerne le salut, ou sur les moyens pratiques d'y arriver. Sur tous ces points, il n'y a aucune divergence de doctrine, séparant ceux qui les professent en plusieurs camps distincts ; il n'y a aucune opposition de principes, se traduisant ensuite en divisions extérieures. Le dogme forme un tout logique. Si des doutes nouveaux, suscités par l'activité de l'esprit, s'élèvent sur quelque point non encore fixé, aussitôt la hiérarchie catholique, soit collectivement, soit par son adhésion tacite à la voix de son chef, déclare et décide le point controversé. Ce corps de doctrines confié à la garde de la hiérarchie et enseigné par elle, forme ce qu'on appelle la *Foi*, et doit nécessairement être admis et cru par tout membre de l'Église. Il est clair qu'un tel corps de doctrines ne peut exister sans un pouvoir co-existant pour déclarer à toute époque ce qui en fait partie ou non ; car si la doctrine était simplement inscrite dans un livre, des disputes interminables s'élèveraient pour fixer le sens et la portée du texte écrit. De même la loi anglaise, travail des siècles, est renfermée dans un grand nombre de volumes, mais n'en demande pas moins pour son application journalière qu'une autorité judiciaire suprême vienne décider les questions. Le souverain dans ses cours de justice, déclare la *Loi* ; l'Église déclare la *Foi* ; en matière civile, un *gouvernement* ; en matière spirituelle, une *infaillibilité* : sans quoi, dans l'Etat pas d'*autorité* ; dans l'Église, pas de *croyance* ; *anarchie* ici, et là *hérésie*.

III. En troisième lieu, ce grand empire spirituel, avec cette hiérarchie si étendue et néanmoins si étroitement unie, avec ce corps de doctrines à la fois si bien défini, élève un tribunal pour le cœur et la conscience de chacun de ceux qui lui appartiennent. En vertu des paroles adressées par son divin fondateur, ce tribunal s'interpose, comme une autorité vivante, entre l'homme et son Dieu : il exerce le pouvoir de son chef, c'est en son nom qu'il retient ou remet les péchés. Sans s'occuper de l'orgueil, de l'amour-propre, de l'indépendance de la nature humaine, il pénètre jusque dans les plus intimes retraites de la conscience et force chaque homme à entendre sur terre la voix du juge des vivants et des morts.

L'autorité qu'exerce ici l'Église est si vaste, si effrayante, d'une importance si incalculable pour ceux qui vivent sous sa loi ; elle est enfin si élevée au-dessus de la nature humaine, qu'un tel pouvoir ne peut être que divin ou diabolique.

Depuis des siècles, il a été l'objet d'accusations et d'attaques nombreuses ; néanmoins, il subsiste, et il n'y a aucun symptôme qui indique qu'il soit à la veille de disparaître ou de se modifier. Il subsiste sous toutes les formes de gouvernement : sous la monarchie absolue ou constitutionnelle, comme sous la démocratie la plus effrénée, dont le vrai symbole est l'indépendance absolue de la volonté de l'homme. Et, chose remarquable, les hommes les plus pieux et les plus saints se sont soumis à ce pouvoir ; les hommes dont la vie fut un sacrifice continuel de leur temps, de leurs travaux, de leur volonté et de leurs souffrances, sont ceux qui ont montré le plus de zèle pour défendre le tribunal de la conscience humaine et pour s'en approcher. Il a toujours choqué les incrédules et formé les saints.

IV. Ce n'est pas tout. Cet empire spirituel ne craint pas de demander l'offrande des plus chères affections de la nature humaine au service continuel de Dieu. Il exige de tous ceux qu'il admet à enseigner sa doctirne, qu'ils renoncent à la liberté de s'engager dans ces liens que l'Evangile lui-même ne cherche pas à proscrire, mais qu'il sanctifie. Cette Église qui honore le mariage comme un sacrement, demande cependant à tous ses ministres de s'en abstenir. L'Église les considère comme sa milice ; elle ne veut « d'aucun homme qui se soit embarrassé dans les affaires de ce monde. » Et il se trouve une multitude d'hommes et de femmes qui acceptent cette condition et y ajoutent très-librement les vœux de pauvreté et d'obéissance. Et en retour de tous ces sacrifices, l'Église ne leur promet qu'une seule compensation, bien grande il est vrai, mais confirmée seulement par la foi, c'est que plus ils auront renoncé aux jouissances que nous offrent les créatures, plus ils auront soumis leur volonté à celle de leur prochain, — plus grande aussi sera leur part dans l'héritage céleste, plus grande l'union de leur volonté avec celle de leur Créateur.

C'est de cette vie surhumaine, fondée sur le renoncement et soutenue par l'amour de Dieu, que dépendent toutes les grandes œuvres de l'Église romaine. Non-seulement cette vie est requise de la hiérarchie tout entière, de tous ceux qui sont chargés d'enseigner publiquement la foi, l'Église romaine va plus loin : elle ne confie l'éducation de l'enfance, dans toutes les classes de la société, elle ne confie le soin des pauvres et des malades qu'à ceux qui donnent une preuve si étonnante de la sincérité de leur vocation.

V. Enfin, cette Église entretient un grand nombre d'institutions ou de congrégations d'hommes et de femmes spécialement destinés à propager son empire parmi les nations infidèles ou païennes. Aux conditions énumérées plus haut, ils doivent joindre une aptitude toute spéciale pour cette œuvre si laborieuse et si difficile, un détachement plus complet de toute vanité, de toute récompense, de tout bonheur, de tout bien-être. On voit des sœurs de Charité aller au delà des mers pour partager les travaux des missionnaires qui vivent au milieu des sauvages, afin d'en faire des hommes d'abord, et des chrétiens ensuite ; les uns et les autres partent sans fondation assurée, sans ressources, s'abandonnant à la divine Providence, et comptant sur le travail de leurs mains pour pourvoir à leur subsistance ; ils confient leurs jours à la mauvaise foi et à l'inconstance du sauvage, lui prouvant par le sacrifice qu'ils ont fait de leur patrie, que la charité est le seul mobile de leur existence et de leurs travaux. Aussi le sang des martyrs n'a-t-il pas cessé de couler. Depuis le commencement de ce siècle, soixante-dix chrétiens en Chine, au Tong-King et en Cochinchine ont donné leur vie pour rendre témoignage de leur foi en Jésus-Christ ; quelques-uns de ces martyrs étaient français ou espagnols, mais plusieurs aussi étaient des prêtres et des catéchistes indigènes, appartenant à une des races les plus énervées de l'Orient, que la grâce de Dieu avait fortifiés à tel point qu'ils endurèrent, à peine convertis, des tourments qui surpassaient les tortures des chrétiens des premiers siècles de l'Église.

Ah ! quelle que soit l'imperfection des agents humains, n'est-ce pas assez pour nous faire voir dans tout cela l'œuvre de Dieu et son pouvoir surnaturel ? Et ne devons-nous pas, chacun dans notre sphère, travailler et prier pour la réconciliation et l'unité ; pour l'aplanissement des obstacles, pour l'union intime, en un mot, de toutes les Églises chrétiennes ? Dieu seul peut opérer ces choses : que telle soit donc la première et la dernière demande que nous lui adresserons chaque jour :

« O vous, qui disposez toutes choses pour ramener les hommes vers vous, afin qu'ils puissent jouir un jour de votre divine présence, de votre gloire éternelle ; vous qui avez fait éclater la vérité de votre Évangile par tant de miracles étonnants, par l'admirable conversion de vos saints, par leur patience surnaturelle dans les tourments, par la puissance irrésistible qui implanta la foi chez tous les peuples de la terre, sans employer la force, la discussion, ni la contrainte, — mettez un terme aux schismes qui déchirent l'Église, étouffez les clameurs orgueilleuses des nations ; ramenez ceux qui sont égarés dans votre sainte Église catholique, apostolique ; et reconnaissant en nous des enfants de lumière, recevez-nous tous dans votre royaume.

« Daignez, ô Seigneur notre Dieu, nous accorder votre amour et votre paix ! »

CONCLUSION.

Le lecteur qui a suivi le Rév. Allies dans ses recherches pour trouver la vérité, apprendra avec bonheur que cette ame si sincère et si loyale a complétement ouvert les yeux à la lumière.

La publication de son livre fut un coup terrible pour l'Église anglicane déjà ébranlée par la retraite de ses plus illustres enfants, Newmann, Manning et Spencer; l'évêque d'Oxford eut quelques velléités de poursuivre l'auteur. Peu de temps après, éclata la fameuse affaire *Gorham* qui mit à nu toutes les misères intérieures de l'anglicanisme et le vide effrayant de ses doctrines.

Dès ce moment, Allies n'hésita plus : il se démit de sa cure de Launton, et rentra dans le sein de l'Église catholique. Son ami, le Rév. J.-H. Wynne, *Fellow* du collége d'*All-Souls* à Oxford, qui fut son compagnon de voyage en France et en Italie, suivit son exemple et se convertit peu de temps après à Jérusalem.

En se démettant de la cure de Launton, pour suivre la voix de sa conscience, M. Allies a renoncé à un bénéfice de 900 liv. (22,500 francs) qui y était attaché; il s'est condamné lui et sa famille à un état de gêne voisin de l'indigence. Pendant plusieurs mois, il s'est trouvé sans pain, occupant deux misérables chambres dans un faubourg de Londres.

La vérité seule peut obtenir de tels sacrifices : ils honorent celui qui les accomplit, ils prouvent la vérité de la doctrine qui les inspire.

FIN.

TABLE.

Préface.	III
Introduction.	XIII
La séparation et ses conséquences fâcheuses. — Préjugés mutuels.	XIV
Différence en fait, non en principe. — Position de l'Eglise en France.	XVI
Incrédulité générale.	XVII
Congrégations de missionnaires.	XVIII
Etablissements consacrés à l'éducation religieuse.	XIX
Esprit du présent ouvrage.	XX
Petit séminaire d'Ivetot.	21
Discipline de la maison. — Catéchisme.	22
Réfectoire. — Emploi de la journée.	24
Les Églises de Rome et d'Angleterre.	25
Caudebec. — Son église.	26
Jumièges. — Saint-Georges-de-Bosscherville.	27
Rouen. — Curé de la cathédrale.	29
Frères des Ecoles chrétiennes.	30
Grand'messe à la cathédrale.	31
Notre-Dame-de-Bon-Secours. — Tablettes *ex-voto*.	32
Culte de la sainte Vierge. — Ecole dans l'ancien *attre* de Saint-Maclou.	34
Dames de l'adoration du Saint-Sacrement.	35

Mantes. — Eglise de Notre-Dame. 36
Paris. — Sœurs de Charité. 37
Séminaire de Saint-Sulpice. — Emploi de la journée. 39
Etudes. — Règlement de vie. 40
Ordre des exercices de la retraite annuelle. 42
Jeûnes et abstinences. — Les professeurs ne reçoivent aucun traitement. 44
Chapelle des religieuses garde-malades. — L'abbaye de Saint-Dénis. 46
Chapelle (anglicane) de l'évêque Luscombe. 47
M. Defresne. — Nombre des chrétiens à Paris. — Règles des sœurs de Charité. 48
Distinction entre la primauté de Rome et de sa suprématie. 49
M. Théodore Ratisbonne. 50
Culte de la sainte Vierge. — Conversion de M. Alphonse Ratisbonne. 51
M. Martin de Noirlieu. 53
Paroisse de Saint-Jacques. 54
Dîner chez l'évêque Luscombe. — M. Parkes. 55
Controverse sur la sainte Eucharistie. 56
Saint-Sulpice. — Grands et Petits Séminaires. — Etude à Saint-Sulpice. 57
Sources symboliques du dogme catholique. 59
Jésuites. — Dames de l'Assomption. — Le but de leur association. 60
Valeur de la présence réelle. 61
Ecole de M. Poiloup. 63
Conversation avec M. Galais. — Saint Thomas. — Suarez. 64
Sermon français par M. d'Alzon. — Etablissement de M. l'abbé Migne. 65
Conférence de Saint-Vincent-de-Paul. 66
Dévotion à la sainte Vierge. 67
La chapelle expiatoire. — Séance à l'église de Sainte-Marguerite. — Discussion sur les miracles. 68
Réfutations ordinaires des incrédules. 69
Les miracles ne sont pas toujours une preuve de la vérité. 71

Sermon et distribution de prix. 72
Montmartre. — Son calvaire. — Inscription non autorisée. — Église. 73
Panorama de Paris et de Londres. — M. Galais. 74
Conversation avec le supérieur de Saint-Sulpice. — Le père Lacordaire. 75
Tiers-ordre de Saint-Dominique. — Université de France. 76
Le mouvement anglican. — L'invincible ignorance seule excuse de ceux qui restent en dehors de l'Église. — Danger de la corruption de la volonté. 77
Dom Guéranger. 79
Consécration anglicane. — Liturgies orientales. 80
Religieuses carmélites. — Frères des Ecoles chrétiennes. 81
Pénitentiaire. — Contraste de Paris. 82
Notre-Dame-de-Lorette. — La Madeleine. 83
L'abbé Ratisbonne. — Culte de la sainte Vierge. 84
Prières pour les morts. 85
Panthéon. 86
Toulouse. — Conversation. 87
Hôtel Cluny. — Séminaire d'Issy. 88
Maison des Carmes. — Assemblée générale de la société de Saint-Vincent-de-Paul. 89
Sermon en son honneur. 91
Position de la famille royale. 92
Cathédrale de Reims. 93
Église de Saint-Remi. 96
Séminaire. — Pratique de la confession. 97
Laon. — Sa position. — Sa cathédrale. 98
Saint-Quentin. — Son église. 100
Service funèbre. 101
Péronne. — Amiens. 102
Cathédrale. — Sa beauté supérieure. 103
Ses vastes proportions. 104
Impression générale des cathédrales de France. 106
Voyage à Abbeville. — Conversation avec un compagnon de voyage. 107

Chapelle anglicane à Boulogne.	109
Changement en matière religieuse depuis la révolution de 1830.	110
Etat des ouvriers de Paris. — Progrès de l'Église.	111
Les missions étrangères.	112
Les sœurs de Charité.	113
Gênes. — Le père Jourdain. — Carmes déchaussés.	114
L'Ospitaletto.	115
Pammatone. — Albergo dei Poveri.	116
La vie ascétique et monastique. — Habillement des femmes.	117
Milan. — Visite à Manzoni.	118
Etat du clergé et de l'Eglise — Philosophie de Rosmini. — Dôme.	119
Culte perpétuel.	122
Visite à l'Addolorata et à l'Extatique du Tyrol.	123
Relation préliminaire concernant Marie-Dominique Lazzari.	124
Cavalese. — Arrivée à Capriana.	125
Cabane de Dominica. — Etat de cette fille le jeudi.	126
Le changement qui s'y était opéré le vendredi.	127
Conversation avec elle.	128
Circonstances de son état.	129
Arrivée à Kaldern. — Histoire de Marie Morel. — Notre visite chez elle.	131
Impression faite par l'état de ces deux filles.	133
Nouvelle relation de la visite à l'Addolorata et à l'Extatique.	134
Avignon. — Gênes. — Milan. — Saint Charles Borromée.	135
Desenzano. — Riva. — Trente.	136
Marie-Dominique Lazzari. — Son état.	137
Conversation.	139
Réflexions.	140
Marie Morel l'Extatique.	141
Troisième relation de la visite à l'Addolorata et à l'Extatique.	143
Etat de l'Addolorata.	145
Dates concernant cet état.	146
Impression produite par sa vue.	148
Visite à l'Extatique.	149

Vérone. — Venise.	150
Les Puits et les Plombs.	151
Palais ducal. — L'église de Saint-Marc. — Culte catholique et non catholique.	152
Grand canal.	153
Impressions de Venise.	155
Scène sur le grand canal.	156
Habileté des gondoliers.	157
S. Giovanni e Paolo. — Adoration perpétuelle à Venise.	158
Fête de l'Assomption à Milan.	159
Promenade à Graville.	161
Ivetot. — Allocution aux enfants admis à la confirmation.	162
L'esprit de charité fraternelle qui règne dans cette maison.	163
La confirmation.	164
Chants sur la mésaventure d'un professeur.	166
Fécamp. — Son abbaye.	167
Notre-Dame-du-Salut. — Rouen. — Couvent des carmélites.	168
Archevêché.	169
La fatigue du confessionnal.	170
Notre-Dame-de-Bon-Secours.	171
Dîner chez l'archevêque.	172
Fête du sacré Cœur de Jésus. — Le dogme de l'Incarnation anime surtout l'Église romaine.	173
Établissement de M. l'abbé Lambert.	176
Avantage du célibat pour l'éducation de la jeunesse.	177
Paris.	179
L'abbé Ratisbonne.	180
Aspect de Paris. — Evêque de Langres.	181
Missionnaires en Chine. — Leur vie.	182
Le père de Ravignan.	183
Missions étrangères. — Salle des martyrs.	184
M. Voisin. — Religion des Chinois.	185
Nouvel archevêque de Paris. — Conversation avec le père de Ravignan.	186
Supérieur général des pères Lazaristes.	188
Eglise grecque.	189

Guérison miraculeuse d'une novice des sœurs de Charité.	190
Conversation avec cette novice.	192
Société de Picpus. — Son fondateur et son but.	193
La Sainte-Chapelle. — Salut chez l'abbé de Ratisbonne.	197
Histoire d'une apparition.	198
Une autre apparition à M. Ratisbonne.	199
Conversation avec M. Gondon.	200
Entrevue avec l'évêque d'Amatha. — Société des Maristes. — Missions en Océanie.	201
Hôpital Necker.	204
Institution des aveugles.	205
Les enfants-trouvés.	206
Le père Lacordaire.	208
Primauté du pape.	209
Distribution des prix au petit-séminaire.	210
Chapelle des Dames de Bon-Secours. — La religion en Angleterre.	212
Saint-Germain des Prés. — Martyrs en Chine.	214
Jardins des Tuileries.	215
Manufacture de verres peints de Gérente.	216
Conversation avec M. Defresne.	217
Les bénédictins et les dominicains.	219
Bénédiction du couvent des sœurs de Charité.	220
Lettres inédites de saint Vincent de Paul.	221
Sermon à Saint-Roch.	222
Archiconfrérie du très-saint Cœur de Marie.	225
Allocution de l'abbé Desgenettes.	226
La primauté de juridiction.	227
M. Gabet. — Son livre sur le Thibet.	228
Révélation du Grand Lama.	230
Indifférence des Européens. — Jeune fille guérie de cécité.	231
Entretien avec le père Lacordaire.	233
Valeur de la tradition orale.	234
Une foi : un corps.	236
La séparation inexcusable.	237
Témoignage du chirurgien qui avait traité la jeune fille aveugle.	238

M. Bonnetty.	239
M. l'abbé Pététot.	240
Sa visite à l'Addolorata et à l'Extatique.	241
M. Galais. — miracles des temps modernes.	244
Incrédulité des masses.	246
Le purgatoire. — Le jansénisme.	249
Le gallicanisme de Bossuet.	250
Costume ecclésiastique. — Mort de l'archevêque de Paris.	253
Le catholicisme et le protestantisme en France.	254
Oraison funèbre de l'archevêque. — Son courage et son abnégation.	255
Couvent des Oiseaux.	256
Avantages de la vie de communauté pour l'éducation.	257
Les Dames du Sacré-Cœur.	259
Couvent des Carmes.	261
Mgr Affre et l'archevêque d'Arles. — Distribution des prix à l'institution des aveugles.	262
Dames de la Visitation.	263
Importance de la vocation.	264
Entretien sur l'intercession de la sainte Vierge.	265
C'est un résultat de la communion des saints.	266
OEuvre de Saint-Nicolas. — Son but. — Son règlement.	267
Son fondateur. — M. de Bervanger.	272
Réflexions sur cette œuvre.	273
Education religieuse anglaise et française.	274
Lettre de M. Etienne.	275
Relation des deux guérisons opérées devant la châsse de saint Vincent.	276
Attestation du chirurgien de la sœur Marie Javelle.	277
Relation détaillée de la guérison de ladite sœur.	279
Attestation du médecin de mademoiselle Céleste Lallemand.	282
Observations sur ces faits par le supérieur général.	286
Cathédrale de Bourges.	287
Conversation avec le supérieur du séminaire.	289
Amiens.	290
Conclusion.	291

Appendix. — Tableaux des devoirs d'un séminariste.	291
Supériorité et puissance du dogme de la présence réelle.	Ib.
Son influence sur le sacerdoce et les ordres religieux.	292
Sa connexion avec le dogme de l'intercession des saints.	294
Et avec le précepte de la confession auriculaire.	296
Importance de ce précepte.	297
L'Église romaine se montre une autorité vivante.	298
L'absence de signes et de symboles constitue chez nous un défaut réel de pratique.	299
Usage de la langue latine dans les offices publics.	301
Coutume de réserver le calice aux prêtres. — Sermon non lu.	303
Aspect de l'Eglise de France. — Ses évêques, ses prêtres.	304
Sacrifice quotidien.	306
Conduite des ames. — La théorie et la pratique.	307
Éducation du clergé français.	308
Notre manque de tous ces avantages.	309
Ordre des évêques.	311
Missions étrangères.	312
Toute l'Église romaine.	313
Sa hiérarchie.	314
Sa doctrine uniforme et systématique.	318
Sa discipline intérieure.	319
Son principe vital.	320
Son pouvoir générateur.	321
Conclusion.	323

FIN DE LA TABLE.

Tournai, typ. de H. Casterman.

PARIS ✠ TOURNAI
RUE DE TOURNON, 20. ✠ RUE AUX RATS, 11.

H. CASTERMAN
ÉDITEUR.

EXTRAIT DU CATALOGUE :

HISTOIRE
de la Terre Sainte

par Dom Mathias Rodriguez SOBRIÑO,
Avocat, ancien promoteur fiscal de Madrid.

TRADUITE
par L. Paillon,
Traducteur de l'*Histoire du Chili*, par M. Eyzaguirre.

2 volumes gr. in-8, de viij-616 et 586 pages, avec quatre belles cartes, savoir :

1. Itinéraire maritime pour la Terre Sainte. — 2. Itinéraire des missions de Terre Sainte. — 3. Plan de Jérusalem — 4. Carte de la route suivie par les Israélites dans le Désert jusqu'à leur entrée dans la Terre Promise.

DIVISION DE L'OUVRAGE :

TOME PREMIER.

1. Histoire abrégée du peuple hébreu. — 2. Passage du Judaïsme au Christianisme. — 3. Précis de la vie de N.-S. Jésus-Christ. — 4. Le Christianisme. — 5. Ruines de Jérusalem. — Les saints Lieux au temps du Christianisme. — 6. Histoire de la Terre Sainte depuis Constantin jusqu'aux Croisades. — 7. Les Croisades.

TOME DEUXIÈME.

8. Établissement en Terre Sainte des religieux de l'observance de Saint-François. — 9. Travaux et souffrances des religieux de Saint-François dans la garde des saints Lieux — 10. Œuvre pie des saints Lieux. — 11. Visite des saints Lieux. — 12. Description des saints Lieux — 13. Conclusion — Notes et pièces justificatives.

La même maison a aussi acquis le fonds du bel ouvrage intitulé :

LE LIVRE D'OR DES FAMILLES
OU

LA TERRE SAINTE ILLUSTRÉE

DE 60 MAGNIFIQUES SUJETS A 2 TEINTES

et de nombreuses vignettes dans le texte.

Beau volume-album très-grand in-8.

HISTOIRE
DE
L'ÉGLISE CHRÉTIENNE

pour les Institutions catholiques;

PAR CLÉMENT SIEMERS,
Professeur au gymnase de Munster.

Traduite de l'allemand par l'abbé *** sur la seconde édition
publiée par Aug. Hoelscher, prof. au même gymnase;
et augmentée d'un appendice des faits
les plus récents.

Avec approbation de l'évêché
de Tournai et du vicariat-général de Munster.

1 volume in-12.

SAINTS
ET GRANDS HOMMES
DU CATHOLICISME EN BELGIQUE,

par le Révérend Père SMET, de la comp. de Jésus,
Collaborat. du P. Ghesquière, pour les Acta Sanctorum Belgii.

Traduit du flamand par le R. P. Edm. Seaelman
de la même compagnie.

3 vol. gr. in-8.

LA VIERGE IMMACULÉE
PATRONNE DE LA BELGIQUE.

Entretiens d'un Mois de Marie.

Par le Même. — 1 volume gr. in-18.

SAINT PAULIN,

Évêque de Nole,

ET SON SIÈCLE (360-450);

PAR M. BUSÉ,
docteur en théologie.

Traduit de l'allemand par M. L. DANCOISNE,
prêtre du diocèse de Cambrai, licencié-ès-lettres.

1 volume in-8.

LE CARDINAL XIMENÈS

et les Affaires religieuses en Espagne

A la fin du quinzième siècle et au commencement du
seizième, avec un chapitre particulier

sur l'Inquisition,

pour aider à l'Histoire et à l'appréciaton vraie de cette
institution;

PAR C.-J. HÉFÉLÉ,
Docteur et prof. ordinaire de théologie, à Tubinghe.

Traduit de l'allemand par M. l'abbé ***,
Ancien professeur.

1 vol. gr. in-8.

LE MONDE CATHOLIQUE
A
PIE IX DANS L'EXIL.

RECUEIL

de Lettres, Adresses, Discours, etc.,

Envoyés au Souverain-Pontife pendant son séjour à Gaëte.

2 volumes gr. in-8.

RECHERCHES
historiques et critiques
SUR LE VÉRITABLE AUTEUR DU LIVRE

de l'Imitation de Jésus-Christ.

EXAMEN

des droits de Thomas à Kempis, de Gersen et de Gerson,
avec une réponse aux derniers adversaires
de Thomas à Kempis, MM. Napione, Cancellieri,
de Grégory, Weigl, Gence, Daunou,
Onésime Leroy, Thomassy, Vert, Veralti, etc., etc.

Suivi de Documents inédits;

PAR Mgr J.-B. MALOU,
Évêque de Bruges.

Troisième édition, revue et augmentée.

1 volume in-8.

LA VOIX DE DIEU
ENSEIGNANT LES HOMMES;

d'après la théologie de l'Écriture Sainte,

DU R. P. MARCELLIUS,
de la comp. de Jésus.

Ouvrage utile aux ecclésiastiques et aux congrégations
religieuses
comme livre de méditations et d'instructions.

PAR UN AUMONIER.

1 volume in-12.

HISTOIRE
DU CONCILE DE TRENTE

PAR LE R. P. PRAT,
de la comp. de Jésus.

Seconde édition, revue et corrigée.

2 volumes in-8.

MÉLANGES
Religieux, Scientifiques et Littéraires;
par Son Éminence
LE CARDINAL WISEMAN,
Archev. de Westminster.

Traduit avec l'aide et sous les auspices de l'illustre
Prélat; par M. DE BERNHARDT.

1 volume in-8.

Le libre Examen de la vérité de la Foi.

ENTRETIENS
SUR LA
Démonstration Catholique
de la Révélation chrétienne;

PAR V. DECHAMPS,
de la Congrégation du Très-Saint Rédempteur.

Nouvelle édition. 1 vol. gr. in-8.

DES DIFFÉRENTES MÉTHODES
DE DÉMONSTRATION DE LA FOI
Lettre au prince Albert de Broglie,

Par le Même. — Brochure gr. in-8.

Traité historique et dogmatique
DE
LA VRAIE RELIGION

Avec la réfutation des erreurs qui lui ont été opposées
dans les différents siècles;

PAR L'ABBÉ BERGIER,
Auteur du *Dictionnaire de Théologie*, etc., etc.

Nouvelle édition. 8 vol. in-8.

MANUEL
DE L'APOLOGISTE

PAR LE R. P. BOONE,
de la compagnie de Jésus.

OUVRAGE DIVISÉ EN TROIS PARTIES :

1. Partie historique : Coup d'œil sur l'histoire de la religion depuis la création du monde jusqu'à nos jours.
2. Analyse des conférences sur la Religion.
3. Motifs de mon attachement à l'Église catholique.

2 volumes in-12.

EXAMEN
DU MATÉRIALISME
et Justification de la Religion catholique.

Ouvrage divisé en 2 parties :

La *Première* traite de la nature et de ses lois;
de l'homme; de l'âme et de ses facultés; du dogme de
l'immortalité; du bonheur.

La *Seconde*, de la Divinité; de son existence;
de ses attributs; de la manière dont elle influe sur le bonheur
des hommes;

PAR LE MÊME.

2 volumes in-8.

ESSAI
d'un nouveau système philosophique
SUR LA CERTITUDE

PAR THIL-LORAIN,
Professeur au collège de Virton, auteur de *François
de Foix* et du *Comte d'Egmont*.

1 volume in-8.

CATÉCHISME PHILOSOPHIQUE
PAR L'ABBÉ DE FELLER.

Édition complète, considérablement augmentée d'après les
manuscrits autographes;

PAR L'ABBÉ PAUL DU MONT.

Précédée d'une Notice sur Feller.

1 vol. in-8, à 2 col., orné du portrait de l'auteur.

ESSAI THÉORIQUE
DE
DROIT NATUREL
Basé sur les Faits;

PAR LE R. P. TAPARELLI D'AZEGLIO,
de la compagnie de Jésus.

Traduit de l'italien d'après la dernière édition, avec
approbation de l'auteur.

4 vol. gr. in-8.

ÉTUDE RELIGIEUSE ET SOCIALE
SUR LE MARIAGE;
Traduite de la *Civiltà Cattolica*

PAR H.-J. MARÉCHAL.

1 volume in-12.

ŒUVRES ORATOIRES
DE BOSSUET.
Discours, Sermons et Panégyriques.
6 volumes in-8.

PLANS D'INSTRUCTIONS
SUR LE SYMBOLE
d'après le Catéchisme du Concile de Trente ;

Par le Chanoine D.-G. HALLEZ,
Licencié en théologie, Professeur d'éloquence sacrée
au Séminaire de Tournai.
1 volume in-12.

Le Protestantisme & l'Église catholique.
CONTROVERSES
À L'USAGE DU PEUPLE ;
PAR LE R. P. JEAN PERRONE,
de la compagnie de Jésus.

Traduit de l'italien par le R. P. Auguste ONCLAIR,
de la même compagnie.
1 volume in-12.

MÉTHODE D'INSTRUCTION
Pour ramener les Protestants à l'Église romaine

et confirmer les Catholiques dans leur croyance ;

divisée en 12 Entretiens ;
PAR M. DE LA FOREST,
Custode-curé de Sainte-Croix de Lyon, docteur de la faculté
de théologie de Paris, etc.

Nouvelle édition, suivie de la Profession de Foi
en quatre langues.
1 vol. in-12.

LETTRES
SUR
L'HISTOIRE DE LA RÉFORME
en Angleterre et en Irlande,
PAR WILLIAM COBBETT.
Traduct. nouvelle. — 7e édition. — 1 vol. in-12.

HISTOIRE
DES
ANABAPTISTES DE MUNSTER
traduite de l'allemand
DE J.-C. FAESSER,
Membre du comité d'hist. et des antiquités de la Westphalie.
1 volume in-12.

PERTE ET GAIN.
HISTOIRE D'UN CONVERTI
PAR LE R. P. NEWMAN,
Recteur de l'Université catholique de Dublin, supérieur de
l'Oratoire de Birmingham, etc.

Ouvrage traduit de l'anglais sur la 3e édition,
par M. l'abbé SEGONDY, du diocèse de Montpellier.

Avec notes et une conférence
de M. le chanoine OAKELEY, en appendice.
1 volume in-8.

FABIOLA
OU L'ÉGLISE DES CATACOMBES ;
par Son Éminence
LE CARDINAL WISEMAN,
Archev. de Westminster.

Traduit de l'anglais par F. PASCAL-MARIE,
Religieux de l'ordre des Frères mineurs de St. François
conventuels.

Beau volume in-8, accompagné du *fac-simile* de la *Lettre
approbative* que l'Illustrissime Auteur
a daigné adresser à l'éditeur.

Le même, in-12.

Alice Sherwin
RÉCIT DU TEMPS DE SIR THOMAS MORUS;
traduit de l'anglais
PAR AUG. VILLIERS DE LAGRENÉE.
1 volume in-8.

LE
JUIF DE VÉRONE
ou les Sociétés secrètes en Italie ;
PAR A. BRESCIANI.
Traduction exclusivement autorisée et approuvée par l'auteur.
2 volumes in-12.

LE
POÈTE PHILOSOPHE
ou Réflexions
sur les idées philosophiques et religieuses
DE DE LAMARTINE,
à propos du Cours familier de littérature; suivi d'une ode
à De Lamartine,
PAR FERDINAND LOISE,
Docteur en philosophie et lettres, professeur
de poésie au collège de Tongres.
1 volume in-8.

www.ingramcontent.com/pod-product-compliance
Lightning Source LLC
Chambersburg PA
CBHW060644170426
43199CB00012B/1660